PERCEPTION BASED-TRAIN
AUTONOMOUS CONTROL SYSTEM

基于感知的
车车通信列控系统
（PB-TACS）

郜春海 著

人民交通出版社
北 京

内 容 提 要

本书系统阐述了一种新一代控制系统——基于感知的车车通信列控系统(PB-TACS),该系统在提升列车运行安全性、运营效率和健壮性的同时,有效降低了轨道交通系统的建设与运维成本。本书从基本概念出发,逐层剖析列车运行控制系统的演进历程,包括固定闭塞、准移动闭塞、基于通信的列车自动控制(CBTC)直至最新的PB-TACS技术。重点解析了PB-TACS的组成结构、工作原理及其相较于前代技术的优势,如精简设备布局、提高部署与运行效率等。此外,本书还详述了系统的关键技术,如列车自主定位、障碍物检测及自动驾驶等,并通过工程案例展示了其实际应用的效果。

作为兼具专业深度与实践价值的技术专著,本书不仅为轨道交通信号领域的工程技术人员、科研工作者提供系统化的理论框架,还通过大量工程实践案例为智能交通系统规划者、城市轨道交通运营商呈现切实可行的解决方案。

图书在版编目(CIP)数据

基于感知的车车通信列控系统 : PB-TACS / 郜春海著 . — 北京 : 人民交通出版社股份有限公司, 2025. 8.
ISBN 978-7-114-20586-6

Ⅰ. U284.48

中国国家版本馆 CIP 数据核字第 2025MP2825 号

Jiyu Ganzhi de Che Che Tongxin Liekong Xitong (PB-TACS)

书　　名:基于感知的车车通信列控系统(PB-TACS)
著 作 者:郜春海
责任编辑:董　倩
责任校对:赵媛媛
责任印制:张　凯
出版发行:人民交通出版社
地　　址:(100011)北京市朝阳区安定门外外馆斜街3号
网　　址:http://www.ccpcl.com.cn
销售电话:(010)85285857
总 经 销:人民交通出版社发行部
经　　销:各地新华书店
印　　刷:北京市密东印刷有限公司
开　　本:787×1092　1/16
印　　张:13.75
字　　数:297千
版　　次:2025年8月　第1版
印　　次:2025年8月　第1次印刷
书　　号:ISBN 978-7-114-20586-6
定　　价:128.00元
(有印刷、装订质量问题的图书,由本社负责调换)

编　委　会

主　　编：郜春海

编写人员：范　莹　王　伟　闻一龙　贾庆东　陈海燕
张　楠　郁舒雅　张瑞雪　杨旭文　李　雁
高博文　李　旭　宋丽丽　奚佳毅　张　蕾
张京龙　蒋浩然

前　　言

随着城市化进程的加速，城市轨道交通系统在缓解交通压力、促进绿色出行方面的重要性日益凸显。为满足不断增长的城市交通需求，提升运输的安全性、运营效率和智能化水平，列车运行控制系统经历了从固定闭塞到基于感知的车车通信列控系统(PB-TACS)的演进历程。作为一名城市轨道交通信号系统的建设者，我有幸见证并参与这场伟大的技术变革。

回顾过去几十年，我国的城市轨道交通信号技术实现了从跟随到引领的重大跨越转型。在这个过程中，我们不仅积累了丰富的经验，更培养出勇于创新、敢于挑战的专业团队。当前，PB-TACS作为新一代列车运行控制系统的代表，深度融合人工智能视觉感知等前沿技术，赋予列车自主决策能力，实现了资源管理的数字化、精细化，以及故障情况下的自主维持运行，显著提升了系统健壮性和运行效率。

为便于读者掌握PB-TACS，本书内容架构如下：开篇介绍研究背景，继而从系统组成、原理、功能、关键技术、内外部接口、安全保障等维度展开阐释，随后结合工程典型案例解析系统应用技术，最终展望PB-TACS的发展趋势。

第一章立足信号系统的发展历程，梳理我国信号系统的代际演进，系统分析当前城市轨道交通信号系统面临的挑战，横向对比国内外主要的解决方案，并归纳创新实现路径。通过对本章的阅读，读者可理解PB-TACS产生和发展的必要性及战略价值。

第二章至第五章聚焦PB-TACS核心要素，全方位解析系统组成、工作原理、功能模块、关键技术、应用场景、接口设计、RAMS分析。这部分内容构建了读者对PB-TACS基本原理与设计实现的完整认知框架。

第六章通过新建与改造线路的典型案例，具象化呈现PB-TACS工程应用方案，强化理论与实践的结合。

第七章前瞻性探讨信号系统从自动化向自主化发展的趋势,着重剖析动态全自动虚拟编组、基于群体智能控制的车轨协同技术等创新方向,指出人工智能、大数据、安全云等技术深度融合将推动城市轨道交通列控系统向自动化、自主化、智能化和网络化全面升级。

在此,谨向所有参与PB-TACS研发推广的同事们致以崇高敬意,正是你们的智慧与汗水铸就了这项技术在实际工程中的成功应用。同时,衷心感谢为本书提供专业指导的专家学者,你们的建议令本书更臻完善。作为交控科技股份有限公司的董事长,我始终坚信科技创新是行业发展的核心驱动力。期待本书能为城市轨道交通信号系统领域的从业者提供有益参考,更呼吁社会各界持续关注支持我国城市轨道交通事业的发展,携手开创智慧城市轨道交通新时代。

让我们同心协力,在新时代谱就更加辉煌的篇章!

2025年2月19日

目　录

第一章

绪论

城市轨道交通系统作为大容量公共交通工具，是城市交通系统的重要组成部分，在缓解城市交通压力，实现绿色出行方面发挥着关键作用。随着我国城市轨道交通线网规模持续扩张及公众出行品质需求升级，智慧城市轨道交通建设已成为行业发展的必然趋势。

轨道交通信号系统作为保障运输安全的核心技术体系，历经专业化演进，已形成完整的控制闭环。该系统具有确保列车运行安全、提升运输效率、优化乘车体验的核心功能，承担着对全路网行车设备实施实时控制及运行状态监控的重要职责。现代轨道交通信号系统通过融合先进的信息处理技术，不仅显著提升了线路区间和车站的通过能力，更成为优化运输组织、提高运营经济效益的关键技术手段。其系统架构类比人体神经系统，通过分布式智能控制与集中式决策管理的有机结合，在轨道交通运输中构建起精准高效的运行控制体系。

第一节　基本概念

为方便读者阅读，本节对全书即将使用的术语与名词进行描述。

基于通信的列车自动控制（Communication Based Train Control ，CBTC）系统：通过通信网络来实现列车和地面设备的双向通信，用实时汇报的列车位置和计算移动授权的移动闭塞来代替固定的轨道区段闭塞，实现列车运行控制。

全自动运行（Fully Automatic Operation ，FAO）系统：由适用于全自动运行的信号、车辆、通信、综合监控、站台屏蔽门等与列车运行相关的子系统构成，通过子系统之间的有机联动实现列车无司机或无司乘人员干预的全过程可靠稳定运行的系统。

互联互通 CBTC（Interoperability- Communication Based Train Control，I-CBTC）系统：基于统一规范和标准，实现不同厂商的信号设备互联互通，进而实现列车跨线运营的 CBTC 系统。

列车自主运行系统（Train Autonomous Control System，TACS）：基于列车自主感知等信息，自主生成列车运行控制策略并实施控制，保证列车安全高效运行的系统。

基于感知的车车通信列控系统（Perception Based-Train Autonomous Control System，PB-TACS）：一种结合车载感知技术与列车之间直接通信的列车运行控制系统。以提升系统安全、效率、健壮性，降低成本为导向，采用资源精细化管理、相对速度列车控制、智能感知等关键技术，实现架构精简化、列车控制高效化、降级情况下故障导向维持运行的列车运行控制系统。

第二节　列车运行控制系统的发展历程

随着人类社会对于公共交通安全、运行效率、自动化水平、系统经济性、健壮性的持续追求，列车运行控制系统经历了持续的代际演进与技术创新。在我国城市轨道交通快速发展和行业推动下，该领域已形成完整的代际发展体系：以固定闭塞（第1代）和准移动闭塞（第2

代)为基础,依次实现了CBTC(第3代)、I-CBTC(第3.5代)、FAO(第4代),直至当前的PB-TACS(第5代)。系统演化呈现出显著的技术特征:安全完整性等级持续提升、行车控制精度不断增强,系统架构优化演进、系统健壮性越来越强。这种发展路径充分体现了轨道交通控制系统向更安全、更高效、更集约方向演进的技术逻辑。城市轨道交通列车运行控制系统代际图如图1-1所示。

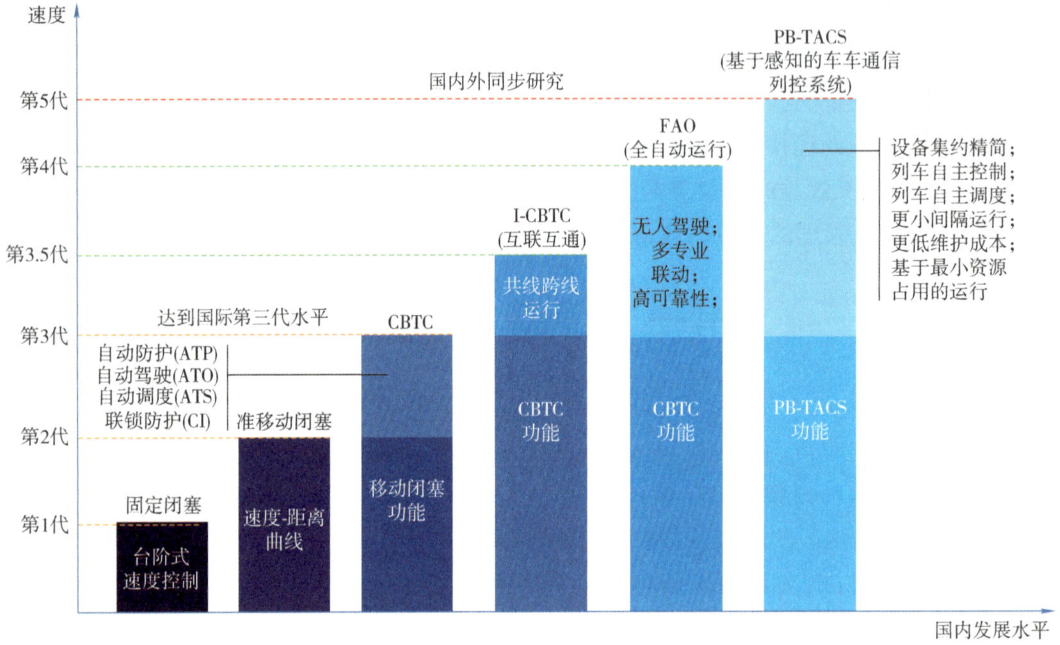

图1-1 城市轨道交通列车运行控制系统代际图

一、第1代:固定闭塞

1842年英国工程师库克提出空间间隔法,即先行列车与后续列车间隔一定空间的运行方法,从而保障列车运行安全。此方法奠定了闭塞系统的理论基础。在技术发展初期,因缺乏列车定位技术,仅能以车站来划分,两站间区域设定为封闭区域,列车从当前车站出发后,当前车站到下一站之间的区间进行锁闭,行车凭证完全依赖人工发放,称之为人工自动闭塞。

随着机电控制技术的进步,半自动闭塞装置应运而生,显著提升了行车凭证发放效率。半自动闭塞系统在区间两端车站各配置一台具有电气互锁关系的半自动闭塞机,以出站信号机开放显示作为行车凭证。该系统在车站进站信号机内侧设置专用轨道电路,与闭塞机、出站信号机形成电气联锁关系。其特点是:出站信号机的开放受到严格管控,必须通过双方车站办理闭塞手续且确认区间空闲后方可开放。当列车驶离车站时,出站信号机自动关闭,双方闭塞机处于“区间闭塞”状态,直至列车到达接车站并办理到达复原手续。

自动闭塞系统则采用信号机将区间划分为若干装设轨道电路的闭塞分区,通过轨道电路实现列车位置与信号机显示的自动联动。每个闭塞分区入口处设置防护信号机,常态显示绿灯，称为“定位开放式”，仅在列车占用该分区或发生断轨故障时自动显示红灯，指示后续列车停车。早期自动闭塞系统受限于轨道电路信息量，采用基于台阶式速度控制的固定闭塞模式，要求列车间保持若干闭塞分区的安全间隔（图1-2）。闭塞分区的划分综合考虑了线路最不利工况下的列车制动性能及线路参数。根据信号显示的不同，该系统可细分为三显示、四显示等自动闭塞制式。

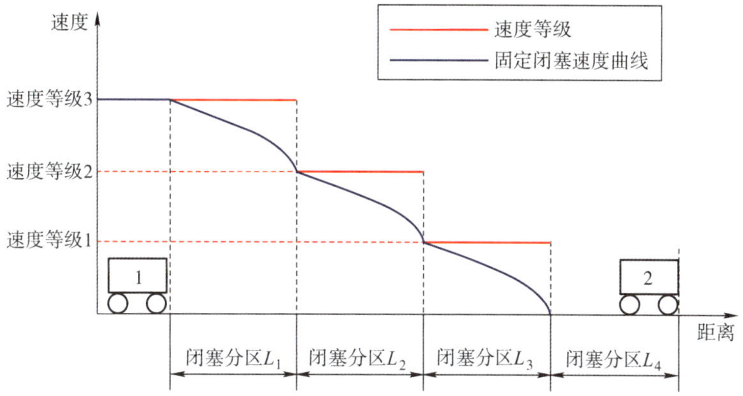

图1-2　固定闭塞方式列车距离控制

综上，固定闭塞系统的特点为：采用空间间隔法作为控制基础，将区间划分为若干个闭塞分区。列车仅能获取即将进入的闭塞分区的速度等级指令，列车速度控制采用基于台阶式的分级控制方式。这种控制方式导致列车追踪间隔较大，整体运行效率相对较低。

二、第2代：准移动闭塞

随着铁路客运需求的持续增长，固定闭塞系统已难以满足日益提升的运输效率要求。为优化列车运行效率并缩短追踪间隔，准移动闭塞技术得以发展并广泛应用。

准移动闭塞系统在固定闭塞的基础上进行了创新性改进，其核心是基于速度-距离控制模式的准移动闭塞系统（DTG）。该系统通过数字轨道电路实时获取列车与目标停车点间的距离信息，采用目标-距离速度曲线控制模式对列车实施连续速度控制，其技术特征在于：制动起始点依据列车的实时位置动态确定，制动终点则设定在前方列车占用闭塞分区后方区段入口处，并预留安全余量，由此构建出精确的目标-距离速度控制曲线。这一改进显著提升了最小行车间隔，提高了列车运行效率。准移动闭塞方式列车距离控制如图1-3所示。

准移动闭塞系统的特点为：系统仍采用空间间隔法，通过后行列车连续定位、利用轨道电路确定前行列车“大致位置”，并实现轨道电路至列车的单向信息传输。这种设计实现了连续的距离-速度控制，显著提升了列车运行效率。

由于系统仅支持轨道电路到列车的单方向信息传输，轨道电路仅能确定列车的“大致位置”，即在哪个闭塞分区，无法精确定位列车在闭塞分区内的具体位置。因此，后行列车的制动终点被设定为前方列车占用闭塞分区后的区段入口处，这种设计在确保安全的前提下实现了运行效率的优化。

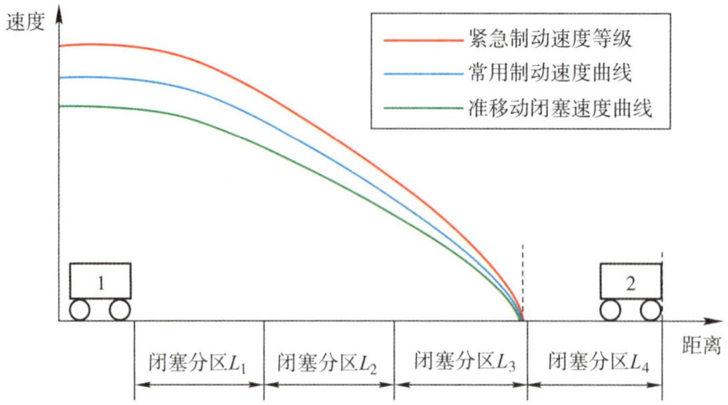

图 1-3　准移动闭塞方式列车距离控制

三、第 3 代:CBTC

为了进一步压缩列车的追踪间隔,发展了移动闭塞技术。该技术以前行列车尾部作为后行列车的追踪目标点,其关键在于实现车地大容量双向信息传输和列车精确定位。

CBTC 系统突破了传统轨道电路在列车占用检测和信息传输方面的局限,真正实现了移动闭塞控制。系统采用先进的通信传输技术,通过实时或定时的车-地双向通信,使后续列车能够准确掌握前方列车运行状态。基于实时计算,系统可为后续列车生成最优制动曲线,显著提升区间通行能力。同时,地面设备能够及时向车载控制系统传递车辆前方线路限速信息,确保列车在安全限制条件下运行,大幅提升运行安全性。

CBTC 系统摒弃了传统的轨道电路定位与信息传输方式,转而采用通信技术实现列车运行控制:通过车载设备与轨旁通信装置实时交互数据,构建起列车与控制中心之间的双向信息通道。基于此通信架构,系统不仅能够动态实施速度控制,更使控制中心获得列车实时状态监测能力,从而为调度人员提供精细化列车运行管理支持。

CBTC 系统移动闭塞方式列车距离控制如图 1-4 所示。

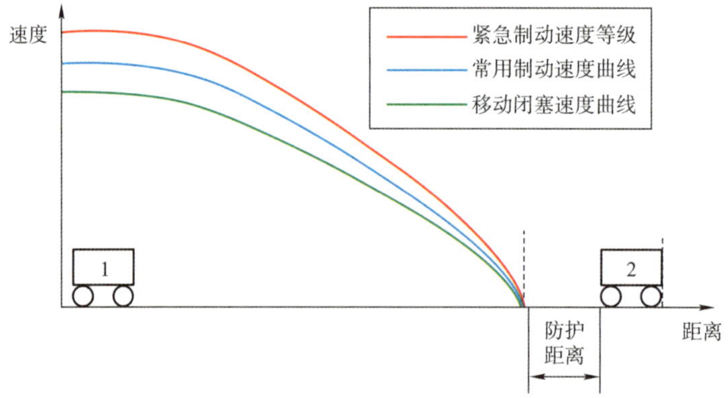

图 1-4　移动闭塞方式列车距离控制

综上,CBTC 系统的特点为:通过实时、高速、大容量的车-地双向信息传输和高精度列车定位,实现以前行列车尾部为追踪目标的连续距离-速度控制,进一步缩短列车追踪间隔,提升线路通过能力。目前,CBTC系统已成为国内城市轨道交通领域的首选制式和主流技术方案。

四、第3.5代:I-CBTC

城市轨道交通虽成网规划建设,但仍延续单线建设、单线运营的发展路径,具有建设速度快、运营效率高的特点。随着我国城市化进程的深入推进,城市轨道交通成为城市网络及区域交通的主动脉。构建网络化运营体系,实现乘客舒适直达出行和区域快速通勤,已成为轨道交通发展的必然趋势。相比单线运营模式,网络化运营模式具有显著优势:可根据客流走向灵活组织跨线运行,有效降低换乘站客流压力,缩短乘客换乘时间;在有限投资条件下提升运营灵活性,提高直达率;实现全网车辆制式、限界标准、信号系统的统一,促进车辆、供电、车辆基地及设备等资源的共享利用,提升整体资源使用效率。

然而,CBTC系统在初期发展阶段以满足单线路基本需求为目标,未充分考虑网络化运营需求。由于缺乏统一的标准、各线路存在定制化功能需求等,不同厂商设备互不兼容,存在使用不同的结构和功能划分、接口协议、无线标准等问题,制约了列车跨线运营的发展。针对这一问题,国外在信号系统互联互通领域的研究开展较早,主要解决方案包括:

(1)采用同一厂商相同制式的信号系统。该方案适用于特定的线路群,但难以满足全网统一部署需求。

(2)加装多套车载信号设备。该方案在日本地铁和早期欧洲铁路中应用较多,但存在设备冗余、维护复杂等问题,如从接收天线、处理、输出到显示界面等全部要安装多套相互独立的部件,设备的安装、使用及维护等均有很多困难。并且,由需人工切换设备,存在一定的安全隐患。

(3)加装多套地面设备,主要用于线路改造过渡期。因为设备改造不能中断运营,并且两种设备需要共存一段时间。如香港地铁线路改造时,曾同时采用西屋的轨道电路与ALSTOM的轨道环线,以保证线路改造的顺利过渡。

(4)实现规范和标准的信号互联互通。欧盟针对欧洲铁路互联互通运营的需求和安装多家信号车载设备带来的问题,组织相关厂商制定了ERTMS / ETCS技术规范。但ETCS主要应用于国家铁路系统,对于追踪间隔更小、自动化程度要求更高的城市轨道交通和区域轨道交通则存在一定的技术限制。

在此背景下,第3.5代I-CBTC系统提出了互联互通CBTC系统的设计原则、基于统一标准(LTE-M)车-地通信、统一的互联互通CBTC技术标准,并形成了标准规范,实现了系统层面的标准化、接口层面的统一化、测试层面和工程层面的规范化。同时,通过构建全局调度,实现全网在线列车的统一监控,以及不同厂商CBTC系统互联互通共线、跨线运营。在重庆轨道交通4、5、10号线及环线四条线首次实现互联互通的工程示范应用,国内多家企业开发基于CBTC互联互通的技术及系统需求,研发了具有完全自主知识产权的CBTC信号设备,形成了中国标准的互联互通CBTC,并通过行业示范效应,在青岛、长沙、呼和浩特等地形成了地方规范,共计在26个城市推广应用。

综上,I-CBTC系统的特点为:在闭塞制式方面与CBTC系统保持一致,主要面向网络化联通联运需求。该系统实现了CBTC系统在系统层面的标准化、接口层面的统一化,以及测试与工程层面的规范化,形成了一套完整的标准体系。通过实现网络化互联互通,显著提升了运营模式的灵活性,提高了乘客直达率,有效减少了乘客换乘时间。

五、第4代:FAO

随着信息技术的持续进步,轨道交通自动化水平不断提升,已成为城市轨道交通高效运营的重要支撑和显著标志。轨道交通自动化的核心在于将传统由司机和调度员承担的列车运行管控职能转换为设备系统自动执行。城市轨道交通自动化的发展首先通过列车自动防护(ATP)系统实现列车驾驶功能的自动化。在此基础上,借助列车自动驾驶(ATO)系统实现列车驾驶功能的自动化。随着驾驶功能的自动化升级,采用更先进的列车自动监控(ATS)系统,使列车管理和运行调整功能的实时自动化成为可能,从而构建起完整的自动化运营体系。

国际公共交通协会(UITP)将列车运行的自动化水平(即自动化等级,Grades of Automation,GoA)划分为5级。各等级简要说明如下。

GoA0:目视下列车运行,司机负全责,无系统防护;

GoA1:非自动列车运行,即ATP防护下的人工驾驶;

GoA2:半自动列车运行(STO),即司机监督下的ATO;

GoA3:无司机有人值守下列车自动运行(DTO);

GoA4:无人值守下的列车自动运行(UTO)。

GoA3(DTO)和GoA4(UTO)统称为全自动运行(FAO),即在正常运营工况下,通过自动化设备完全取代司机,实现列车在全线范围内的自动驾驶运行。各自动化等级(GoA)下的列车运行基本功能实现方式见表1-1。

各自动化等级(GoA)下的列车运行基本功能实现方式 表1-1

自动化等级		GoA0	GoA1	GoA2	GoA3	GoA4
运用自动化等级		TOS 目视下列车运行	NTO 非自动列车运行	STO 半自动列车运行	DTO 有人值守下的列车自动运行	UTO 无人值守下的列车自动运行
确保列车安全移动	确保安全进路	√(道岔控制由系统指令/控制来实现)	系统	系统	系统	系统
	确保列车安全间隔	√	系统	系统	系统	系统
	确保安全速度	√	√ (系统部分监控)	系统	系统	系统
驾驶列车	控制加速和制动	√	√	系统	系统	系统

续上表

自动化等级		GoA0	GoA1	GoA2	GoA3	GoA4
监控线路	防止与障碍物发生碰撞	√	√	√	系统	系统
	防止与轨道上的人员发生碰撞	√	√	√	系统	系统
监控乘客乘降	控制门	√	√	√	√	系统
	防止车厢之间或列车与站台之间的人员受伤	√	√	√	√	系统
	确保列车发车	√	√	√	√	系统
运行列车	投入/退出运营	√	√	√	√	系统
	监控列车状态	√	√	√	√	系统
确保检测和管理紧急情况	火/烟雾探测、脱轨检测、列车完整性丢失检测、乘客需求管理(呼叫/疏散、监控)	√	√	√	√	系统和/或中央控制室员工

注:"√"表示由运营工作人员负责完成的功能;"系统"表示由系统自动实现的功能。

全自动运行系统以全自动驾驶为核心,实现了列车全生命周期的自动化控制,包括上电、自检、段内行驶、正线区间行驶、车站停发车、端站折返、列车回段、休眠断电、洗车等全过程。系统显著增强了设备的自诊断功能,实现了列车运行的全面监控,提供了详细的设备系统监测与维护调度能力,并支持远程乘客服务。

在控制中心层面,FAO系统新增了车辆调度和乘客调度功能,实现了车辆远程控制、状态监控及乘客服务的一体化管理。同时增设综合维修调度功能,集成供电、机电、信号、车辆等系统的维护调度,提升了运维效率。系统还强化了运营人员防护、乘客安全、轨道障碍物检测等功能,增强了应急情况下的多系统联动能力,如火灾情况下的通风、行车、供电、视频、广播等系统的协同响应。通过提升自动化水平,系统能够快速、有效地应对运营过程中的扰动,具备更强的运行调整能力。

FAO系统将司机从重复作业中解放出来,列车上可配置乘务人员以提升乘客服务水平,同时兼顾列车运行状态监控,有效降低了人为因素对运营的影响,显著提升了整体运营能力。

在国际应用方面,FAO系统的发展历程可分两个阶段:1971—2004年为起步阶段,该系统主要应用于轻轨或低运量线路;2005年后进入快速发展期,逐步推广至中高运量地铁线路。代表性工程包括:2003年6月开通的新加坡东北线(全世界首条大运量全自动运行地铁)、2008年6月开通的德国纽伦堡的U3线(德国首条FAO线路)、2009年开通的阿联酋迪拜地铁红线(是当时全世界最长FAO线路),以及由人工驾驶改造为FAO的巴黎地铁1号线(1900年建成,2012年完成改造)。截至2025年,全球已建成超过90条全自动驾驶的地铁线路,总运营里程达1300km。

在国内,全自动驾驶技术应用起步较晚。2015年前仅有北京机场线、上海地铁10号线等少数应用案例。2017年底开通的北京地铁燕房线是我国首条采用完全自主化FAO系统的线路,标志着我国掌握了具有完全自主知识产权的FAO成套装备技术,填补了国内此项技术空白。截至2023年底,我国已有20个城市(不含港澳台)开通39条全自动运行城市轨道交通线路,总运营里程达985.30km,占全国城市轨道交通线路总里程的8.77%。

从技术演进来看,第1代固定闭塞、第2代准移动闭塞、第3代CBTC系统及第3.5代I-CBTC系统主要聚焦信号系统的安全性提升、效率优化和标准化建设,而未着重强调自动化水平的提升。第4代FAO系统以行车为核心,通过信号、车辆、通信、综合监控与站台门等子系统的深度集成与协同,实现了无司机或司乘人员干预下的列车全过程、全时域自动监控与控制,以及在异常情况下的快速、高效自动处置,标志着轨道交通自动化水平质的飞跃。

六、第5代:PB-TACS

CBTC、FAO系统均采用以地面设备为中心的控制架构,通信链路为“车-地-车”模式。系统在各区域设置地面核心控制设备(ZC),通过连续的“车-地-车”无线通信收集管辖范围内的列车信息,并与联锁设备、相邻区域地面控制设备进行频繁信息交互,为每列车计算行车路径和行车距离授权。虽然列车安全防护及自动驾驶功能在列车上进行本地决策,但实际上列车的自主程度较低。例如,当出现计算或无线传输故障导致列车无法接收到移动授权(MA)时,列车将无法继续自动运行。该架构存在系统接口复杂、轨旁设备繁多等问题,包括信号机、计轴、应答器等设备。

2010年,法国阿尔斯通公司在里尔线改造项目中提出了一种新型列控系统解决方案Urbalis Fluence,引起了世界各国广泛的关注和研究。该系统主要特点是通过功能的重新分配,取消ZC设备,将移动授权计算和资源管理功能转移至列车,并将通信模式从“车-地-车”转变为“车-车”通信,从而减少了系统设备,简化了数据流。受此启发,国内多个信号厂商也开展了车车通信列控系统的研究,提出了以列车为核心的控制理念,旨在实现更精细化的系统资源管理和更简化的系统架构。然而,在考虑列车降级处理时,仍需保留地面计轴器、信号机等设备,如何在精简轨旁设备的同时维持或提升降级运行效率,成为亟待解决的技术难题。

欧洲“铁路2030年研究及创新优先主题”研究报告指出:“CBTC及城市交通ATS技术将促使由全自动运行(FAO)向全自动、自主列车运行控制平滑过渡;通过可靠的环境感知识别,所有外部危险源(障碍物、环境检测)是车载智能决策的基础;依此提升列车运行控制系统自主性及智能化水平。”

基于行业发展趋势和人工智能视觉感知技术的日益成熟,本书提出PB-TACS。该系统以提升安全、效率、健壮性和降低成本为目标,致力于实现更精简的系统架构和更精细化的资源管理,确保在故障情况下仍可通过智能感知实现自主运行。

PB-TACS通过功能的重新分配,将移动授权计算、资源申请与释放等核心功能转移至车载设备，显著提升了列车自主性，减少了地面设备数量，简化了系统架构和接口复杂度，降低了基础设施成本。

在闭塞制式方面，PB-TACS采用时空分隔技术，实现了从“撞硬墙”向“撞软墙”转变。系统通过实时监测列车速度、加速度等参数，结合对前行列车运动趋势的预测，计算本车及前车的制动时空轨迹，确保从当前时刻到两列车完全停车期间不发生碰撞，从而确定最优安全行车间隔，有效缩短列车区间间隔，提升运行效率。

在资源管理方面，PB-TACS摒弃了传统的基于计轴器和信号机的物理进路划分方式，转而采用逻辑区段进行灵活、数字化的线路资源管理。这种精细化的资源划分方式使列车对资源的征用和释放更加合理、及时，显著缩短了列车折返间隔，进一步提升了运行效率。

随着自动驾驶和网联汽车等领域人工智能技术的快速发展，将人工智能引入轨道交通领域已成为研究热点。多传感器融合和人工智能视觉感知技术的日益成熟为PB-TACS提供了技术支撑。系统通过列车配备的各类视觉传感器（相机、雷达等）和先进算法，可准确识别列车运行前方的危险源（障碍物、环境异常）。当检测到危险时，系统可自主决策并执行制动操作，实现基于感知的安全防护，以及从故障导向安全停车向故障导向维持运行的转变，在精简轨旁设备（计轴器、信号机等）的同时提升了降级运行效率，显著增强了系统健壮性。

综上，PB-TACS的特点为：系统通过功能重新分配，将更多的列控系统功能分配至车载设备，提升了列车自主性，简化了系统架构和配置；在闭塞制式上实现时空分隔，在资源管理上实现数字化、精细化，提升了列车运行效率；通过可靠的环境感知识别，实现故障情况下列车自主向前维持运行，增强了系统健壮性。

FAO系统实现了系统自动化，PB-TACS则标志着从自动化向自主化、智能化的重大转变。

七、列车运行控制系统各代际演进关系

随着计算机、信息传输、控制、传感、人工智能等技术迭代发展，我国城市轨道交通技术快速进步，推动列车运行控制系统不断代际创新。系统发展呈现出安全性持续提升、运行效率不断提高、架构日益精简、系统健壮性显著增强的总体趋势。

第1代固定闭塞系统采用空间间隔法保障列车运行安全。这种系统将区间划分为若干个闭塞分区，列车仅能获取即将进入的闭塞分区速度等级信息，采用台阶式速度控制模式，导致列车追踪间隔较大，运行效率较低。

第2代准移动闭塞系统仍然采用空间间隔法，但通过后行列车连续定位和轨道电路确定前行列车“大致位置”，并向后行列车单方向传递信息，实现了连续的距离-速度控制，运行效率有所提升。轨道电路仅能进行单向信息传输，其局限在于只能确定列车所处的闭塞分区，而无法获取分区内的精确位置。因此，后行列车的制动终点必须保守地设定在前方列车所占闭塞分区的入口，以确保安全。

第3代CBTC系统突破了利用地面轨道电路设备判别列车占用和信息传输的局限，实现了移动闭塞。系统通过实时、高速、大容量的“车-地”双向信息传输和高精度列车定位，以前

行列车的车尾为跟踪目标进行连续距离-速度控制,显著缩短了列车追踪间隔,大幅提升了运行效率。

第3.5代I- CBTC系统在闭塞制式上与CBTC系统一致,主要面向网络化联通联运,实现了CBTC系统架构和功能层面的标准化、接口层面的统一化、测试和工程层面的规范化,形成了完整的标准体系。通过网络化互联互通,提高了运营模式的灵活性和乘客直达性,有效减少了换乘时间。

第4代FAO系统着重提升自动化水平,以行车为核心,通过信号、车辆、通信、综合监控与站台门等多专业协同联动,实现了无司乘人员干预下的列车全过程、全时域自动监控与异常情况快速处置,系统自动化水平达到GOA3/4级。

第5代PB-TACS开始引入人工智能技术,由自动化开始向自主化、智能化转变。系统通过功能重新分配,将更多的列控系统功能分配至车载设备,提升了列车自主性,简化了系统架构;采用时空分隔闭塞制式,实现数字化、精细化的资源管理;依托可靠的环境感知技术,确保故障情况下列车自主维持运行,显著增强了系统的健壮性。

第三节　小　　结

本章系统阐述了城市轨道交通列控系统的演进历程,从固定闭塞、准移动闭塞,到CBTC、I-CBTC、FAO,直至最新的PB-TACS。第1代固定闭塞系统采用空间间隔法,通过划分闭塞分区保障列车运行安全,但运行效率较低。第2代准移动闭塞系统通过轨道电路实现连续的速度控制,提高了列车运行效率。第3代CBTC系统利用车-地双向通信,实现了移动闭塞,进一步缩短了列车追踪间隔。第3.5代I-CBTC系统则在CBTC基础上,实现了不同厂商设备的互联互通,大幅提高了运营灵活性。第4代FAO系统通过多专业协同联动,实现了列车全自动运行,将自动化水平提升至新高度。每一代系统都在安全性、运行效率和自动化程度上有所提升。最新一代PB-TACS通过功能重新分配,增强了列车自主性,简化了系统架构,采用时空分隔闭塞制式,实现了数字化、精细化的资源管理,并引入人工智能技术,提升了系统健壮性,标志着列控系统向自主化、智能化的全面转型。

第二章

PB-TACS组成结构、原理和功能

第一节　系统组成结构

PB-TACS是以提升系统安全性、运行效率、健壮性，降低运营成本为目标，采用资源精细化管理、列车空间分隔、列车自主障碍物检测等关键技术，实现架构精简化，列车控制高效化，降级情况下故障导向维持运行的列车运行控制系统。本节将详细阐述PB-TACS的组成结构。

一、系统总体组成

PB-TACS由列车自动防护(ATP)系统、列车自动监控系统(ATS)、列车自动驾驶(ATO)系统、数据通信单元(DCS)、维护监测系统(MSS)，以及列车智能鹰眼(ITE)系统、电源、计轴器、转辙机、信号机等设备构成。其中，ATP系统包含车载ATP和地面ATP两部分，地面ATP由资源控制器(RC)和列车管理控制器(TMC)组成。

各系统设备布置在控制中心、车站、轨旁及车载等位置。PB-TACS架构及设备分布示意如图2-1所示。

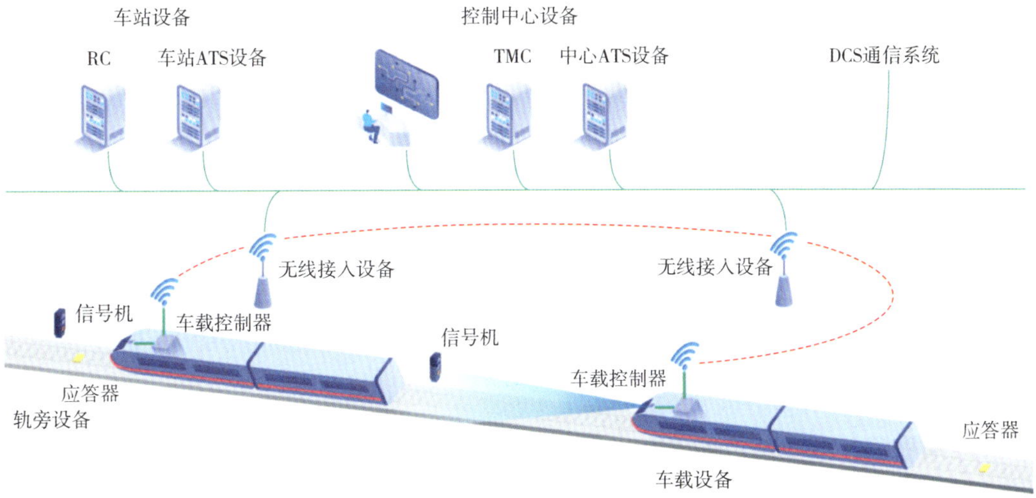

图2-1　PB-TACS架构及设备分布示意图

(一)控制中心设备

控制中心设备主要由ATS子系统、TMC、控制中心维护设备组成。ATS子系统负责列车整体运行控制、运营调度及计划管理，基于运行计划为列车分配由线路资源组成的安全行车路径，并向车载ATP发送对应的列车运行计划。TMC是PB-TACS中主要的控制设备，正线仅布置一套，主要负责全线临时限速管理、数据存储和下载，以及列车免筛升级等，可布置在控制中心或者车站。控制中心维护设备包含维护服务器及工作站，主要实现信号设备的在线监测、远程集中报警及操作记录功能。

(二)车站设备

车站设备主要包括RC、ATS车站分机和正线的维护监测设备。

RC是PB-TACS中重要的控制设备,负责列车通信管理、线路资源冲突检查、线路资源锁闭与解锁,以及线路设备的信息采集与控制。

ATS车站分机与CBTC系统保持一致,是车站ATS的核心处理设备,负责接收RC传输的信号设备状态和列车状态信息,并处理现地控制工作站指令。

正线的维护监测设备包括车站维护工作站、集中站的集中监测设备等,负责车站级信号设备在线监测、远程报警及操作记录。

(三)轨旁设备

轨旁设备主要包括应答器、计轴器、信号机、转辙机等,负责列车位置校正、轨道空闲/占用状态监测、信号指示及道岔控制等工作。其中,应答器包括固定应答器和有源应答器。系统支持取消应答器设备。

计轴器和信号机支持多种轨旁配置方案,可根据需求灵活选择。

(四)车载设备

车载设备主要包括车载ATP设备、ATO设备、ITE设备和人机接口MMI设备等。

ATP设备作为核心设备之一,负责线路资源申请及释放、移动授权计算及运行限速控制,对列车运行进行全程监控,一旦出现威胁列车运行安全的情况,ATP设备将立刻采取措施,确保列车运行安全。

ATO设备是车载设备中负责对列车进行自动驾驶的设备,在ATP安全防护下,通过车辆系统接口执行牵引、制动指令,控制列车进行站间运行及停站、启动作业,并能够根据控制中心设备所发出的控制、调整指令,实现站间运行调整的功能。

ITE设备主要由ITE主机、传感器组成,主要用于列车定位和主动障碍物检测。

MMI设备为司机提供驾驶信息显示和操作支持,辅助完成信息录入和设备日检。

(五)网络通信设备

网络通信设备由有线网络设备与无线通信网络设备组成,系统支持多制式车-地无线多网冗余架构。当单一制式网络故障时,另一制式网络仍可支撑系统以CBTC级别维持运行。

二、控制中心

控制中心设备由ATS子系统设备和TMC设备组成。

(一)ATS子系统设备

ATS设备主要实现站场信息、列车信息的监督显示和列车运行的控制功能。为实现上述功能,ATS子系统在控制中心设置了应用服务器、数据库服务器、通信前置机、运行图/时刻表编辑工作站、调度员工作站、ATS维护工作站等设备。主用控制中心设备部分采用云部署,备用控制中心设备与主用控制中心镜像配置,采用物理服务器部署。控制中心ATS设备布置示意如图2-2所示。

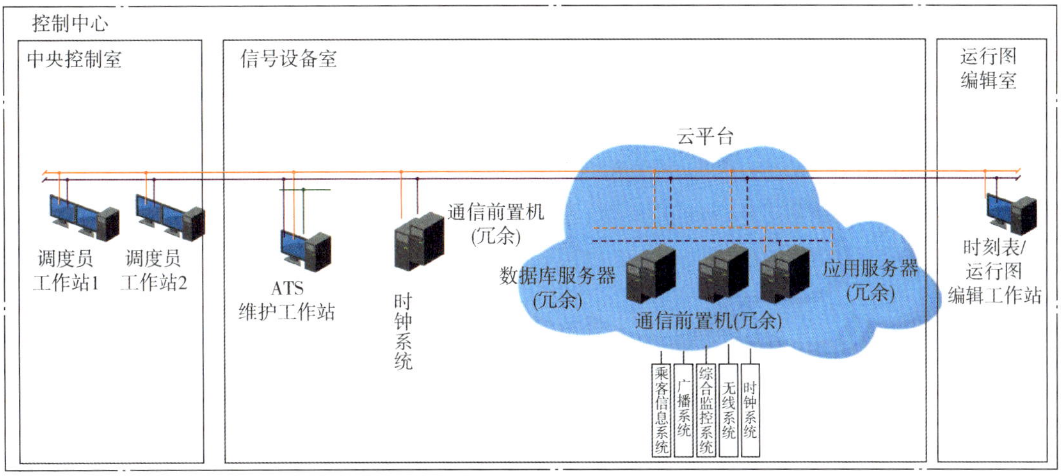

图2-2　控制中心ATS设备布置示意图

1.应用服务器

应用服务器是控制中心ATS的核心处理设备，负责接收现场信号设备状态数据、列车状态数据及调度员工作站的控制指令，并进行相应处理。其主要功能包括：自动列车追踪、资源锁定、自动运行调整、自动分配运营任务等。

应用服务器由应用软件和双机热备平台构成，应用软件运行于双机热备平台之上。

2.数据库服务器

数据库服务器作为ATS子系统的中心数据库，存储线路数据、列车数据、运行图数据、ATS子系统设备数据、报警数据、日志数据及用户数据，具备保存180天系统运行数据的能力。

数据库服务器由数据库应用软件、数据库管理系统及商用双机热备平台组成，数据库应用软件和数据库管理系统均运行于商用双机热备平台之上。

3.通信前置机

通信前置机是控制中心ATS子系统与外部系统的接口设备，负责与时钟系统、无线系统、乘客信息系统、广播系统、综合监控系统等进行数据交互。同时，通信前置机作为ATS子系统的时钟服务器，负责系统内各设备的校时工作。

4.运行图/时刻表编辑工作站

运行图/时刻表编辑工作站是轨道交通运营计划的管理平台，提供计划运行图/时刻表的编制、修改、删除、上传、下载、导入、导出、查询、浏览及打印等功能。该工作站支持人工和自动两种编制方式，编制的计划运行图/时刻表在上传至数据库服务器前，会自动进行冲突检查和有效性验证。此外，可通过该工作站便捷查询数据库中的既有计划运行图/时刻表。

运行图/时刻表编辑工作站由应用软件和计算机组成，应用软件运行于计算机之上。

5.调度员工作站

调度员工作站是控制中心调度人员和系统的人机交互设备，用于显示站场状态、列车运行信息、当日计划运行图/时刻表和实际运行图/时刻表信息。调度人员可通过该工作站上进行操作,控制现场信号设备和列车运行,并具备控制区域管理、系统设备连接状态监视、历史数据备份与恢复、列车运行信息查询等功能。

调度员工作站由应用软件和计算机组成,应用软件运行于计算机之上。

6.ATS维护工作站

ATS维护工作站是ATS子系统的维护平台,具备全线现场信号设备状态监视、列车运行情况监视、接口状态监视、设备状态监视、报警管理与查询等功能。通过该工作站可进行系统参数配置、站场状态回放、列车运行和操作日志回放,并可对系统历史数据进行查询和备份。

ATS维护工作站由应用软件和计算机组成,应用软件运行于计算机之上。

(二)TMC设备

TMC设备全线布置一套,可布置在控制中心或布置在正线车站。TMC设备主要具有全线临时限速存储与下载、数据存储及列车快速升级管理等功能。TMC设备通过DCS骨干网络与ATS子系统实时双向通信,实时获取线路运行限速调整信息,并将已设置/取消生效的临时限速上传至ATS,供调度员实时掌握系统生效的限速信息。同时,TMC设备通过DCS骨干网络与全线RC设备实时通信,向RC发送动态临时限速信息,由RC转发至列车,实现行车限速控制。

TMC设备采用与RC逻辑单元相同的基于2乘2取2结构设计的硬件平台。TMC设备架构示意如图2-3所示。

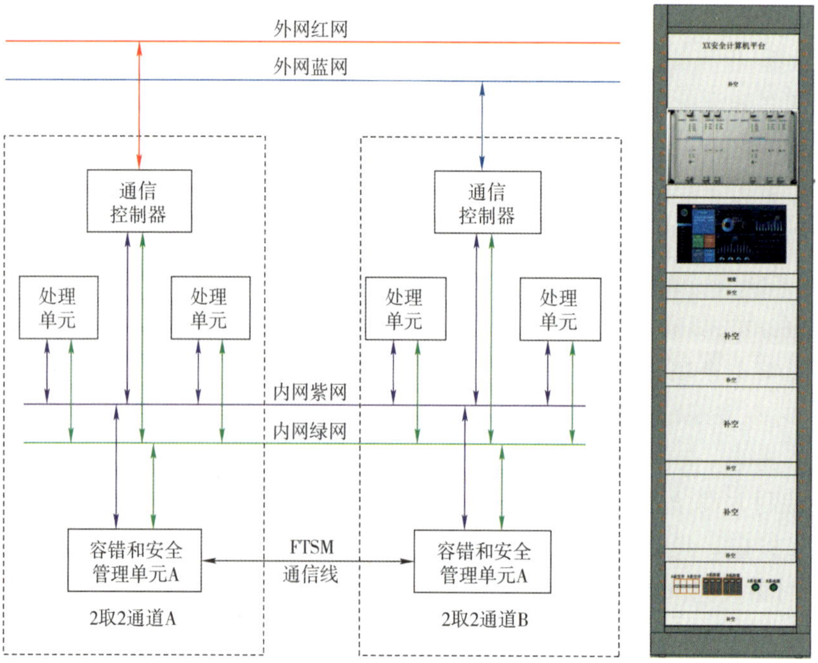

图2-3　TMC设备架构示意图

控制中心是线路信息集中处理的平台，需依托沿线各站的车站设备获取信息。下面将对车站设备进行详细介绍。

三、车站设备

车站根据功能需求和设备布置的不同，分为设备集中站和非设备集中站两种类型，其中绝大多数的车站设备位于设备集中站。集中站设备涉及多个子系统，包括地面ATP子系统的RC设备、ATS车站分机设备等。正线车站设备布置示意图如图2-4所示。

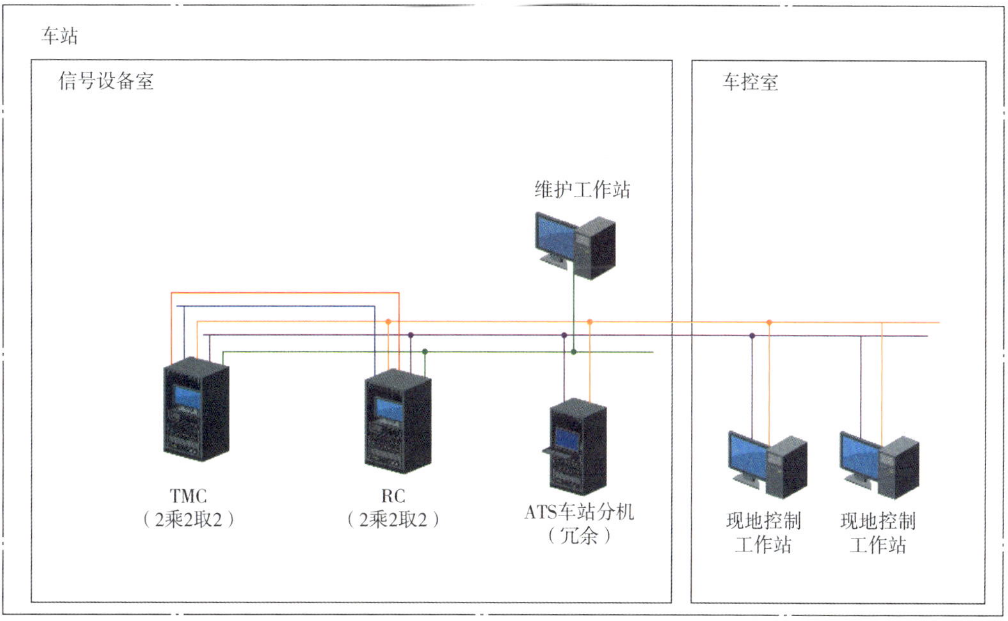

图2-4　正线车站设备布置示意图

各设备的功能及组成如下：

（一）RC设备

RC设备具有实时采集控制轨旁设备、线路资源管理、列车资源分配等主要功能。RC设备以计算机控制技术为核心，采用计算机通信、电子信息技术、自动检测、电力电子开关等先进技术，构成2乘2取2安全计算机平台，安全等级达到SIL4标准。RC设备具备实时、分布式控制功能，为PB-TACS提供一个可灵活配置的安全执行机构。RC设备由逻辑单元、执行单元和维护单元等组成，具体架构示意如图2-5所示。

RC设备采用了2乘2取2安全计算机平台，该平台具有安全冗余设计，配备独立的“故障-安全”检验系统。其硬件平台采用了2乘2取2结构，内部和外部通信均采用冗余通道设计。双系之间采用隔离技术，确保一系维修或替换时不影响另一系及其他子系统的正常运行。即使任一计算机或网络设备出现故障，系统仍可继续正常运行，不会导致其他子系统的无故切换。

2取2通道的2个处理单元通过同时工作的双冗余100Mbit/s内部和外部以太网进行数据通信。单路通信确保通信安全，同时工作的双冗余方式保证数据通信的可用性。为增强冗余性,设置了2个独立且功能相同的通信控制器,分别向2系转发PB-TACS中其他设备发送给RC的信息,实现外网和内网信息的交互。通信控制器还起到安全计算机平台内部网络与外部网络隔离的作用。

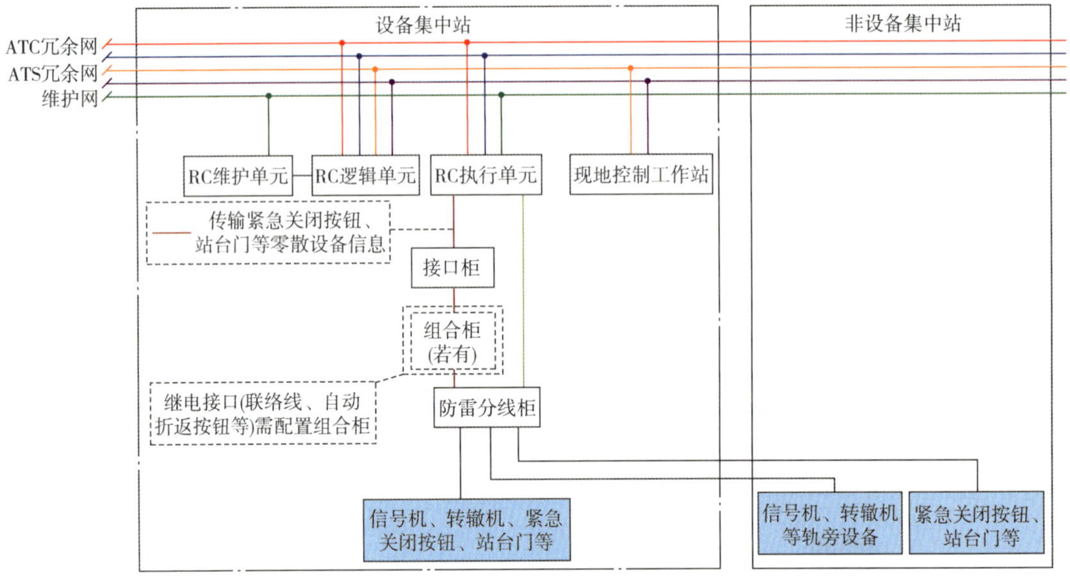

图2-5 RC设备架构示意图

RC由多个模块组成,负责接收RC主机的内部指令直接操纵轨旁设备(包括信号机、转辙机等),并将设备状态及参数信息发送至RC主机的主机板。主要轨旁设备有:信号机、转辙机、计轴器、紧急关闭按钮、站台门等。

(二)ATS车站分机设备

ATS车站分机设备是集中车站ATS子系统的核心处理设备。其主要功能包括:接收RC设备传输到本集中车站范围内信号设备状态和列车状态信息,接收现地控制工作站的控制指令,并进行相应处理,确保内部逻辑控制对象属性与实际现场一致。ATS车站分机由ATS车站分机应用软件和双机热备平台组成。

(三)现地控制工作站

现地控制工作站(车站操作员人机界面)是RC设备的控显单元,值班员通过该设备可监控本集中区信号设备状态,并下发操作命令完成轨旁信号设备的人工控制。主要功能包括:

(1)支持值班员发送控制命令。

(2)接收列车位置信息,显示管辖区域内的站场。

(3)通过车站ATS完成与控制中心ATS的信息交换。

(4)在人机界面上显示轨旁状态信息。

(5)通过安全操作手段为不同操作人员分配相应职责和权限,确保设备控制的准确性。

(6)提供相关表示与报警。

(四)维护工作站

维护工作站是与RC设备配套使用的车站信号信息记录、监督设备。维护工作站人机界面友好,操作简单、易学,功能丰富、易用。可实时监测系统的运行状态、故障原因和信号设备状态的变化,记录值班人员的操作情况。

车站设备向控制中心设备发送的线路相关信息,其基础数据采集自轨旁设备。下面对轨旁设备进行介绍。

四、轨旁设备

轨旁设备主要包括计轴系统、应答器系统、轨旁感知设备、转辙机及信号机等。其中,计轴系统和信号机可根据需要进行灵活布置。

(一)计轴系统

计轴系统的主要功能为区段占用/空闲状态监测。由室内设备和室外设备组成,具备外接复零条件,以及与RC和微机监测等设备的接口。计轴系统设备组成如下:

(1)室内设备:放大板、计轴板、输出板、复零板和电源板等单元。

(2)室外设备:车轮传感器。

其中车轮传感器与放大板组成车轴检测单元,计轴板与输出板等组成计轴运算单元。其功能框图如图2-6所示。

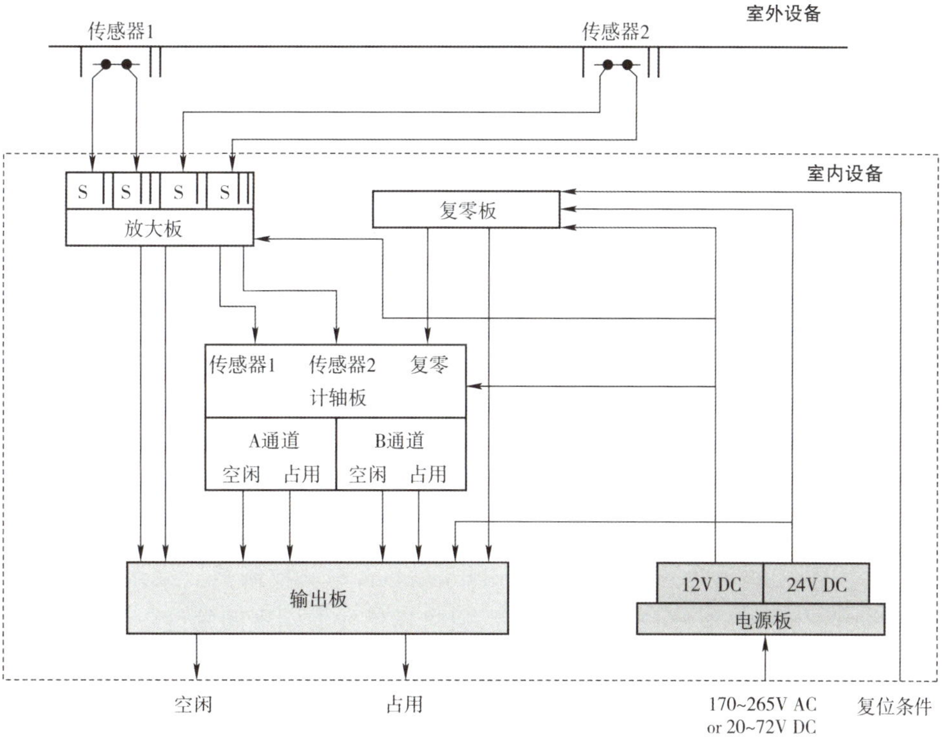

图2-6　计轴系统功能框图

车轮传感器是计轴系统用于监测轨道占用/空闲情况的室外设备，安装在钢轨上，根据使用条件的不同，可采用打孔式安装方式或夹具式安装方式，如图2-7和图2-8所示。

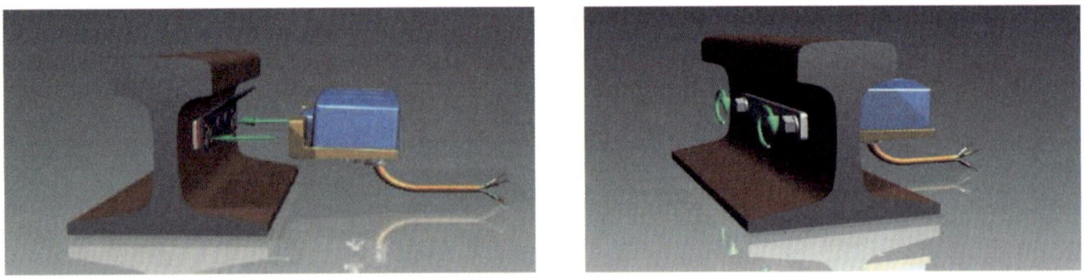

图2-7　打孔式安装方式示意

图2-8　夹具式安装方式示意

典型的计轴系统设备机柜包含电源机箱、放大机箱、计轴机箱等主要组成部分。

(二)应答器系统

应答器系统主要由地面应答器、车载接收天线、车载处理单元组成。地面应答器应符合欧洲标准规范要求，能够为在线运营列车提供安全可靠的定位检测，其定位精度满足列车控制和追踪间隔的技术要求。

无源应答器中存储的信息包含应答器标识信息，具整条线路上的每个应答器的标识信息是唯一的。同时，这些标识信息预先存储在车载ATP的静态线路描述中。当列车经过应答器时，车载ATP通过信息查询可实现列车位置的精确校正。

无源应答器如图2-9所示。

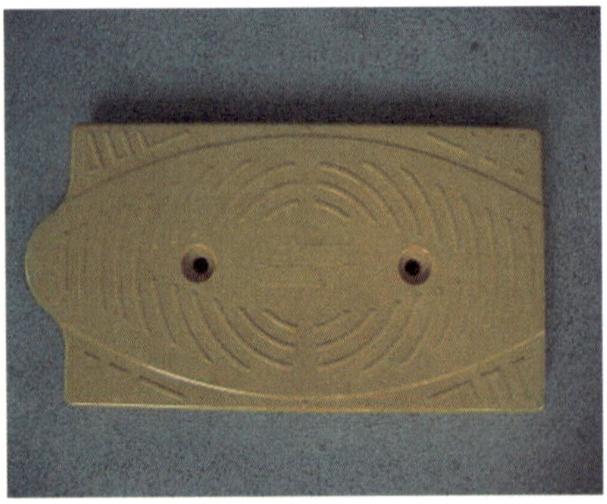

图2-9　无源应答器

五、车载设备

PB-TACS的车载设备称为VOBC(Vehicle On-Board Controller，车载控制器)，采用车头、车尾双端配置，通过通信线缆实现两端设备间的数据交互及车地无线通信的双路冗余。车载ATP子系统为SIL4级安全苛求系统，采用单端“2取2”，双端“2乘2取2”的安全冗余架构，确保了系统的高安全性、可靠性及可用性。车载子系统组成示意如图2-10所示。

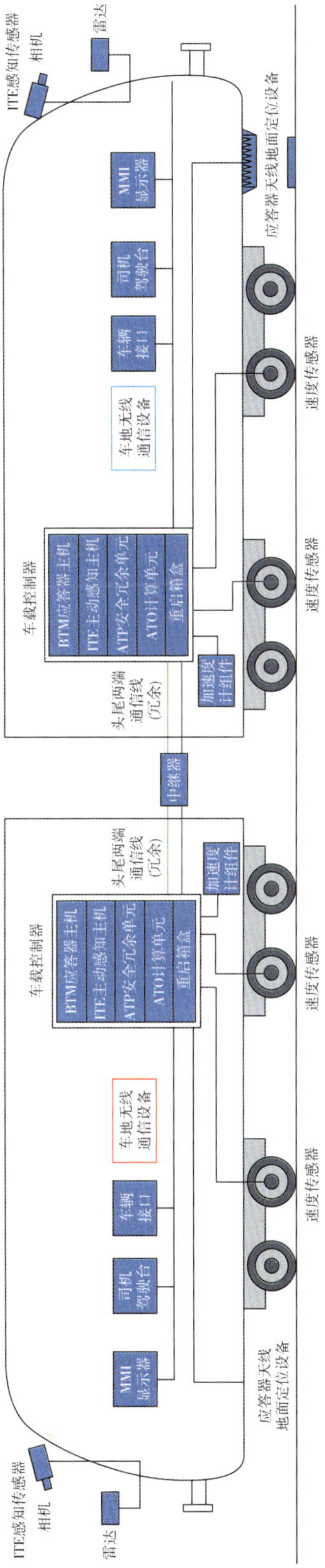

图2-10　车载子系统组成示意图

车载设备组成主要包括：

(1)ATP安全冗余单元：车头、车尾各设置一套ATP车载设备，采用冗余安全计算机架构，确保设备切换时不影响列车正常运行和司机操作，且不会导致车辆控制端的改变。

(2)ATO计算单元：车头、车尾各设置一套ATO车载设备，用于列车自动驾驶。

(3)ITE主动感知设备：车头、车尾各设置一套主动感知主机设备及感知传感器组件，作为高安全等级的列车环境感知系统，可实时识别列车行车线路前方障碍物信息。

(4)速度传感器：车头、车尾在不同车轴安装独立的速度传感器，与加速度计协同完成冗余的速度和走行距离测算。

(5)加速度计：车头、车尾分别安装一套加速度计，与速度传感器实现列车速度和走行距离的冗余测算与验证。

(6)BTM(Balise Transmission Module，应答器传输模块)主机单元：车头、车尾各设置一套，与应答器接收天线协同工作，实现对应答器报文的解析和列车位置的校正。

(7)应答器接收天线：车头、车尾各设置一套，用于接收轨旁应答器发送的报文信息。

(8)车载无线单元：车头、车尾各安装一套，用于车地无线通信数据接收及发送，双网互为冗余。

(9)车载无线天线：车头、车尾各设置一套，用于接收和发送沿线无线信号。

(10)MMI单元：车头、车尾各设置一套，为司机提供驾驶信息和操作控制界面。

(11)两端车载设备贯通线：车头、车尾设置贯通线，用于实现头尾两端车载设备间的信息交互。

(一)ATP设备

ATP子系统是系统的核心子系统之一，主要实现列车间隔控制、速度防护和轨旁设备管理等功能，确保列车在全时域、全区域的安全运行。ATP子系统采用以车载为核心的运行控制及安全防护机制，对列车运行状态进行全方位监控。当检测到影响列车运行安全的故障时，系统将立即采取防护措施。ATP子系统通过优化轨旁设备管理、采用基于相对速度制动安全防护的追踪模型，有效缩短列车追踪间隔，提升运营效率。

作为复杂的安全苛求系统，ATP子系统具有实时性、高可靠性、高可用性、高可维护性等特征，其设计严格遵循“故障-安全”原则，达到安全完整性等级SIL4级。

ATP设备采用“2乘2取2”安全计算机平台架构，通过冗余设计克服通用电子元器件缺乏故障状态不对称性的缺陷，显著提升了系统的可靠性。

(二)ATO设备

ATO设备负责列车的自动驾驶功能，在ATP子系统的安全防护下，通过与车辆系统的接口，执行牵引、制动指令，控制列车完成站间运行、停站及启动作业。同时，ATO设备可根据控制中心下发的指令，实现站间运行调整功能。

由于ATO系统属于SIL2级非安全设备，通常采用单机结构或采用双机热备方案，以提高设备的可用性和可靠性。

(三)ITE设备

ITE设备主要由ITE逻辑主机、激光雷达、相机等感知传感器及传感器安装辅件组成。

1.ITE主机

ITE主机采用标准机箱设计,ITE主机示意如图2-11所示。

图2-11　ITE主机示意图

2.感知传感器

ITE系统搭载的核心传感器包括激光雷达、相机,用以实现雷达点云数据采集及图片、视频数据采集等。

(1)激光雷达。

激光雷达通过每秒发射数十万束激光,对雷达前方进行主动式的扫描和测量,获得数十万个采样点的坐标,即点云。基于点云,可构建高精度电子地图,再通过实时扫描点云与电子地图的匹配,能够实现车辆的高精度定位,即SLAM技术。

基于高精度定位,ITE能够确定车辆前方的轨道位置,并以此实现车辆前方的障碍物检测,因此,激光雷达是实现障碍物可靠检测的核心传感器。为确保功能安全性,ITE配置了两个异构的激光雷达,通过安全计算机对周期性的来自两个激光雷达的点云进行匹配,根据匹配的结果确认两个雷达均工作正常。一旦发现激光雷达异常,ITE将执行安全降级操作。

(2)相机。

在ITE主机中,相机的主要作用是捕获图像数据,基于视觉深度学习等技术,实现对轨道特征、移动车辆、人员及其他障碍物的实时检测与分类识别,核心问题是目标类型的识别。

(四)人机界面设备

MMI设备用于辅助司机安全驾驶列车,通过显示屏提供清晰、直观的驾驶信息,并支持司机完成信息录入和设备日检等功能。

人机界面可实时显示丰富的设备运行状态、列车运行级别、速度、目标距离、牵引制动状态、当前控制级别及驾驶模式等信息。司机可通过人机界面观察系统运行状态,并根据需要进行调整。

人机界面示意如图2-12所示。

图2-12　人机界面示意

六、网络通信设备

作为分布式控制系统,PB-TACS的各设备间需要通过高可靠骨干通信网络实现互联,车载设备与地面设备间也需要通过车地无线通信网络实现双向大容量无线通信。

网络通信系统采用全冗余架构设计,该冗余机制贯穿DCS子系统所有层级,包括交换机、光纤链路和无线空口链路。整个网络通信系统的典型结构示意如图2-13所示。

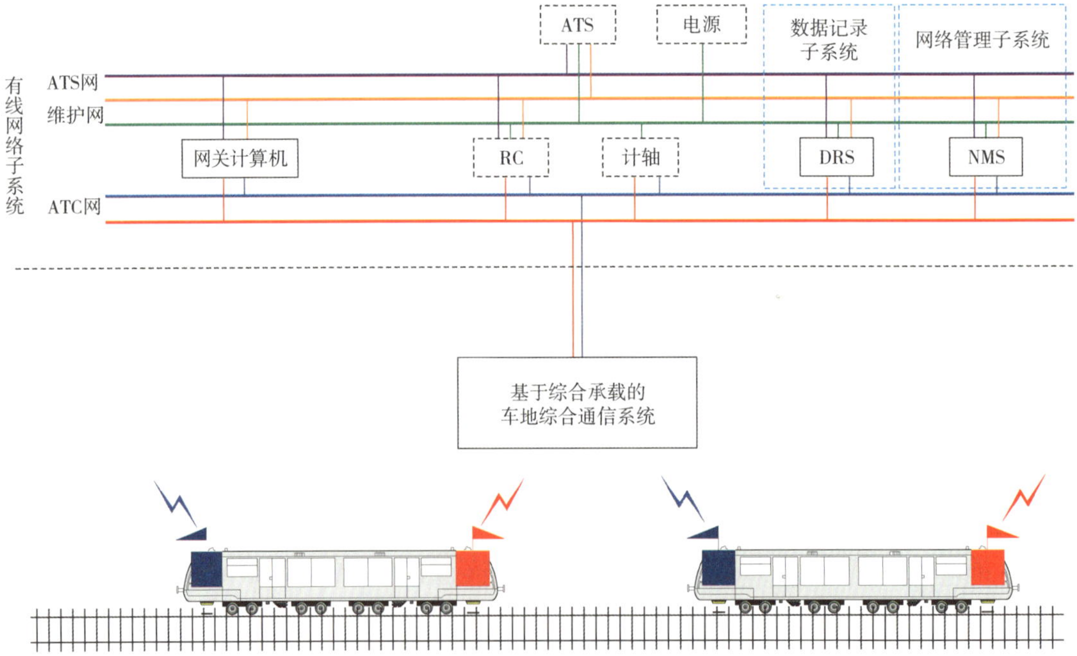

图2-13　网络通信系统的典型结构示意图

(一)地面骨干网络

网络通信系统中的有线网络通常由商业级骨干网络(SDH、RPR等)或工业以太交换机网络组成,采用环形网络结构。地面骨干网络为信号系统提供专用有线信息传输,为控制中心设备、车站设备及轨旁设备间提供信息的透明传输通道。以下以同步数字体制(Synchronous Digital Hierarchy,SDH)网络和工业以太交换机网络为例进行介绍。

1.SDH网络

SDH网络是一套成熟的技术标准,通过复用、映射和同步方法为不同速率数字信号提供传输解决方案。

SDH网络系统的各个部分通过冗余的光纤骨干网络互联,由骨干节点和骨干网络接入交换机,构成了轨旁网络的一部分。该轨旁网络通过光纤沿线路延伸,构成整个信号系统的有线网络系统。

骨干网络设计提供了完善有效的SDH网络自愈保护方案,从而根据不同的网络拓扑实现灵活可靠的自愈保护倒换。

车站有线网络采用成熟的基于IP的以太网技术接入骨干网络;接入骨干网络的设备为以太网交换机,接入交换机通过RJ45以太网接口与骨干网络节点设备相连。

与有线网络连接的应用系统主要包括:ATP子系统、ATS子系统、MSS及电源监测系统。逻辑上,根据应用数据的安全性和可靠性,有线网络可划分为5个独立网络:2个冗余的ATC网、2个冗余的ATS网和1个维护网(含电源监测)。

2.工业以太交换机网络

工业以太交换机网络,即应用于工业控制领域的以太网交换机设备。由于采用开放标准TCP/IP协议,具有环境适应性强、抗干扰能力突出等特点,工业以太交换机网络已成为工业控制领域的主流通信方案。

工业以太交换机网络系统设备的各个部分通过冗余的光纤骨干网络互相连接起来。由区段骨干网络、节点和以太网交换机构成轨旁网络;该轨旁网络沿线路延伸,形成完整有线传输系统。

(二)车地通信网络

地面骨干网络实现了地面设备间的相互通信,而车载设备与地面设备间的双向大容量无线通信则是通过车地通信网络实现的。PB-TACS在继承CBTC系统冗余的车地通信网络作为主用级别列车运行控制信息的传输通道,同时,构建独立的备用车地通信网络,与ITE子系统的主动感知能力相结合,形成PB-TACS的备用控制级别(ABL级别),从而进一步提升了系统的韧性。

主用车地通信网络的技术方案主要为LTE方案,备用车地通信网络的技术方案采用异构方式,可采用独立或共建的WLAN方案/LTE方案等。

LTE系统同时定义了频分双工(Frequency Division Duplexing,FDD)和时分双工(Time Division Duplexing,TDD)两种方式。信号系统多采用TDD-LTE制式,其具有频谱申请灵活、上下行资源可调配的特点。

LTE技术采用了正交频分复用(Orthogonal Frequency Division Multiplexing，OFDM)，多输入多输出(Multiple-Input Multiple-Output，MIMO)，自适应调制编码(Auto Modulation and Coding，AMC)及混合自动重传(Hybrid Automatic Repeat reQuest，HARQ)等技术，在20MHz频谱带宽下能够提供下行150Mbps与上行75Mbps的峰值速率，同时，在改善小区边缘用户的性能、提高小区容量和降低系统延迟等方面都有显著提升。

采用LTE技术进行信号系统车地无线传输时，从逻辑上可以分为以下3个部分。

(1)核心层：整个无线网络关键部分，完成无线传输数据的汇聚与分发，与其他业务子系统互联，为它们提供可靠的双向数据通信服务，所有的无线接入数据都需要通过核心层与外部系统通信，同时负责整个网络的管理与维护。

(2)接入层：提供沿线无线接入服务，同时上行接入地面有线网络，与中心子系统对接，完成对各类业务的数据传输。

(3)终端层：由车载无线终端组成，用于连接轨旁无线网络。

基于LTE技术的DCS系统车地无线网络系统结构示意如图2-14所示。

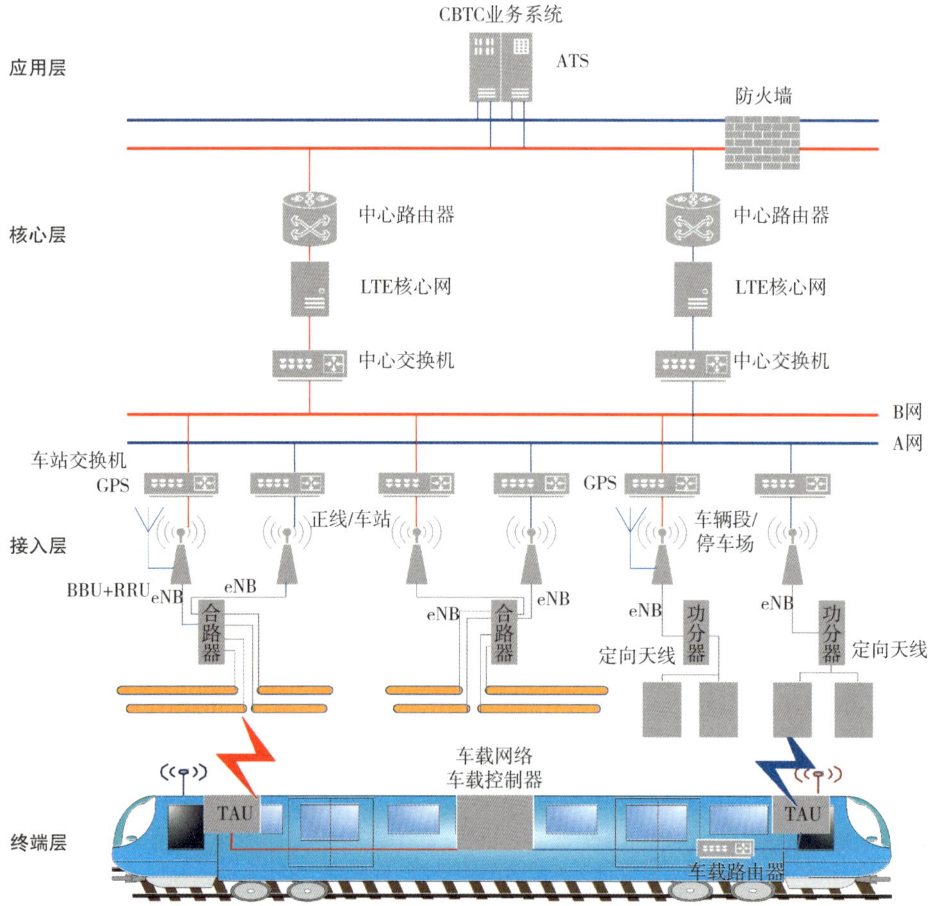

图2-14　基于LTE技术的DCS系统车地无线网络系统结构示意图

第二节　系统基本原理

一、列车自主性提升

传统CBTC系统采用以地面设备为中心的控制架构，通信链路为“车-地-车”，各区域地面核心控制设备(ZC)基于连续的“车-地-车”无线通信广泛收集管辖范围内的列车信息，为每列车计算行车路径和行车移动授权，所有安全关键决策几乎都集中在ZC。

随着计算能力、传感器、网络、通信连接等技术发展，可将更多的列控系统功能分配至车载设备，一定程度上提升列车的自主性，减少地面设备，降低基础设施成本。在PB-TACS，原来由地面ZC负责的移动授权功能，转而由列车负责。列车在运行过程中，会寻找前方列车，主动与前车建立通信，通过持续的“车-车”通信获取前车的位置、速度等信息，通过“车-地”通信，从地面核心控制设备(ZC)获取道岔等轨旁设备状态信息，列车基于上述信息计算行车移动授权。这样带来的好处是可以取消地面ZC设备，精简系统架构和数据流。

在此基础上，本车主动与前车建立通信，获取前车速度、位置等信息，监督前车变化情况。列车间通过“车车”通信交互位置、速度、加速度、车辆性能参数等信息，基于车车通信获取的各类运行信息，考虑列车控制偏差、测速误差、定位误差、坡道阻力等条件，计算前后列车从开始紧急制动到停车过程中的位置、速度、加速度信息，以保障前后列车不相撞为安全约束，计算列车安全防护速度。基于车车通信交互的列车计算移动授权如图2-15所示。

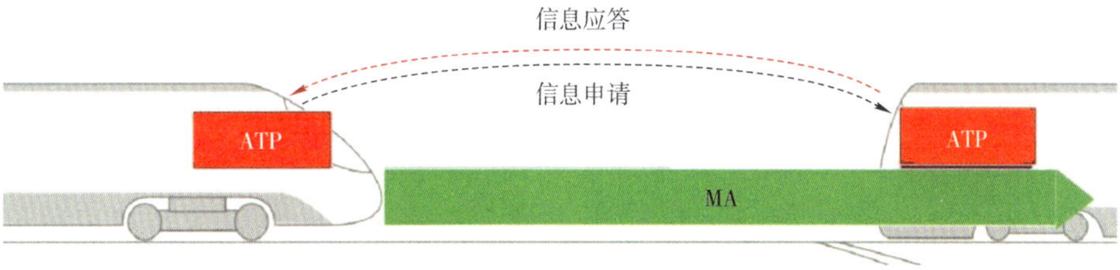

图2-15　基于车车通信交互的列车计算移动授权示意图

二、线路资源管理的数字化、精细化

在传统CBTC系统中，线路当中的资源使用唯一性(尤其是道岔)是由联锁系统配合次级检测设备(计轴)保证的。联锁系统接收调度指挥系统的进路触发命令，并基于计轴区段占用检测，控制道岔动作至列车运行期望的状态，经安全检查后锁闭进路。其中，进路是根据物理设备划分的，一般是以信号机为起点和终点。

在PB-TACS中，由于计算能力的进步，系统对线路资源的划分和管理更加数字化、颗粒度更细，线路资源管理的单位为逻辑区段，可以按照需求人为灵活划分。线路资源精细化调整方式如图2-16所示。

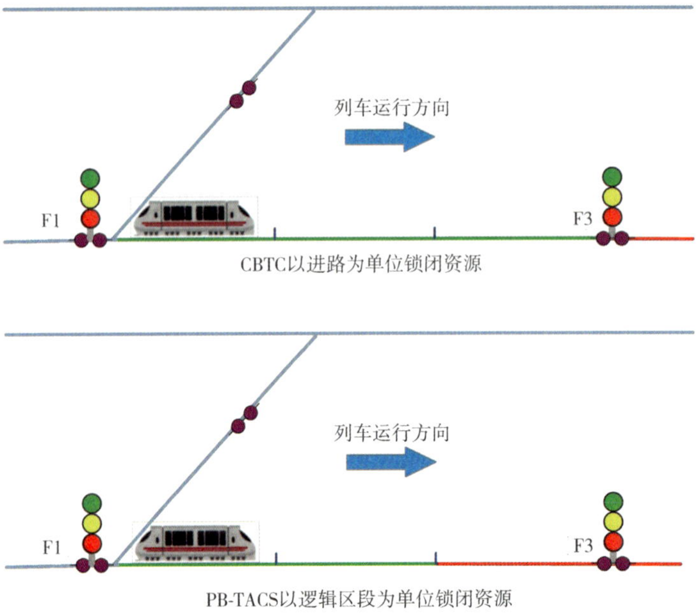

图2-16　线路资源精细化调整方式示意图

此外,同一个逻辑区段的线路资源可以被多个同方向运行的列车申请使用,实现线路资源共享。这样带来的好处是可以提高多列车折返时的线路资源使用效率,提升折返效率。同时,列车具备自主申请和释放线路资源的能力,在列车运行过程中,根据列车运行方向和自身需要,由列车主动申请和释放线路资源。这样带来的好处是由于列车持续掌握自身精确位置,对资源的使用和释放会更加合理和及时。

三、闭塞制式上的改变

PB-TACS在闭塞制式上发生了改变。传统CBTC系统采用移动闭塞进行列车间隔防护,主要原理为:基于本车和前车的实时位置,假设前车可能会瞬时停车,从而要求后车将最近一次获得的前车的车尾位置作为追踪防护目标,要求两车之间的安全防护距离不小于后车实施紧急制动至停车全过程中运行的距离,以避免两车发生追尾碰撞。这种方法的原理自19世纪70年代即已提出,并在轨道交通领域沿用至今,此种方法俗称"撞硬墙"。事实上,如果前车的初始速度不为0,在后车制动过程中,前车的位置实际也在随时间不断变化。传统"撞硬墙"安全防护曲线计算方式示意如图2-17所示。

PB-TACS在考虑本车和前车位置的基础上,一方面获取了更丰富的信息,进一步掌握列车的速度等信息;另一方面,引入了在一段时间上对列车运动趋势的预测,通过预测本车及前车制动全过程的时空轨迹,保证从当前时刻到两列车停车不发生碰撞,从而确定安全行车间隔。此种方法俗称"撞软墙"。这样可以进一步提升区间追踪效率。

前车直接向后车周期性报告前方列车状态信息,主要包括列车位置信息、速度信息、通信连接反馈信息以及列车完整性信息等；后车接收前车状态信息后，根据线路参数及前车最优性能参数计算当前时刻下前车的紧急制动走行距离，根据该距离及安全防护余量计算本车移动授权不可突破的限制点，并根据全线的线路限速计算速度-目标距离控制模式曲线，在确保列车安全追踪间隔的同时，有效缩短追踪间隔、提高线路的通过能力、保证旅客的舒适性。"撞软墙"安全防护曲线计算方式示意如图2-18所示。

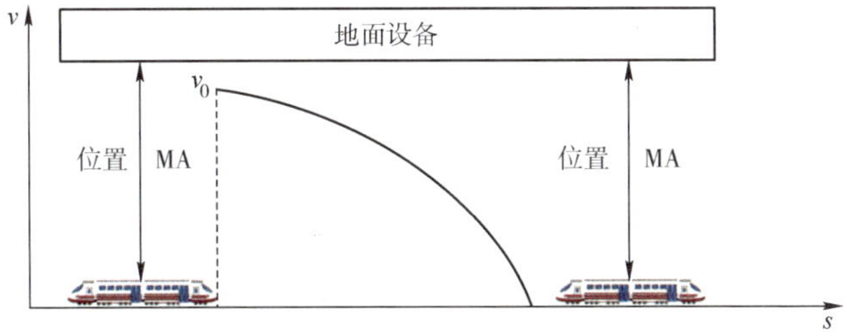

图2-17 传统"撞硬墙"安全防护曲线计算方式示意图

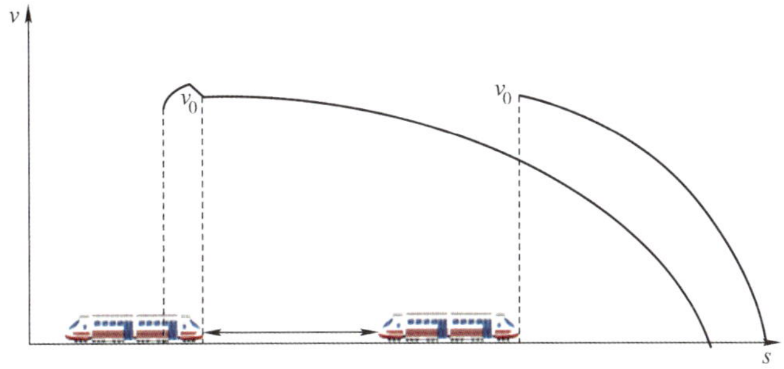

图2-18 "撞软墙"安全防护曲线计算方式示意图

四、系统降级运行工作原理

随着智能技术的快速发展，道路交通车辆正朝着高度自动化乃至完全自主化方向演进。自主技术的核心目标并非单纯追求系统的自适应或智能化，而是确保系统在脱离外部控制时仍能可靠完成既定任务。美国汽车工程师学会（Society of Automotive Engineers，SAE）制定的自动驾驶分级标准明确规定：在SAE L3（高度自动驾驶）级别下，自动驾驶系统需采用故障-运行结构设计，确保在器件失效时仍能维持10s的安全运行。SAE L4（超高自动驾驶）级别下，在限定场景下可自动应对各种复杂情况。

汽车运输的安全和自动化通过两大技术路径实现：一是"联网"，通过V2V和V2I通信，构建"联网汽车"，用于协商和解决冲突，如车辆可以与交通信号灯进行通信，获取交通信号灯信号时序等道路管理信息，从而提高路口通行效率，降低拥堵。二是"自治"，通过车载人工智能，依赖各类感知传感器和智能算法，感知环境、分析数据并做出相应的驾驶决策，使汽车保持安全距离运行。汽车驾驶自动化的"联网"与"自治"如图2-19所示。

随着城市轨道交通的建设，各类基础设施在线路上进行了广泛部署。当前，城市轨道交通信号系统普遍采用以地面设备为中心的控制架构。该架构主要体现在两个方面:首先,整个线路网络的行车调度(以下简称行调)由中央ATS子系统统一管理,负责行车统筹规划、组织和调整,以提供更优质的客运服务;其次,各区域地面核心控制设备(ZC)基于连续的"车-地-车"无线通信,广泛收集管辖范围内的列车运行数据,为每列车计算行车路径和行车移动授权,所有关键安全决策几乎都集中在ZC。这种"联网列车"技术目前在自动驾驶领域已领先于"联网汽车"的发展水平。

图2-19　汽车驾驶自动化的"联网"与"自治"

欧洲"铁路2030年研究及创新优先主题"研究报告指出:CBTC及城市交通ATS技术将促使由全自动运行(FAO)向全自动、自主列车运行控制平滑过渡;通过可靠的环境感知识别,所有外部危险源(障碍物、环境检测)是车载智能决策的基础;依此提升列车运行控制系统自主性及智能化水平。

考虑到城市轨道交通列车运行速度高、制动距离长的特点,现阶段完全依赖列车视觉感知实现全自主运行尚难以满足城市轨道交通列车运行速度和效率的要求。因此,在正常运营情况下,仍需要依赖地面基础设施基于连续的车-地信息传输,实现列车自动驾驶。随着计算能力、传感器、网络、通信连接等技术发展,越来越多的列控系统功能(如移动授权计算、进路的申请等)可转移至车载设备执行,从而减少对地面设备的依赖,降低基础设施成本。在此基础上,通过列车配备的各类视觉传感器(相机、雷达等)及算法,列车能够自主识别运行前方的危险源(障碍物、环境异常),当发现危险时,代替司机做出"自主决策",进行自动的列车制动,实现基于环境感知的安全防护。

当系统出现故障(如通信中断或计算故障导致无法获取移动授权)时,列车可启动自主运行模式。通过配备的"眼睛"(视觉传感器)和"大脑"(决策算法),系统能够自主评估轨道环境,计算安全移动授权。此时,列车的移动授权不是列车与地面基础设施或其他列车协商而产生的,而是由列车自主确定的。在这种情况下,由于视觉传感器的探测距离限制,列车可能需要运行速度,但这种模式能够确保在故障情况下维持列车自动、继续向前运行,即由故障导向安全停车,向故障导向维持运行转变,并在列车与地面恢复连接后尝试快速切换回正常、高速的运行模式,最大限度地减少故障对运营服务及乘客出行的影响。列车自主运行示意如图2-20所示。

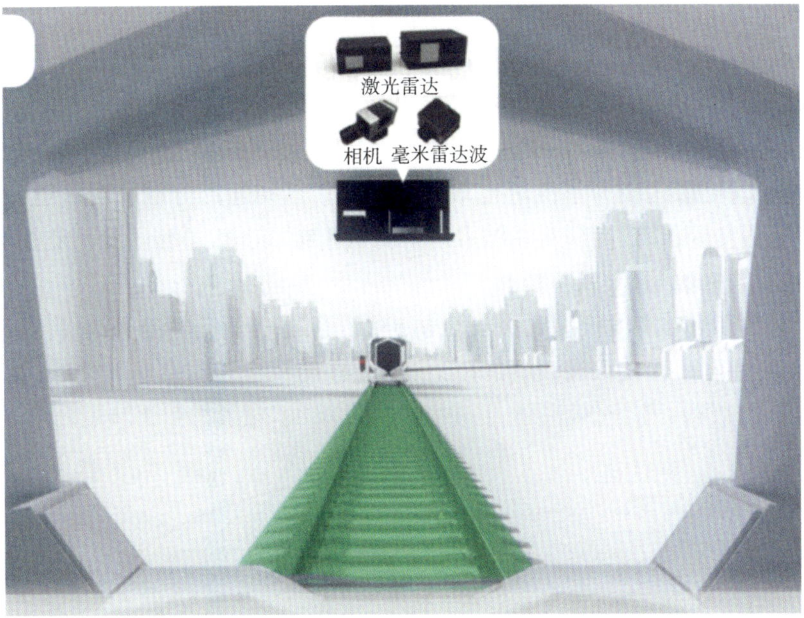

图2-20　列车自主运行示意图

第三节　系统功能

一、系统主要功能描述

PB-TACS作为新一代列车运行控制系统，系统结构更加精简，根据城市轨道交通信号系统的功能需求，结合PB-TACS的自身特点，系统功能主要分为以下几类：

（1）列车自动防护；

（2）列车自动驾驶；

（3）联锁控制；

（4）列车自动监控；

（5）保护和辅助乘客；

（6）辅助列车运行；

（7）信息传输及管理；

（8）提供维护监测。

（一）列车自动防护

列车自动防护，是信号系统最主要的功能，为了实现对列车行车安全的保护，系统通过实时监控列车速度、位置和间距，确保列车运行符合安全间隔和限速要求。

1.确定轨道占用信息的功能

系统基于列车精确定位实现列车追踪和控制功能，列车通过获取资源控制器（RC）管辖范围内的道岔状态、通信车信息、故障列车信息来识别前车位置。当检测到前车时，本车会主动与前车建立通信连接,实时更新前车位置并持续监控其状态变化。

在CBTC运行级别下,车载ATP设备综合考虑列车当前速度、测距误差及通信延时等因素计算列车的安全防护位置,会持续向RC报告列车位置。

在后备运行级别时,系统无法通过列车主动上报获取精确位置信息,转而依靠次级轨道占用检测设备,以轨道区段为单位对列车进行定位。系统通过分析次级轨道占用检测设备采集的区段占用/空闲状态,实现对线路占用情况的连续、安全、可靠的检测监控。

2.列车追踪间隔控制(增强功能)

PB-TACS采用相对速度模型进行安全防护,后车通过车-车通信获取前车实时状态(位置、速度等),预测前车行驶轨迹,从而计算自身的移动授权及安全防护曲线,即"撞软墙"方式保证从当前时刻到两列车停车不发生碰撞。"撞软墙"示意图如图2-21所示。

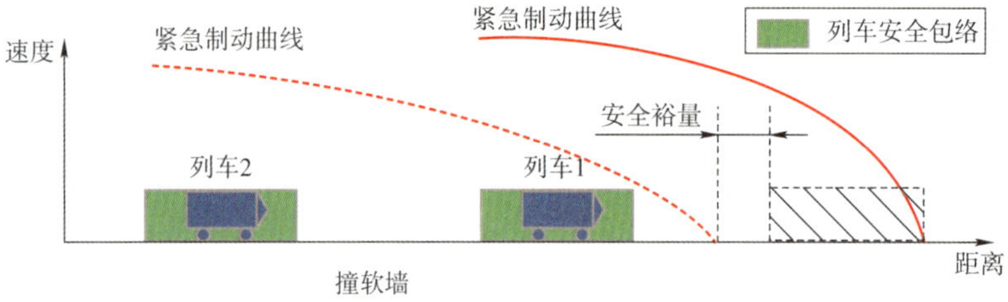

图2-21 "撞软墙"示意图

3.生成信号机强制命令

移动闭塞模式下,司机以信号系统车载设备的显示为基准,驾驶列车地面信号机的显示不作为主要行车依据。当系统运行在CBTC级别下时,地面信号机采用灭灯显示。但对于降级模式列车,仍以信号显示作为行车依据,故降级列车前方一定范围内的信号机需要点亮。信号机的亮灭由RC根据接近的列车类型进行判断,对管辖范围内信号机进行动态运算,周期性生成对应的信号机强制命令。

4.列车自主测速定位(变化功能)

车载设备采用速度传感器、加速度计等测速设备,通过测速测距算法,计算自身走行距离,并通过获取地面应答器/信标的位置信息,实现列车自身位置校准。

系统可通过感知技术采集线路的环境数据,根据环境特征在线路数据中查找对应点云地图位置,依此校准列车位置,实现列车自主定位。

5.列车轮径校正功能

列车车轮轮径是车载设备进行测速测距的重要参数,系统需对列车轮径进行管理,并提供自动轮径校正功能。在车辆段或正线设置专门用于进行轮径校正的应答器/信标设备,布置于平直轨道上,且间距固定。当列车匀速通过轮径校正设备时,车载设备将准确计算列车轮径,并以计算所得轮径值作为测距计算依据。

6.驾驶模式和运行级别管理(变化功能)

PB-TACS提供三级驾驶级别(CBTC级别、ABL级别、联锁级别)和多种驾驶模式,包括:FAM模式(全自动运行模式)、CAM(列车蠕动模式)、AM模式(自动驾驶模式)、CM模式(人工驾驶模式)、RM模式(限制人工驾驶模式)、EUM模式(紧急非限制人工驾驶模式)等。根据当前的列车运行状况及线路条件,对驾驶模式及运行级别进行管理。列车的不同驾驶模式和运行级别在满足相应条件时可以进行转换。车载ATP子系统对RM模式、CM模式、AM模式、CAM模式、FAM模式进行对应的安全防护。

7.列车安全制动模型计算(变化功能)

系统的车载设备根据自身测速测距情况和计算的移动授权等信息,实时计算用于列车追踪及安全防护的速度-距离曲线。系统基于列车自主计算的移动授权,通过速度-距离曲线方式计算列车的限制速度及防护列车间隔,以确保列车安全高效运行。当列车检测到系统状态变化(如前车列车状态改变、区段占用、道岔动作等)时,会生成新的移动授权计算曲线,控制列车运行,保障列车运行安全。列车保证安全制动距离是基于速度-距离曲线的安全制动模型,该模型能在最不利情况下,触发紧急制动时,确保列车在MA终点内停车。速度-距离曲线包括紧急制动触发曲线、牵引切断曲线(可选)、推荐速度曲线等。车载设备将严格根据速度-距离曲线对列车速度进行防护。

8.列车超速防护

系统可防护列车的速度不超过线路、道岔、车辆等规定的允许速度,在信号监控的驾驶模式下,可保证列车始终在规定速度内被实时监控,确保任何情况下都能防止列车超速运行。

基于实时计算所得到的速度-距离曲线,车载设备对列车的运行速度进行严格监控,若列车的运行速度超过推荐速度曲线,设备将发出声光报警提示司机;若列车的运行速度超过牵引切断速度,设备将自动切断列车牵引;若列车的运行速度继续上升并触及紧急制动触发曲线,车载设备将立即实施紧急制动,确保列车在安全防护范围内停车。

9.退行防护

在列车运行过程中,系统不仅监控列车的运行速度,同时监控列车的运行方向。系统允许列车在一定范围内有限地退行,但当退行一段距离后系统即会实施紧急制动,提醒司机谨慎操作。在列车发生退行时,系统监督列车的退行速度和退行距离,并对退行列车进行安全间隔防护,保证列车在最不利情况下的退行距离不超过系统允许的范围。若列车退行距离超过系统判定的最大允许退行距离,系统将施加紧急制动且保持。

10.红灯误出发防护

当列车在站台或区间信号机前停车时,若出站进路未被排列或其他原因导致出站信号未开放时,系统将切断列车牵引回路,防止司机因误操作或误判而导致列车越过红灯信号,同时禁止列车移动,实现对列车安全出站的防护。

11.故障处理(增强功能)

无线网络故障:系统支持不同制式的无线通信网络冗余配置,若单一制式网络故障,另一制式网络仍可支撑系统以CBTC级别维持运行。若所有无线网络均故障,系统可降级以ABL级别运行,并使用ITE设备,在列车运行过程中进行障碍物实时检测。

ATP故障:系统配备独立感知定位模组,即使车载双端ATP设备均故障导致降级,也可通过感知设备实现列车定位,并依据感知传感器实现线路障碍物检测功能,系统可降级为ABL级别运行。

12. 列车完整性监督

列车自身完整性是系统对列车运行进行安全防护的基础条件,PB-TACS在列车运行过程中需实时监测列车完整性状态,并将该状态在MMI上显示。一旦检测到列车完整性信号丢失,系统将立即触发紧急制动措施,最大限度保证列车安全。

13. 管理临时限速

作为运营调整的有效手段,临时限速用于在出现突发情况需对线路某一区段进行速度限制时使用。系统能够对调度人员下达的临时限速指令进行管理,包括限速值设置、二次确认、存储、上电确认、取消限速等一系列操作,保证临时限速命令的有效执行。

14. 双向运行(增强功能)

当列车运行前方存在故障导致无法继续前行时,系统可支持人工通过ATS下发反向运行命令,ATS子系统会为列车提供反向运行线路资源序列。待车载ATP获得反向运行线路资源后即可执行反向运行,该功能实现了任意地点反向运行,显著提升了系统的应急处置灵活性。

15. 管理数据库版本

各子系统保持数据库信息版本一致性。当检测到数据版本不一致时,系统将禁止进入列车控制模式,以确保系统的安全性。

16. 全线免筛(新增功能)

相较于传统CBTC系统在列车降级后完成筛选升级为CBTC级别耗时较长,PB-TACS通过TMC设备管理正线运行列车数量和ID,同时对线路入口进行监测,以确认是否有降级列车进入正线。当降级列车与地面设备通信恢复后,TMC设备会判断正线列车数量与通信故障前是否保持一致,在确认正线无隐藏列车后,立即向RC发送全线免筛许可标志。该机制实现了列车通信故障后快速筛选升级,将大幅提升故障恢复效率。

17. 主动障碍物检测(新增功能)

ITE设备基于感知技术可实现前方一定范围内障碍物的主动检测。当检测到障碍物时,系统会立即将障碍物的位置信息发送给车载ATP系统。车载ATP系统根据当前速度和距离信息实时判断并决定是否输出制动指令。

(二)列车自动驾驶

列车自动驾驶功能,通过调整列车ATO控制曲线,实现了列车准点运行、精确停车、节能和舒适度提升。

1. 列车自动驾驶启动

当列车在站台停车时,其发车时机需由司机根据多种因素判断后手动启动。而当列车在区间信号机前停车时,因没有站台乘降作业。在此情况下,当获得移动授权且系统判断运行条件安全时,若处于自动驾驶模式(AM),ATO可在ATP的防护下自动启动列车继续运行。

2. 区间运行时间控制

为实现站间运行时间的精确控制，根据ATS下发的运行时间要求，系统动态调整牵引、制动与巡航阶段的控制策略，实现秒级精度的区间走行时间调整。

牵引/制动阶段，在满足冲击率要求的前提下，ATO通过控制牵引力与制动力的施加程度来调整列车的加速和制动时长。进入巡航阶段后，ATO会根据ATS设定的运行级别与当前速度计算得出可满足的惰行余量，在此基础上尽量保证惰行工况，以实现列车的准点运行并降低列车运行能耗。

3. 控制列车进站停车

列车进站时，在进站停车过程中，考虑到运行舒适度与效率，系统会计算出既高效且冲击率较小的一次性制动曲线。系统根据进站停车制动曲线，控制列车采用连续的制动、恒定的制动率，一次性制动至目标停车点。中途制动不缓解，且为了保证进站的运行效率，进站前不设置非线路限速要求的减速。完成进站制动精确停车的同时，系统通过施加保持制动以防止溜车。

4. 自动驾驶舒适度控制

系统控制的ATO驾驶曲线综合考虑列车性能、载重等参数，充分借鉴优秀司机的驾驶习惯，在保证列车运行效率的同时，优化乘车舒适度。在出站牵引阶段采用二阶速度曲线，保持冲击率恒定；在区间运行阶段采用长惰行策略，使得列车在区间大部分走行时间内无冲击运行；在进站制动阶段采用连续的恒定减速度制动。这些措施在确保精确停车的同时，减少了进站过程中的列车冲动，列车可以平稳地停在停车点上。停车后，系统会自动施加保持制动，以防止溜车。

进站制动过程示意如图2-22所示。

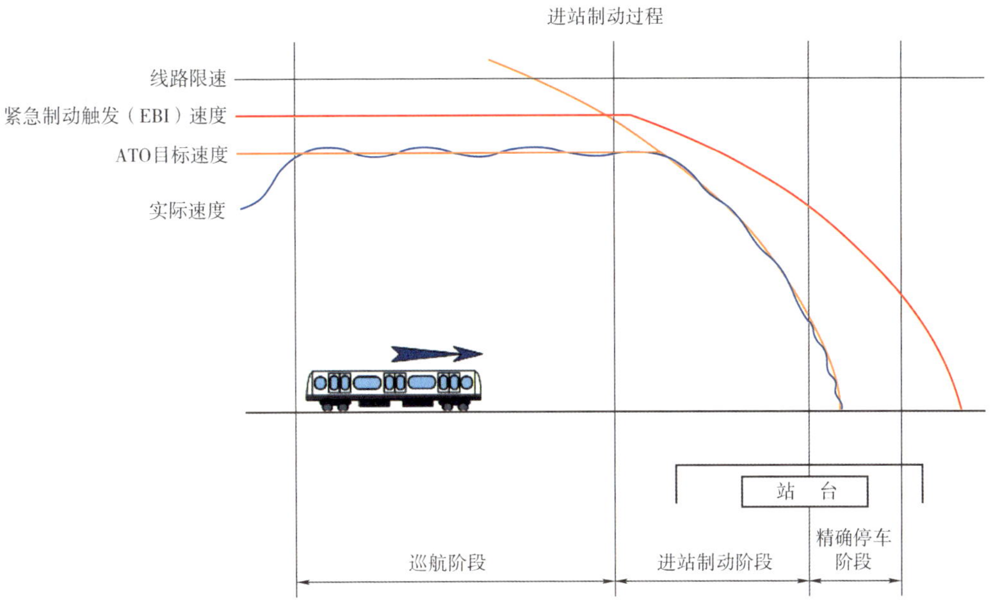

图2-22　进站制动过程示意图

5.计算牵引和制动命令

当列车在AM模式下,系统一旦生成离站命令,系统根据线路限速、运行等级等信息实时计算精确的驾驶命令,包括加速、制动和惰行指令及其具体值。在计算速度控制曲线的基础上,系统还综合考虑列车参数、当前运行位置和速度、实时速度与目标速度差值等因素,动态计算所需的牵引或制动状态及对应加速度,最终转化为牵引/制动开关量和模拟量指令发送给车辆系统,实现对列车的精确控制。

在AM模式下,所有发送至列车的牵引/制动信息均由目标加速度命令转化生成,并结合列车参数及实时位置和速度数据进行优化。

列车进站时,系统采用恒定制动率实现一次性制动至目标停车点,全程不进行制动缓解,且进站前不会出现非线路限速要求的减速台阶。

6.列车节能运行

当列车在站间运行时,频繁的牵引制动会导致牵引能耗远大于常态惰行下的列车,因此,牵引阶段和站间巡航控车期间,均需要控制列车尽可能减少牵引输出、减少制动输出、延长惰行时间。具体措施包括:在牵引阶段和巡航阶段(最大限度)减少牵引/制动操作;在制动阶段加大制动力以提高进站效率;通过降低目标速度来延长惰行时间,降低运行能耗。

节能运行从列车站台启动、站间巡航运行、进站停车三个阶段进行处理。

(1)列车在出站加速的过程中,因受区段限速制约,会导致列车速度在限速台阶处停滞。若发生超调现象,系统将输出制动指令,待目标速度抬升后再输出牵引指令。这种制动-牵引转换过程会降低列车速度,导致需要更多牵引能量来达到新的目标速度,从而增加能耗。为消除限速台阶处的超调现象,当列车速度接近目标速度时,ATO自动调整控车参数,确保加速曲线平滑过渡,避免不必要的牵引制动转换,有效降低能耗。

(2)站间巡航运行阶段,在确保满足ATS要求的站间运行时间前提下,ATO子系统利用列车惯性、运行阻力及坡度,通过超调增大列车速度高于当前目标速度曲线的概率,在目标速度曲线之上不干预列车的牵引制动,使得列车在没有增加能耗的情况下继续运行,同时,由于超调使得列车旅速提升,进一步降低目标速度,使得惰行时间更长,实现节能运行。

(3)列车进入进站停车阶段,ATO会选择比较大的停车减速度,提高进站效率。通过增大制动率,可缩短进站时间,增大列车在站间运行的惰行时间裕量,进一步降低列车旅速,减少能耗损失;同时,增大制动率能够产生更多的再生制动,再生制动则将电能反馈到牵引供电系统,供同一供电系统中的其他列车使用,实现能量回收利用,降低能耗。ATO进站停车阶段曲线如图2-23所示。

7.管理列车折返

通过连接两端车载设备的贯通线,车载设备在折返轨时可以方便地交换位置信息,从而实现列车的折返作业。列车在折返过程中仍将保持运行级别。

系统支持的列车折返方式分为全自动驾驶模式下的自动折返模式、ATO有人/无人自动折返模式、ATP监督下的人工折返模式、限制人工折返模式、非限制人工折返模式。

典型的无人自动折返如下:在终端站,乘客乘降完毕列车具备发车条件时,司机可执行一系列的作业激活无人自动折返功能，系统将驾驶列车自动进入折返轨，完成换端并自动驶回对端站台，打开车门和站台门，等待司机进行下一步操作。整个过程中无须司机干预。

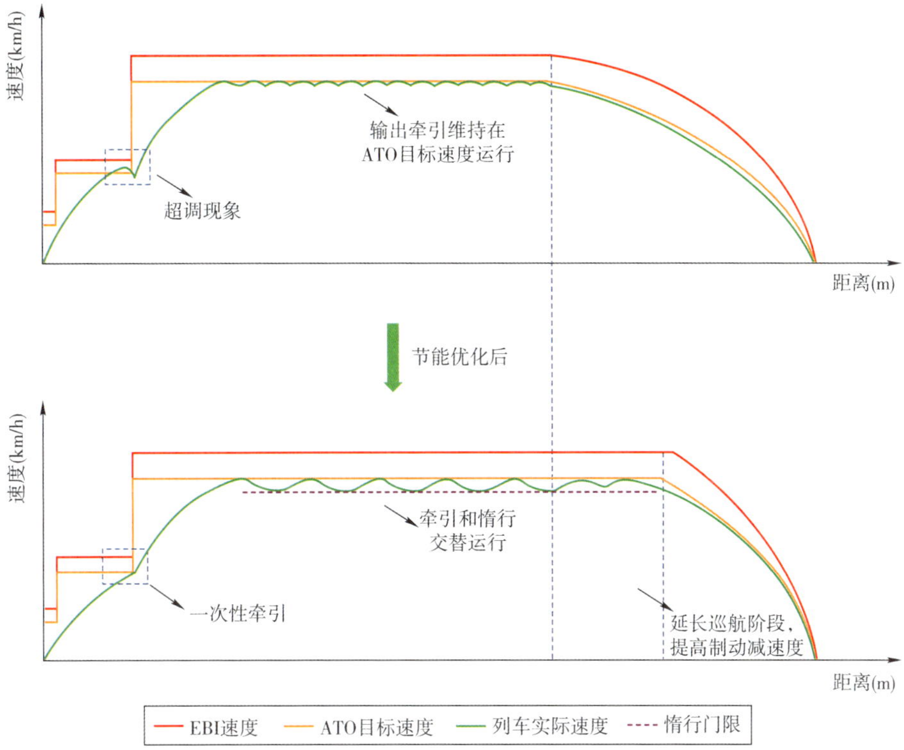

图2-23　ATO进站停车阶段曲线

8. 管理跳停

跳停作业是列车运营调整的手段之一，用于控制列车在指定站台不停车，直接运行通过。ATO驾驶下的列车可以在接收到ATS的跳停命令后，在ATP的授权下直接驾驶列车越过指定站台。

9. 管理扣车

与跳停作业相同，扣车作业也是列车运营的调整手段之一，用于控制列车在指定站台不发车。ATO驾驶下的列车在接收到ATS的扣车命令后，将自动停于指定站台，若门控方式为自动，在接收到扣车命令后，ATO不会自动关闭车门，并保持车门、站台门处于打开状态。

10. 停车精度缓慢跳跃调整

全自动运行模式下，如列车在进站停车过程中未到或超出了停车精度一定范围，ATO将自动启动对位调整功能。跳跃对标过程中ATO输出牵引、制动指令及控制速度。

(三)联锁控制

联锁控制功能，实现信号机、道岔、区段安全控制及正确表示，将线路资源精细划分，列车根据计划要求可灵活申请、释放线路资源。

1.操作表示

在车站级,系统设置现地控制工作站,在站控级别下,提供了进路操作功能,包括人工排列进路、人工取消进路、进路总人解、进路区段故障解锁、进路自动排列等,并将现场行车信息与设备状态信息如实地展示给运营人员,实时显示全线轨道线路布置图、信号机、道岔、区段等轨旁设备状态信息。

2.进路控制(增强功能)

线路资源精细化:传统CBTC系统以“信号机至信号机”的进路为单位。PB-TACS线路资源申请的单位由“进路”缩小到“逻辑区段”。这使得列车在折返时可支持“分段”申请和释放线路资源,能够有效提高折返效率。

线路资源可共享:同一个逻辑区段的线路资源可以被多个同方向运行的列车申请使用。当两列车运行方向一致,可共享线路资源,列车移动授权可提前延伸,提升运行效率。

3.道岔控制

系统应能够通过进路锁闭、区段锁闭、单独锁闭、引导总锁对道岔进行锁闭。道岔一旦被锁闭,不能操纵。

道岔设置有位置表示,并保证:

(1)道岔表示与道岔的实际位置一致,并检查自动开闭器两排接点组及其他表示装置均在规定位置。

(2)只有当多点牵引道岔的各点均在规定位置时,才能构成道岔位置的正确表示。

(3)当道岔处于不密贴位置时,严禁出现定位或反位表示。

(4)道岔启动时先切断道岔原位置表示。

(5)道岔发生挤岔时有挤岔表示。

(6)单独锁闭和道岔封锁时,不影响道岔的位置表示。

4.信号机控制

系统根据线路上的列车运行情况,控制信号的亮/灭状态。当点灯区段范围内的第一列列车是通信列车时,系统为室外信号机生成灭灯命令。当点灯区段范围内的第一列列车是非通信列车时,系统为室外信号机生成亮灯命令。当点灯区段范围内无列车占压时,系统为室外信号机生成灭灯命令。

5.轨道区域封锁

系统接收现地设备的区段封锁/解封命令,将指定的区段(物理区段)设置为封锁/解封状态。对封锁区段已办理的进路,其始端信号立即关闭。当区段因现地或ATS的解封命令解封后,已关闭的信号机不会自动开放。当区段封锁后,取消包含封锁区段的自动进路和自动触发属性。若保护区段包含的区段有封锁时,则无法锁闭保护区段。当为非通信列车进路且信号开放时,若保护区段已锁闭,封锁保护区段包含的区段后,立即关闭始端信号。

6.车载自主申请和释放线路资源(新增功能)

车载ATP根据ATS计划,确定需要申请的线路资源,并根据自身需要,向RC发送线路资源征用申请。列车驶离线路资源(逻辑区段)后,立即向所属RC发送线路资源释放指令。相比传统CBTC系统,PB-TACS线路资源释放更加及时,出清区段立即解锁,解锁时间缩短约2.7s。

(四)列车自动监控

列车自动监控功能,通过实时线路信息采集和控制指令下发,实现列车运行的集中调度与设备状态监督。

1.信息采集获取

系统通过冗余的网络接口,从ATP/ATO子系统和RC设备获取列车运行状态信息、信号设备的状态信息和列车位置信息等。

列车运行状态信息包括列车详细信息和车载报警信息:

(1)列车详细信息包括:车组号、列车服务号、序列号、司机编号、目的地名称、运行等级、下一站预计到站时间、下一站预计离站时间、下一站到站站台、准点信息、驾驶模式、车门状态、扣车站台、激活端、下一站站台跳停状态、列车当前速度、紧急制动触发速度、最高驾驶模式、当前控制级别、所在计轴区段、所在逻辑区段、是否ATP切除、列车工况状态、列车当前休眠唤醒状态、列车是否允许休眠唤醒、停准状态、车辆输入采集状态等。

(2)车载报警信息包括:VOBC通信状态、设备故障状态、ATO运行过程中故障状态、列车紧急制动状态、日检失败、轮径失败次数、RRM申请报警、车门报警、无线状态等。

信号设备的状态信息包括区段、道岔、信号机、站台、站台门、接触网、防淹门、车库门等设备状态。

(1)区段状态包括:空闲解锁状态、空闲锁闭状态、资源分配状态、非CBTC/CBTC车占用状态、保护区段锁闭状态、ARB故障状态、故障锁闭状态、封锁/SPKS(人员防护开关)激活状态、切除状态、临时限速状态、防护包络等。

(2)道岔状态包括:定反位状态、挤岔或失表状态、单锁状态、封锁状态等。

(3)信号机状态包括:绿灯状态、黄灯状态、红灯状态、灭灯状态、引导信号开放状态、信号机因故障无法开放时的状态、封锁状态、白灯状态、蓝灯状态、以某信号机为始端的进路属性为人工控制或自动控制的状态、以某信号机为始端的进路是否处于自动通过进路状态等。

(4)站台状态包括:跳停状态、站台紧急关闭状态、提前发车状态、扣车状态、清客状态、发车倒计时状态、人工设置停站时间显示、人工设置区间运行等级显示等。

(5)站台门状态包括:站台门开、关状态,站台门互锁解除的状态,站台门对位隔离状态等。

(6)接触网状态包括:接触网带电状态、接触网无电状态、接触网未知状态等。

(7)防淹门状态包括:防淹门的开启、关闭状态等。

(8)车库门状态包括:车库门的开启、关闭状态等。

系统通过区段占压状态或RC汇报的列车位置信息对列车实时追踪。

(1)对于CBTC列车,通过RC发送的列车位置信息对列车位置进行追踪。

(2)对于非CBTC列车,通过RC汇报的物理区段占压信息对列车位置进行追踪。

ATS子系统还可通过冗余的通信接口,从综合监控、站台门等外专业获取供电状态信息、火灾状态信息、站台门对位隔离信息等。

2.行车信息显示

ATS子系统是系统为地铁运营调度人员提供的全线列车和信号设备的监控平台。通过信息的采集获取,ATS通过人机交互界面,将现场行车信息与设备状态信息如实地展示给运营人员。ATS子系统能实时显示全线轨道线路布置图、列车位置信息、列车车次号信息、信号机、道岔、区段、站台、站台门等轨旁设备状态信息。

3.时刻表/运行图管理

时刻表/运行图是系统对列车运行进行自动控制的基础,在系统交付时,将提供基本的时刻表/运行图供运营方使用。系统也提供了强大的时刻表/运行图编辑功能,运营方可在基本时刻表/运行图的基础上进行修改,也可创建全新的时刻表/运行图。提供时刻表/运行图的检查功能,以保证修改/新建的时刻表/运行图是合理且可用的。

运行图采用二维坐标系进行显示,纵轴表示车站,横轴表示时间,最小时间刻度是1min。

基本时刻表/运行图包含以下主要信息:

(1)列车识别号;

(2)区间运行时间;

(3)车站到发时间;

(4)停站时间;

(5)列车运行路径;

(6)列车折返信息;

(7)区间和车站数据等。

4.列车运用管理计划

中心ATS设备将当日计划时刻表/运行图传至ATS派班工作站,派班人员据此编制当日派班计划,并将派班计划传至控制中心的ATS子系统。派班计划编制完成后,车辆段/停车场值班员根据当日派班计划组织车辆段/停车场的列车运行作业。

系统提供自动或人工两种派班模式。

自动派班模式:无须派班计划,系统根据到达转换轨的列车出车顺序,自动按发车列表分配车次。

人工派班模式:根据人工编制的派班计划为指定的上线列车分配车次。

系统根据运行图信息自动生成服务号、上线序列号、出库段、上线轨、出库时间、上线时间、下线序列号、入库段、下线轨、下线时间等信息,派班员结合列车维修情况及当日运行任务输入当日上线车组号及下线入库线。

派班计划需在运营开始前编制完成,支持提前编制预设日期内的派班计划。系统会在每日运营开始时自动加载当日派班计划,未加载的计划允许随时修改,已经加载的计划仅允许修改未上线列车的车组号及未下线列车的入库线。系统在上传当日派班计划时会自动进行冲突检查。

5.列车运行调整

为应对运营异常情况，系统为运营人员提供了运行调整功能：当偏差较小时，系统自动调整列车运行计划使列车恢复正点；当偏差较大时，系统发出报警提示，经调度员确认后实施全线运行调整。

列车运行自动调整手段包括：

(1)改变列车区间运行等级。

(2)改变列车停站时间。

(3)调整运行等级优先级高于调整停站时间。

(4)当列车的早点或晚点介于规定时间范围时，按计划调整功能生效，否则按计划调整功能无效。

(5)当站台有人工设置停站时间和人工设置运行等级时，系统不执行自动调整，按人工设置执行。

(6)对于非计划车，系统不执行自动调整。

当列车出现早点情况，系统会比较偏离计划时间与站间运行时间，若仅需调整下一站间运行时间即可恢复正常，则保持原停站时间不变，否则将进一步调整站台停站时间，最长可至最大允许停站时间。

当列车出现晚点情况，系统会比较偏离计划时间与站间运行时间，若仅需调整下一站间运行时间即可恢复正常，则保持原停站时间不变，否则将进一步调整站台停站时间，最短可至最小允许停站时间。

人工手动调整列车运行计划，系统将自动执行调整后的计划并控制列车运行。

6.用户管理

PB-TACS中，ATS子系统架构最为复杂，管理的工作站数量庞大，在提供丰富功能的同时，ATS子系统对各级操作工作站及不同用户角色实施严格的权限分级管理；不同角色用户登录时，仅能获取对应用户角色的操作权限，有效防止误操作。此外，ATS子系统支持用户信息的增加、删除、修改等管理功能。

系统限制同一用户仅能单设备登录，并提供密码修改功能。

用户信息包括用户编号、用户名、管理员标识、用户类型；其中可配置用户登录设备权限，限定用户可登录的设备范围。

用户类型包括调度员、维护员、计划员、调度长、派班员，系统支持用户信息的增加、删除、修改、清空操作。

7.回放

ATS维护工作站软件是ATS子系统的维护平台软件，同时也是ATS子系统与MSS子系统接口软件。ATS维护工作站软件安装于主备控制中心的ATS维护工作站中。ATS维护工作站软件具备下述功能：

(1)监视全线信号设备状态、列车运行情况、接口状态、设备状态等。

(2)对报警进行管理与查询。

(3)对系统参数进行配置。

(4)对站场状态、列车运行和操作日志等历史数据进行回放。

(5)对系统保存的历史数据进行查询和备份。

(6)对用户权限进行配置及管理。

(7)转发维护信息至MSS子系统。

基于数据库存储的运营记录数据,ATS维护工作站提供站场状态、列车详细信息、报警信息、操作记录的回放功能。回放数据包括:站场状态数据、操作记录数据和报警记录数据。应用服务器负责回放数据的采集与存储工作;回放数据实时保存。

8.ATS子系统联动

线路发生故障或突发事件时,如乘客紧急对讲激活、车门紧急解锁、车门状态丢失、车门检测到障碍物、逃生门解锁、逃生门关闭状态丢失、司机操作台盖板被打开、车辆火灾、车站火灾、区间火灾、接触网失电、障碍物或脱轨检测报警、紧急停车按钮触发、TCMS(列车控制管理系统)故障,打滑测速无效等,不同故障场景根据场景要求可预先制订联动策略,联动行车设备,辅助调度员完成操作。

ATS子系统能够联动的操作包括:下发扣车、跳停、产生报警、紧急制动命令等。

9.车辆信息监视

系统支持集成车辆调度工作站,车辆调度工作站与车辆TCMS和PB-TACS接口,车辆调度工作站软件具备下述功能:

(1)实时获取全线车辆运营、运行信息和车辆设备状态。

(2)通过光字牌、列车列表对车辆空调、照明等进行远程控制。

(3)休眠唤醒界面显示休眠唤醒过程执行各项流程的结果,若失败会提示失败原因。

(4)对报警进行管理与查询。

(5)远程MMI用于显示车载MMI。

(6)维护操作界面可查看相关设备的空开状态和运行记录、软件版本号、车门软件版本号。

10.列车运行图全程管理

系统支持对基本运行图的维护,主要包括:

(1)保存:对已经编辑完成的数据进行保存;当日计划运行图和实际运行图系统会自动保存,基本运行图需要手动保存。

(2)打开:打开已经存在的运行图。

(3)删除:删除已经存在的运行图,只对基本运行图有效;当进行删除操作时,系统自动检测该基本运行图是否已经被排在加载计划中,如果有,则须先删除该加载计划。

(4)导出:导出符合一定格式要求的文件;可导出车次时刻表、车底交路图、车底时刻表、车站时刻表四种文件。

(5)导入:符合一定格式的文件数据,以车次时刻表为基础数据,只对基本运行图有效。

(6)打印:选择一张图进行打印操作;打印格式包括纸质、pdf格式和图片格式。

(7)打印预览:对要打印的运行图进行预览。

(8)打印范围设置:可以设置打印的起止时间和要打印的服务号。

对于已经加载的运行图,系统支持对运营图进行在线调整。

11.进路操作

系统在控制中心为行调提供全面的进路操作功能。针对计划车和头码车,ATS子系统根据行车计划、列车位置向RC发送进路办理命令,命令包含一个或多个区段、预使用资源的列车ID。RC收到命令后,判断满足进路锁闭条件,执行进路锁闭。RC周期向ATS发送进路锁闭状态、预使用资源的列车ID。

(五)保护和辅助乘客

保护和辅助乘客也是系统重要的功能,系统防护车门、站台门、紧急停车按钮等与乘客相关的区域或设备,保证乘客在站台乘降、列车运行过程中的安全。

1.管理列车车门

系统实时监控列车车门状态。列车区间运行时,若系统监测到车门未保持“关闭且锁闭”状态,系统将切断牵引或触发紧急制动,同时提醒司机检查车门状态,保证行车安全。列车停靠站台时,若车门控制方式为自动模式,则系统将按照停站时间自动打开、关闭车门;若出现非系统授权的车门打开情况,系统将限制列车移动,在ATO子系统发出关门命令并确认车门及站台门均已关闭后,系统允许列车启动离站。该机制有效保障了站台和车上乘客的安全。

2.管理站台门

站台门状态纳入系统监控范围。若在列车进站前,某站站台门打开,系统将限制列车不可进入站台,以避免发生危险。列车在站台正常停车过程中,系统将通过车地无线通信实现车门与站台门间的同步开启和关闭。当列车在站台范围内监测到非预期的站台门打开时,将立刻采取措施限制列车移动,以确保站台和车上乘客的安全。

3.防护列车安全停靠站

当列车到达站台停车时,为了保证车门与站台门对准以及乘客的安全乘降,只有当列车停靠在指定区域(称为“停车窗”)内时,系统才允许列车车门及站台门打开,否则即便司机发出开门命令,系统也将禁止该命令的执行,以确保站台和车上乘客的安全。

4.授权驶离站台

当列车进站开关门作业和旅客乘降完成后,系统将对列车的发车条件进行检查,当出站进路已排列且信号开放、所有站台门关闭且锁闭、所有车门关闭且锁闭、紧急停车按钮全部未按下等安全条件全部具备后,系统将给出离站移动授权,确保列车能够安全驶离站台。

5.管理站台紧急停车按钮

站台紧急停车按钮是紧急情况下临时封锁站台的专用设备,也是系统的防护对象之一。在系统运行过程中,将持续监测各站的紧急停车按钮状态,若在列车进站前,某站紧急停车按钮按下,则系统将限制列车不可驶入站台,以避免发生危险。当列车在站台范围内监测到紧急停车按钮按下时,将立刻采取措施限制列车移动,确保站台和车上的乘客安全。

(六)辅助列车运行

系统为了辅助列车运行,提供了一系列的功能,功能涵盖设备自检、提供驾驶信息、进路控制及运营调整等各个方面,使得运营人员可以方便地对系统工作状态进行了解。

1.设备上电自检

系统在断电后再次上电时,将进行全面的自检作业,检查其关联的设备状态,各子系统检查通过后才允许设备正常运行。若设备自检不通过,则将进行报警,提示运营人员对设备状况进行检查。

2.设备自诊断

在系统运行过程中,持续对自身运行情况进行诊断,当监测到设备软硬件、系统内部接口或通信设备故障时,系统将触发报警并记录故障信息。根据故障的严重程度,系统实施分级处理,包括发出报警提示、触发声光报警,最终执行安全导向措施(如宕机并提示系统降级等)。

3.车载设备日检

车载设备作为信号系统与车辆、车载广播、TMS等系统的直接接口,除具备设备自身的上电自检功能外,还提供了日检功能,以便运营人员对关键接口状态进行验证。日检功能包括列车试闸、车地无线网络状态监测等常规项目,同时可根据运营需求扩展车载广播测试、点灯测试等附加功能。

4.车载设备监测

PB-TACS作为一套复杂的分布式系统,其设备分布在控制中心、车站、轨旁、车上等多个位置,各系统设备通过地面骨干网络及车地无线网络实现信息交互。为确保系统功能的完整性、实时性和一致性,系统在运行过程中将实时监测各子系统间的通信状态,一旦检测到通信中断,系统将立即发出提示并执行导向安全侧的处理措施。

5.向司机显示详细驾驶信息

车载设备包含与司机进行人机交互的车载人机界面设备,其可为司机提供全面的驾驶信息显示,包括:列车当前最高预设驾驶级别及模式、列车当前实际驾驶级别及模式、列车实时速度、紧急制动触发速度、推荐速度、故障信息、时间信息、车门/站台门状态信息、列车完整性信息、目的地及下一站信息、跳停/扣车/提前发车信息、是否在停车窗内信息、牵引/制动/惰行状态信息等。这些信息可帮助司机准确掌握系统运行情况,确保列车在PB-TACS的安全防护下平稳运行。

(七)信息传输及管理

信息传输及管理功能下,实现车地、车车信息传输,保证子系统及设备间的信息交互。

1.支持不同制式冗余通信(增强功能)

系统采用双网冗余车地无线通信保障。系统支持不同制式的车地无线多网冗余架构,支持LTE、EUHT或WLAN网络制式不同组合的冗余无线通信网络。

2.通信传输

系统通信传输由有线网络和无线网络组成。有线网络基于工业以太网交换机构建骨干网环网节点，为系统内各信号设备提供透明传输通道。无线网络支持LTE、EUHT或WLAN网络制式构建车地传输网络。

3.车地双向通信

PB-TACS支持通过LTE-M或WLAN等技术构建车地双向通信。

LTE-M技术基于3GPP标准，使用1785~1805MHz专用频段，通过轨旁泄漏同轴电缆和室外天线实现无线信号覆盖。整体LTE网络采用A/B双网冗余组网，车载网络由头尾端TAU与车载信号设备构成；地面网络由冗余eNodeB设备和核心网设备构成，其通过SGI（Service Gateway Interface，业务网关接口）接口与ATC业务进行车-地三层网络通信。

WLAN技术基于IEEE802.11协议，主要使用ISM（Industrial Scientific Medical，无线电）的2.4GHz频段，通过自由波天线及波导管实现无线信号覆盖。整体WLAN网络采用冗余的二层网络设计与ATC业务通信。车载网络由头尾端无线AP接入单元与车载信号设备构成；地面网络由冗余轨旁无线AP、室内光接入交换机、ATC骨干网交换机构成，为二层透明传输网络，实现车-地双向通信。

EUHT车地无线系统通常由A网（1.8GHz）和B网（5.8GHz）两张独立的网络组成。其中1.8GHz使用1785~1805MHz专用频段，5.8GHz使用5725~5850MHz开放频段。轨旁设置基站设备EBU、ECU，通过定向天线实现无线覆盖。车载网络由头尾端设置的EUHT车载设备（含EAU/天馈/ESU）与车载信号设备构成；地面网络由车站EDU（1.8GHz/5.8GHz）与EUHT中心设备构成。

4.网络数据记录

系统通过数据记录功能主要由数据记录系统（Data Recording System，DRS）提供。DRS记录网络中信号系统各地面设备间、地面ATC设备与车载信号设备间的通信数据，为日常维护和故障分析提供数据镜像。

5.网络管理

系统网络管理功能由网络管理系统（Network Management System，NMS）提供。NMS可管理有线网络设备，对异常设备进行报警提示，用于日常网络设备状态管理。其原理为通过NMS交换机连接所有的网络（ATC、ATS、MSS），由NMS服务器对所有网络进行三层通信，并对所有网络设备进行状态采集。

（八）维护监测

在维护监测下，依托远程诊断、设备状态实时采集分析，生成维护计划并报警。

1.数据采集和存储

维护监测系统完成PB-TACS中（ATS、VOBC、DCS、RC、TMC、计轴、电源、道岔等系统）状态数据及告警信息的采集、获取及存储，为信号设备故障诊断、运行状态分析提供数据支撑。

数据采集利用维护监测系统与信号子系统间的数据通道(一般指信号系统维护网)进行初始数据采集，再经专用网络通道将数据传输至数据存储层(一般部署在信号网络范围外)。为确保数据采集质量，系统采用多种质量控制措施，包括数据采集方法、数据精确性和一致性方面的错误校验和纠错、数据完整性方面的缺失值估计、数据的时效性检测、数据的真实性验证等。根据管理应用的需要，一般采集的信息包括但不限于：系统运行数据、设备状态数据、故障报警数据等。

数据存储满足信号系统各设备数据信息的长期、大容量的集中存储需求，对数据采集层传送的数据进行存储与预处理，以便给数据分析层提供高质量的数据，使数据挖掘分析的过程更加有效、容易、精确。系统采用标准设计：数据采集标准(入口)和数据调用标准(出口)，实现平台的开源化设计，可为后期平台其他数据源接入、新增应用平台提供标准化接口。

维护监测系统所有监测、报警及维护记录信息均不可篡改，故障数据至少保存1年，人工存储数据永久保存，软件升级或修改都不影响数据完整性。

2.集中监测

系统按管辖区域呈现不同监测对象，包括：列车运行情况、设备工作情况、健康评估信息等。对子系统、模块的状态进行实时监测，也对设备运行环境(如机房温湿度)进行监测和报告。设备状态信息主要用于站场、机房、机柜、模块等设备工作状态界面拓扑呈现，包含站场运行图、板卡级设备监测、网络拓扑等，以便直接还原设备的现场实际情况，全面监控和管理线路、车站、各系统设备的运行状态。

健康评估功能深度融合了设备的实时运行状态监控与历史运行数据分析，同时充分考虑了设备的物理结构特性、技术参数、运行环境因素以及历史维修记录等多维度信息，以实现对设备健康状态的全面、精准评估。设备在使用过程中可分为正常状态、健康退化状态和故障(失效)状态三类。经健康评估，可在设备运行中检测或测量设备性能与健康退化的状态指标，有针对性地组织设备维修，防止设备异常失效。

3.维护管理

维护管理功能基于数据采集信息，结合管理流程、参照管控目标开发，目标是实现全生命周期内自动化、电子化、精细化的维护维修管理。维护管理功能模块主要包括电子工单管理、智能维修管理等。

电子工单管理是指实现故障工单、计划修工单等闭环管控，动态跟踪工单从生成—处理—审核—关闭的全过程。

智能维修管理基于对设备运行状态的健康评估，在设备故障之前有计划地进行适当的修理，防止设备异常失效。

4.故障报警

维护监测系统根据接收到的维护数据提取报警信息，报警信息显示包含：报警时间、报警名称、报警等级、报警内容、报警类型、报警原因、对应解决措施等。报警等级分类如下：

(1)一级报警，是指涉及行车安全或直接影响行车的报警，需要立即应急处置。

(2)二级报警，是指可能影响行车的报警，需要做好应急准备。

(3)三级报警,是指不影响行车的报警,需要进一步处置的报警。

(4)四级报警,其他异常报警或事件提示,只需关注,不用采取行动。

其中,一级报警信息应采用弹出式报警方式,并具备声音提示和光信号显示;二级报警信息应具备声音提示;一级、二级报警应经人工确认后停止报警。三级报警在报警列表中显示。

5.统计与报表

统计管理侧重于自动化统计、多形式展示的管理目标。根据用户需求,输出各类统计报表,甚至多种图形表现故障情况、设备运行趋势、维修成本变化等。

维护监测系统通过统计各类报警信息及设备运行状态参数,根据不同的阈值指标,触发预警功能,提示维护人员注意问题。此外,还将维修的各种因素集成为一个整体,对成本消耗的原因进行统计分析,找出维修当中对消耗成本的影响重大的因素,指导维修管理工作,有效控制成本。

6.设备信息管理

设备信息管理功能能够跟踪设备全生命周期状态变化。设备信息管理涵盖设备的基本信息,从采购价格、供应商信息到安装日期,以及使用维护过程中的具体信息。设备信息管理分为三个部分:一是设备基本信息管理,二是设备位置信息管理,三是设备状态管理。

设备状态管理的前提是对设备进行分类管理,统一编码规则,即按照专业、子系统、组合类别、设备对每个设备进行结构性码,并辅以位置属性,通过结构、位置二元属性的方法来描述具体的设备。

二、系统功能分配

PB-TACS的功能依靠PB-TACS中各子系统协同工作、共同完成,并需要落实到各个子系统。表2-1对ATS、ATP、ATO、DCS、MSS各子系统,及ITE设备进行了具体功能划分。

系统功能分配表

表2-1

序号	功能	ATS	ATP	ATO	DCS	MSS	ITE	备注
F1	列车自动防护							
F1.1	确定轨道占用信息		√					
F1.2	列车追踪间隔控制		√				√	
F1.3	生成信号机强制命令		√					
F1.4	列车自主测速定位		√				√	
F1.5	列车轮径校正		√					
F1.6	驾驶模式和运行级别管理		√	√				
F1.7	列车安全制动模型计算		√					
F1.8	列车超速防护		√					
F1.9	退行防护		√					
F1.10	红灯误出发防护		√					

续上表

序号	功能	ATS	ATP	ATO	DCS	MSS	ITE	备注
F1	列车自动防护							
F1.11	故障处理	√	√		√		√	
F1.12	列车完整性监督		√					
F1.13	管理临时限速	√	√					
F1.14	双向运行	√	√					
F1.15	管理数据库版本		√					
F1.16	全线免筛		√					
F1.17	主动障碍物检测		√				√	
F2	列车自动驾驶							
F2.1	列车自动驾驶启动			√				
F2.2	区间运行时间控制	√		√				
F2.3	控制列车进站停车			√				
F2.4	自动驾驶舒适度控制			√				
F2.5	计算牵引和制动命令			√				
F2.6	列车节能运行	√		√				
F2.7	管理列车折返	√	√	√				
F2.8	管理跳停	√	√	√				
F2.9	管理扣车	√	√	√				
F2.10	停车精度缓慢跳跃调整			√				
F3	联锁控制							
F3.1	操作表示		√					
F3.2	进路控制		√					
F3.3	道岔控制		√					
F3.4	信号机控制		√					
F3.5	轨道区域封锁		√					
F3.6	车载自主申请和释放线路资源		√					
F4	列车自动监控							
F4.1	信息采集获取	√						
F4.2	行车信息显示	√						
F4.3	时刻表/运行图管理	√						
F4.4	列车运用计划管理	√						
F4.5	列车运行调整	√						
F4.6	用户管理	√						
F4.7	回放	√						
F4.8	ATS子系统联动	√						

续上表

序号	功能	ATS	ATP	ATO	DCS	MSS	ITE	备注
F4	列车自动监控							
F4.9	车辆信息监视	√	√					
F4.10	列车运行图全程管理	√						
F4.11	进路操作	√	√					
F5	保护和辅助乘客							
F5.1	管理列车车门		√	√				
F5.2	管理站台门		√	√				
F5.3	防护列车安全停靠站		√	√				
F5.4	授权驶离站台		√	√				
F5.5	管理站台紧急停车按钮		√					
F6	辅助列车运行							
F6.1	设备上电自检		√	√				
F6.2	设备自诊断		√	√				
F6.3	车载设备日检		√	√				
F6.4	车载设备监测		√	√				
F6.5	向司机显示详细驾驶信息		√	√				
F7	信息传输及管理							
F7.1	通信传输				√			
F7.2	车-地双向通信				√			
F7.3	网络数据记录				√			
F7.4	网络管理				√			
F8	提供维护监测							
F8.1	数据采集和存储	√	√			√		
F8.2	维护管理	√	√			√		
F8.3	故障报警	√	√			√		
F8.4	统计与报表	√	√			√		
F8.5	设备信息管理					√		

第四节　系统运行场景

PB-TACS在兼容传统全自动运行系统功能特点的基础上，实现了正常运行全过程的自动化控制，显著提升了车载设备的冗余性，并提供更多的故障复位措施。与GOA2自动化等级相比，该系统具有更优异的可靠性和可用性。系统的防护对象从传统列车扩展到列车及乘客群体，包括站台换乘区域乘客和车内乘客。防护范围全面覆盖列车运营全区域，包括列检库、车辆段、转换轨、区间、车站、终点站、折返区等。系统实现全时域防护，按照24h不同的阶段划分场景，完整覆盖了运营时段和维护时段。全过程自动运行控制包含列车投入运营、列车上电、出库、进站停车、折返换端、清客至退出运营的整个过程。

PB-TACS的全自动运行场景继承了传统全自动运行系统的列车唤醒/休眠、进站停站、站台发车、清客、折返换端、回库、洗车等正常作业，以及车辆火灾、车站火灾、紧急呼叫等异常事件联动处理等全部41个基础场景。同时，结合PB-TACS的功能分配原则对模式转换、折返换端、障碍物脱轨监测、运行中故障等场景进行了调整和功能提升。PB-TACS具备的全自动运行场景如图2-24所示。

一、早间上电

每日运营开始前，系统对库内和正线的接触轨执行上电操作。

(1)每天早上，在投入运营前，根据唤醒列车时刻表，行调工作站和电调工作站会提前弹出对话框，提示各调度人员做好运营准备工作。

(2)对车辆基地内的自动化区域，行调人员确认是否可以送电。

行调人员与车辆基地的信号楼人员确认是否可以送电；行调人员与信号楼人员确认所有现场人员已经完成销记。

对车辆基地内的停车列检库，系统设备在上电前，自动将车辆基地的摄像机以序列的方式推送到行调台的CCTV显示终端上，供调度人员辅助确认上电情况。同时，自动触发车辆基地内的预录制广播。行调人员通知电调人员上电。

电调人员确认上电范围，人工远程进行高压送电。

(3)对车辆基地内的自动化区域，电调人员启动送电。

电调人员远程送电前，通过工作站之间发送指令的方式，根据对话框中行调确认状态进行上电操作。电调人员也可不经行调人员确认操作后的软件提示，通过与行调人员电话沟通确认具备送电条件，对相关区段人工远程送电。现场库内需设置接触轨带电状态指示灯。

(4)对正线和车辆基地内的非自动化区域，按照现有操作规程，由行调人员确定现场作业人员已经出清后，通知电调人员送电。行调人员可根据运营需求，人工触发相关区域上电预录制广播。

二、列车唤醒

系统根据运行计划或通过人工命令，控制指定地点的列车完成自动唤醒及设备进行自检。

(1)低压上电。对全列车低压上电有如下方式：

①ATS远程自动或手动向列车发送唤醒命令；

②人工按压车辆上电按钮后，对列车进行上电。

(2)状态自检。全列车上电后，列车上各设备对自身状态进行自检。

①车辆自检。车辆自检结果由车辆TCMS发送给车载VOBC。

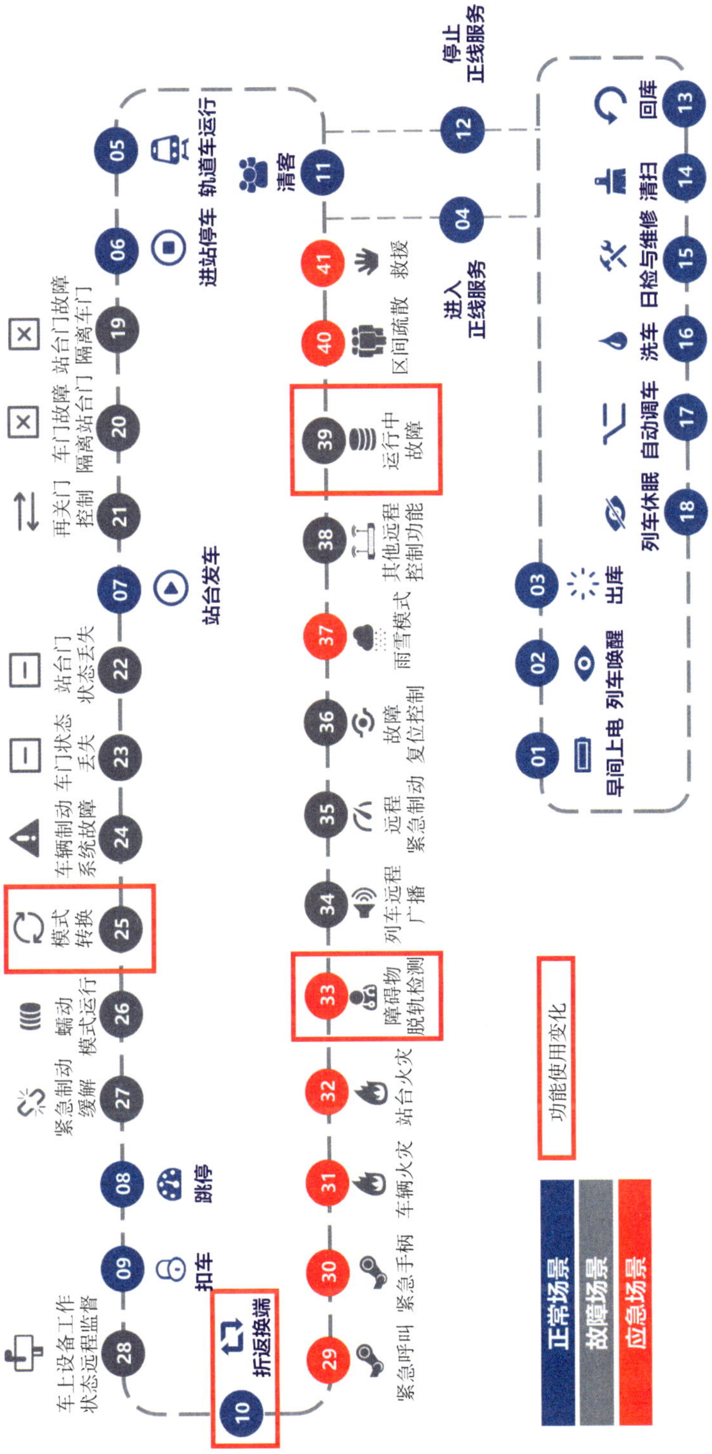

图2-24 全自动运行场景示意图

②车载信号系统对车载ATP、ATO、ITE等设备进行自检。自检结果由车载信号设备向ATS、MSS反馈。

③上述自检项通过后才能进行下一步操作。

④列车上电时,车辆根据存储的信息自动启动空调/电热。

(3)执行列车联合自检测试。

车载VOBC利用感知定位技术或休眠唤醒应答器识别列车当前位置。自动识别和防护可能因列车检修导致列车检修后停车位置和列车休眠停车位置不一致。当采用感知定位技术进行列车位置识别时,即使列车检修后停车位置和列车休眠停车位置不一致,依然可以实现列车定位,提升传统唤醒后定位的可用性。

车载VOBC向RC申请列车测试授权,获得授权后,由车载VOBC发起,车辆配合,进行列车测试。两端车载VOBC按照默认顺序执行测试。

测试的内容包括但不限于:高压上电测试、照明系统测试、空调系统测试、制动测试、车门测试、广播测试、空压机供风测试等。

(4)一端完成后自动换端,继续执行另一端列车联合自检测试。

(5)两端车载VOBC均测试通过后,车载VOBC向ATS汇报唤醒成功总标记,列车进入FAM模式"待命"工况。

(6)唤醒完成。

(7)发车准备。

当前车载VOBC默认激活端向ATS申请运行方向,FAM模式列车按照移动授权、全自动运行授权、停站倒计时等待发车指令。

唤醒测试流程如图2-25所示。

三、出库

ATS根据派班计划,提前为即将出库的列车自动触发办理出库进路。

ATS自动下发发车计划给车载VOBC,车载VOBC根据发车计划时间,向RC申请出库所需资源。

车载VOBC在收到允许出库的资源分配后,会向车辆TCMS发送持续一定时间的鸣笛指令,并监控列车以不超过库内的限速运行出库;同时,场内列车应保持不超过场内限速运行。

列车运行至转换轨后停车,等待中心ATS指令,准备进入正线。

四、进入正线服务

在FAM模式下,当出场列车完全进入转换轨或正线存车线的列车唤醒成功后,收到ATS正线服务工况指令后将进入正线服务。具体流程如下:

(1)出场列车进入正线服务。

当ATS检查到列车从库内运行至完全进入转换轨后,将根据计划运行图自动为该列车分配车次号,并向列车发送"正线服务"工况指令。车载VOBC收到该指令后,将向车辆TCMS

发送“正线服务”工况指令，由车辆TCMS控制照明、空调或电热。

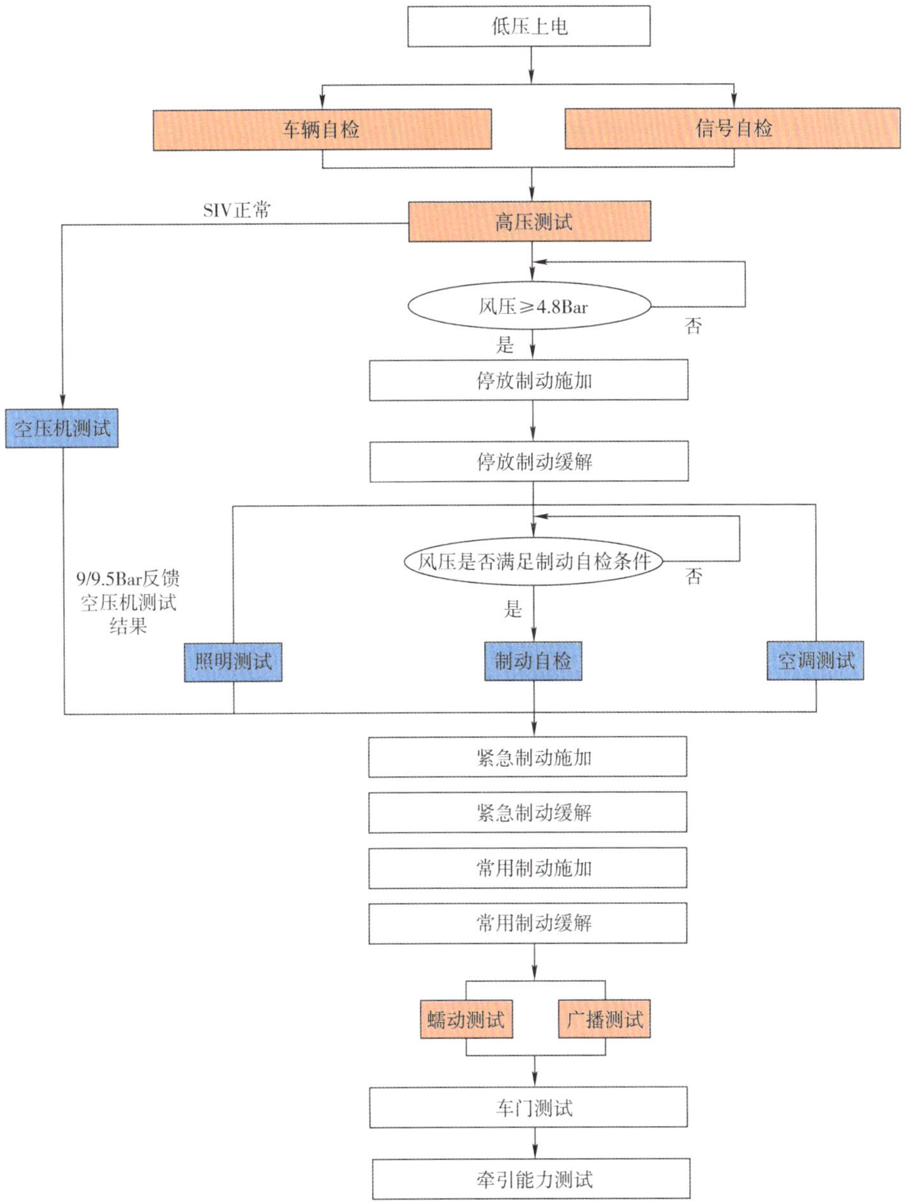

图2-25 唤醒测试流程示意图

(2)正线存车线/折返线列车进入正线服务。

ATS会根据计划运行图为存车线列车自动分配车次号，并发送“正线服务”工况指令。车载VOBC收到指令后，向车辆TCMS发送该指令，车辆TCMS控制照明、空调或电热的开启(信号指令允许开启和关闭，车辆可根据光感自动控制)。

五、轨道车运行

在每天正式运营开始前，轨道车以人工驾驶列车出库并进入正线运行，不停站，不开门，运行一整圈。

（1）中心ATS根据计划运行图远程唤醒首列车作为轨道车。

（2）远程唤醒列车自动执行列车联合自检测试，唤醒成功后，司机可上车手动打开驾驶室盖板将最高驾驶模式设置为CM模式，并准备手动发车。

（3）车辆基地ATS自动触发出库进路。

（4）在前方信号机开放后，司机手动鸣笛，手动驾驶轨道车出库。

（5）司机驾驶列车按信号行车，不停站，不开门。

（6）司机驾驶列车运行一圈，轨道完成，升级FAM模式开始正线运营。

六、进站停车

列车以FAM/CAM模式进站停车，若自动停在停车窗内，车载VOBC向ATS汇报停稳信息，ATS显示列车停稳状态。车辆在进站、到站、离站时自动触发车辆广播，列车到站时站台也会自动广播。

当列车以FAM/CAM模式进站欠标未超过5m时，车载VOBC向ATS汇报未停稳信息，并向ATS报警，系统会以向前跳跃方式自动调整对标。此时，ATS显示列车处于跳跃状态。车辆在进站、到站、离站时自动触发车辆广播，列车到站时，站台也会自动广播。

当列车以FAM/CAM模式进站欠标超过5m时，车载VOBC向ATS报警，并继续运行对位停车。车辆在进站、到站、离站时自动触发车辆广播；列车到站时站台也会自动广播。

当列车以FAM模式进站过标1m自动施加紧急制动，停车后未超过5m时，车载VOBC向ATS汇报未停稳信息，并触发ATS报警，车载VOBC自动缓解紧急制动，采用向后跳跃方式进行自动调整对标。ATS显示列车处于跳跃状态。车辆在进站、到站、离站时自动触发车辆广播；列车到站时站台也会自动广播。

当列车以FAM模式进站过标1m自动施加紧急制动，停车后超过5m时，车载VOBC紧急制动不可缓解且不允许退行，同时向ATS行调台汇报过标超过5m报警。ATS显示报警信息，并自动触发车站站台广播，由车辆自动触发车载广播。中心调度人员还可以通过TETRA（陆上集群无线电）广播向车辆进行语音广播，并同步进行人工站台广播，此时，中心行调需通知司机上车救援。

为了防止多次跳跃仍然无法成功，故VOBC对跳跃次数设有限制。当同一方向跳跃超过3次仍未成功时，ATP将禁止继续跳跃并输出紧急制动命令，需人工上车打开钥匙切换至CBTC-CM模式，手动驾驶列车进入停车窗。

七、站台发车

在FAM模式下，ATS从列车在站台停稳后开始计时。当停站时间到后，列车自动站台发车。

全自动运行的车载VOBC检查停站计时到时、车门和站台门关闭且锁闭、紧急停车按钮未按下、出站信号开放、区间SPKS开关设置为非防护位等条件满足后，列车自动发车。

在列车停站期间，ATS进行扣车操作时，列车车门和站台门需重新打开，并自动触发站台广播。扣车命令取消后，列车自动关闭车门和站台门并发车。

八、跳停

当需要进行运营调整作业时，行调人员可通过操作行调工作站设置跳停指令。中心将跳停信息发送至车载VOBC，实现列车跳停功能。

车载VOBC在执行跳停指令后，在MMI上显示跳停图标。车载ATO控制列车跳停，车载ATP子系统负责安全防护，确保列车速度不超过站台限速。若跳停条件不满足，车载ATO将控制列车停在站外，待条件满足后继续运行。

车载ATP接收到跳停命令后，可将相关信息转发至车辆TCMS，由车辆进行对应处理。

若列车已在车站内停靠并收到跳停命令，将立即关闭车门，待其他发车条件满足后发车。

九、扣车

当需要进行运营调整时，行调人员或车站值班员可通过相应工作站设置扣车。设置扣车后，ATS将扣车信息发至车载VOBC，列车运行至扣车站台打开车门且不关闭。

车载VOBC收到ATS的扣车命令后，将控制列车在站台停车并打开列车车门；收到取消扣车命令后，列车恢复自动驾驶功能。

当RC接收到ATS的扣车命令时，关闭前方信号机，车载ATP子系统能保证列车在车站停车后不计算允许列车出站运行的移动授权，同时切断列车牵引，紧急制动触发速度为零，禁止列车移动。

列车在进站过程中收到ATS的扣车命令时，车载ATP子系统不会向列车发送紧急制动命令，不影响列车的正常进站。

十、折返换端

系统支持全自动运行模式下的自动折返、无人自动折返、人工折返；同时，根据PB-TACS的特点，增加了列车任意位置折返的折返换端模式。

(1)列车任意位置折返。

系统可支持列车在正线任意位置运行时，如果收到ATS发送的目的地方向与当前运行方向相反，ATP在接收到新目的地后触发折返流程，由人工或系统进行自动换端。

(2)全自动运行模式下的自动折返。

车载信号系统在FAM/CAM模式下，可根据ATS计划自主运行至折返轨并自动换端。

站后折返时，列车运行至站台，打开车门，根据中心ATS发送的停站时间完成乘客乘降作业后，自动关闭车门。运行至站后折返换端点完成自动换端，继续运行至下一个站台，并按照中心ATS运行指令运行。

站前折返时，列车运行至站台，打开车门不关闭，输出开门信号并实施换端，车辆通过零速信号保持车门打开。换端后根据中心ATS的停站时间自动关闭车门并继续运行。

(3)非全自动运行模式下的无人自动折返。

方式一，车上操作流程：

当列车在折返站规定的停车时间结束及乘客下车完毕，车门和站台门关闭后，先按车上的“折返按钮”，关闭本侧司机室激活钥匙，再按车上的ATO启动按钮，列车可在无人驾驶的情况下，从到达站台自动驾驶进入和折出折返线，最后进入发车股道并定点停车后，自动打开车门和站台门，人工开启反向司机室激活钥匙。

方式二，车下操作流程：

当列车在折返站规定的停车时间结束及乘客下车完毕，车门和站台门关闭后，先按车上的“折返按钮”，关闭本侧司机室激活钥匙，再按站台“无人自动折返”按钮，列车可在无人驾驶的情况下，从到达站台自动驾驶进入和折出折返线，最后进入发车股道并定点停车后，自动打开车门和站台门，人工开启反向司机室激活钥匙。

十一、清客

PB-TACS根据运行计划要求，在折返站、终到站以及需要临时清客的车站自动触发清客，通过联动广播和PIS(地铁乘客信息系统)提醒车上乘客下车，站台乘客不能上车。

对于线路终端的大交路折返站，可自动按站台设置清客。对于线路中间的小交路折返站，自动按列车设置清客。

车载VOBC在折返站和终到站停车后，车载VOBC向车辆TCMS发送清客工况指令，并通过硬线给车辆维持发送门使能指令直到清客完成。车辆TCMS接收到车载VOBC的“清客”工况指令后，自动触发车辆广播，提醒乘客下车，同时联动车载PIS提示乘客下车。

ATS联动车站广播，提醒站台乘客不能上车，同时联动站台PIS提示本站清客，乘客请勿上车。车站站务员进行清客完成确认后，关闭车门和站台门。

十二、停止正线服务

在FAM模式下，回场列车完全进入转换轨时，或者停止正线运营列车进入正线存车线，收到停止正线服务指令后将进入停止正线服务。

(1)回场段列车停止正线服务。

ATS判断列车完全进入转换轨后，删除车次号，并由系统自动或人工设置头码，自动向列车发送“停止正线服务”指令。车载VOBC收到“停止正线服务”指令后，向车辆发送停止正线服务指令，由车辆关闭照明、空调或电热。

列车从转换轨向场内运行，在车头进入进场信号机之后，车载VOBC向车辆TCMS发送场内运行工况指令。列车按照回场计划运行至车尾越过出库信号机规定距离后，车载VOBC

向车辆TCMS停止发送场内运行工况指令。回库列车进行休眠。

（2）进入正线存车线停止正线服务。

ATS自动根据计划运行图检查到列车进入存车线后，由ATS自动清除头码，向列车发送“停止正线服务”指令。车载VOBC收到“停止正线服务”指令后，向车辆发送停止正线服务工况指令，由车辆关闭照明、空调或电热。

十三、回库

在FAM模式下，列车在转换轨停止正线服务后，进行回库作业。

ATS根据回库计划自动或者人工为停止正线服务列车设置头码，并触发回库进路。RC在接收到回库进路办理请求后，为列车办理回库进路，并根据列车的资源申请指令，为列车分配相应资源。列车根据分配的资源，计算回库的移动授权。列车运行入库时自动触发鸣笛。

对于从正线回车辆基地的列车，ATS自动为运行至转换轨停止正线服务的列车设置头码，自动办理回库进路，车载VOBC判断自车头越过进场信号机规定距离开始发送场内运行指令给车辆，直到车尾越过出库信号机。

对于从车辆基地内调车或者洗车后回库的列车，由调度人员在ATS为列车设置头码，人工办理回库进路，车尾越过出库信号规定距离时停止向车辆发送场内运行指令。

车载VOBC根据授权控制列车运行到库内停车，并自动进入清扫工况，打开照明、关闭空调。

十四、清扫

列车回到停车列检库后，可进行清扫作业。

列车停稳在指定的停车股道后，自动切除牵引，保证列车不会移动。车载VOBC向车辆TCMS发送“清扫工况”，由车辆TCMS控制打开车内照明。

列车回库后，系统在一定规定时间内提醒车辆调度员对列车执行休眠，也可由人工根据清扫的要求自行控制列车执行休眠。

待供电分区内所有列车均休眠完毕后，电调人员人工断电。

十五、日检与维修

日检是指每日在全自动运行区停车列检库内对列车进行日常检查、维修及维护。

维修是指列车进行大修、月修时须进入有人区时的系统处理方式，或列车在无人区进行一般性维护的处理方式。

（1）日检。

检修人员通过人员防护开关进入全自动运行区停车列检库。停车列检库内的人员防护开关按照隔离区设置，洗车库、列检库平交道口的人员防护开关由运转值班室统一控制。

检修人员进入全自动运行区停车列检库时，由运转值班室人员将人员防护开关置于防护位，检修人员通过库前地下检修通道刷门禁卡进入相应的防护区域。检修完成后，检修人员到运转值班室销记，由运转值班室人员将人员防护开关复位。

在日检过程中，如维护人员需要在无人区对列车设备进行简单的调试、维修工作，维修人员须将检修按钮置于检修位，并根据检修作业内容在该区域断送电。轨旁设有供电状态提示灯，维修结束后，维修人员须将检修按钮恢复为正常位。

当人员防护开关置于防护位时，库内信号机均关闭，不允许接车或发车。人员防护开关打开时，电调工作站和行调工作站界面均提醒操作员有人员进入人员防护区域，该区域是否断电由运营决定。

(2)维修。

维修分为有人区大修、月修和正线维护。

在有人区大修、月修时，被维修的车辆需要维修人员为列车上电，通过电客车/轨道车牵引或推进进入牵出线，由轨道车牵引列车进入有人区进行维修。当电客车/轨道车接近休眠列车时，ATS界面上休眠列车光带显示变为紫光带，该休眠列车无法在下次唤醒时升级为FAM列车。

在正线维护时，当列车在正线出现故障无法移动需要人员上车时，应通过正线人员防护开关进行人员防护。下区间作业人员进入轨行区前需在综控室登记，车控室值班员操作人员防护开关置于防护位(通过IBP盘操作)，并确认该区域安全后，给作业人员下发站台门端门钥匙。作业期间，站台值班员无操作人员防护开关的权限。作业完成后，作业人员上交站台门端门钥匙，站台值班员确认后将人员防护开关复位。人员防护开关打开后，已经进入人员防护区域的全自动运行列车和CBTC级别列车紧急制动停车。如果列车在紧急制动过程中全列车出清人员防护区域，停车后会自动缓解并继续运行；人员防护开关恢复后，全自动运行列车可自动恢复运行。电调工作站和行调工作站界面均提醒操作员有人员进入人员防护区域，该区域是否断电由运营决定。

对于全自动运行列车在区间因故停车时，工作人员确认列车停车后，通过查看车体外指示灯状态决策，若车体外指示灯为亮灯状态，可上车进行操作。

十六、洗车

由车辆基地派班人员根据当天运营计划选择空档时间，人工设置待洗列车的车组号、洗车时刻。当预设定被洗列车在停车列检库内停稳后，到预定义的洗车时间时，ATS向具有车辆基地控制权的主用中心行调或信号楼行调发送洗车提示，行调确认洗车后，自动触发至洗车库的进路。人工为洗车机上电，系统自动控制进行洗车。

洗车完毕后，中心根据洗车计划自动触发回到指定列检库的回库进路。

十七、自动调车

车辆基地内的全自动区域调车可通过列车进路实现调车作业。

在ATS行调上人工设置头码，或人工直接办理进路。RC收到进路办理信息后，进行联锁条件检查,完成进路办理,并根据车载VOBC的资源申请进行资源分配。车载VOBC根据授权的进路办理和信号机开放信息实时计算移动授权。列车按移动授权计算限制速度在车辆基地内移动。

十八、列车休眠

列车支持司机本地休眠、ATS远程人工/自动控制,可在停车列检库线、正线存车线、终端折返线的休眠区域执行休眠作业。

(1)中心远程休眠。

对于所有FAM模式列车,当车载设备具备休眠条件时,ATS可以人工或自动触发休眠指令。

FAM模式的列车在车载VOBC收到中心ATS的休眠指令后,将完成自身休眠准备工作。车辆TCMS接收到车载VOBC的休眠请求命令后,将断开高压负载并向车载VOBC发送休眠确认。车载VOBC收到确认后,向辅助驾驶设备发送休眠指令并输出休眠允许,同时自动取消驾驶台激活指令。辅助驾驶设备向车辆发送该休眠指令。车辆收到从任意一端车载VOBC发送的休眠指令后,将控制整车延时30s断电。辅助驾驶设备检测其与ATP的通信状态,判断休眠是否成功,并将休眠结果及时反馈ATS。ATS显示休眠状态,若休眠不成功则进行报警提示,并通知人工处理。

(2)司机按下休眠按钮休眠。

司机按下车辆断电按钮后,车辆将延时30s断开车辆非永久母线。车辆TCMS采集到按钮按下信息后,完成车辆自身休眠准备工作。车载VOBC采集到按钮按下信息后,完成自身休眠准备工作。辅助驾驶设备检测其与ATP的通信状态,判断休眠是否成功,并将列车休眠状态上传到中心ATS。ATS显示休眠状态,若休眠不成功,进行报警提示。由司机通过本地观察,向中心汇报休眠故障,并通知人工检修。

当列车在存车线休眠成功后,ATS不提示供电区可以断电。

十九、站台门故障隔离车门

当车站站台门故障或被人工锁闭隔离后,列车在该站台时,对应侧的所有列车车门将保持锁闭,不参与停站时的开、关门作业。

站台门发生故障时,系统对乘客进行提示。车辆通过车载PA(地铁广播)系统在对应隔离车门上方的动态地图LCD显示器上显示“此门不打开”信息并点亮红色指示灯,同时进行广播。站台门系统将点亮故障车门对应站台门的故障指示灯。

列车进站停稳后,车载VOBC分别向车辆和RC发送打开车门指令和打开站台门指令,故障站台门对应的车门由车辆控制保持关闭。

二十、车门故障隔离站台门

当列车车门故障隔离后停站时,对应的站台门将保持锁闭,不参与开、关门作业,但车载

VOBC仍会对该站台门的打开状态进行防护。

车门故障时,系统对乘客进行提示。车辆通过车载PA系统触发对应隔离车门上方的动态地图LCD显示器上显示“此门不打开”的信息并点亮红色指示灯,同时播报车门隔离故障广播。站台门系统将点亮故障车门对应站台门的故障指示灯。

列车进站停稳后,车载VOBC自动打开车门,故障车门由车辆控制保持关闭,同时向RC发送打开站台门指令,并控制打开站台门,故障车门对应的站台门由站台门控制保持关闭。

二十一、再关门控制

当车门夹人且车辆开闭车门三次后仍未关闭,车辆TCMS向车载VOBC反馈进入防夹状态。ATS联动站台CCTV及车上CCTV,经人工远程确认可关门后,可通过车辆调度工作站下发关门命令,或由站台综合站务员确认后,按下站台关门按钮,实现本地再关门控制。车载VOBC收到指令后将再次发出关门指令。

关门成功后,列车方可继续发车,驶离车站。

二十二、站台门状态丢失

列车进出站过程中,若站台门状态丢失,车载VOBC将立即实施紧急制动;站台门状态恢复(关闭且锁闭)后解除紧急制动,继续全自动运行。

列车停稳在站台停车窗内,若站台门状态丢失,车载VOBC将立即切除牵引;站台门状态恢复(关闭且锁闭)且满足发车条件,继续全自动运行。

二十三、车门状态丢失

列车处于FAM模式或CAM模式,车辆检测到车门关闭状态丢失时,上报中心ATS,并根据列车所处位置采取相应的控制措施。

列车在区间时,继续运行进站精确停车;列车在站台停稳时,打开车门和站台门不再自动关闭,切除牵引不再发车;列车速度小于或等于3km/h且列车与站台区域有重叠时,立即实施紧急制动。

车辆PIS将车门状态丢失对应的车厢画面推送给中心CCTV;中心ATS收到车门状态丢失报告后,联系人工现场确认,根据车侧灯判断车门关闭情况,上车确认后,旁路车门继续全自动运行,由人工护送回终点站后进行掉线处置。

二十四、车辆制动系统故障

在车辆制动系统故障导致车辆制动力损失的情况下,车载VOBC应能以一定的策略对列车进行控制。

(1)车辆通过MVB(多功能车辆总线)网络将车辆的紧急制动损失程度告知车载VOBC。

(2)当某个单元有两个及以上转向架发生制动力不足故障时,车辆向信号提供安全输入“制动重故障”信号。

(3)当车载VOBC收到此信号后,在FAM、CAM、AM、CM、RM模式下实施不可缓解的紧急制动,需中心派人上车切除信号,转人工驾驶。

车载VOBC将紧急制动损失程度和损失后的紧急制动率,上传中心ATS提示报警。

二十五、模式转换

列车运行级别由高到低分为:

CBTC(Communication Based Train Control)级:此级别车载ATP系统通过前后车、车地连续通信获取线路和前车信息,计算移动授权,并通过ITE感知线路障碍物信息,实现列车运行和安全防护。

ABL(Autonomous Backup Level)级:此级别车载ATP通过接收ITE感知的线路障碍物信息,计算移动授权,实现列车运行和安全防护。

联锁级(IL):RC管理下的运行,仅支持人工驾驶,车载ATP不计算移动授权,只能运行在RM、RRM或EUM模式下。

列车驾驶模式可分为:

CBTC-FAM模式:全自动驾驶模式。列车根据运营计划自动运行出库,实现区间自动驾驶、站台定位停车及车门、站台门控制、自动换端,结束运营后自动回库并按照远程指令实施休眠。

CBTC-CAM模式:车辆网络故障或车辆与信号通信故障时,列车进入限速运行的一种全自动驾驶模式。

CBTC-AM模式:车载ATP子系统保证列车的运行安全,车载ATO子系统可实现列车在区间的自动运行、合理运行,站台定位停车及车门、站台门的控制。AM模式的运行需要人工确认,人工按下ATO启动按钮来启动列车的自动运行。

CBTC-CM模式:车载ATP子系统确定列车运行的最大允许速度,人工驾驶列车在车载ATP保护的速度曲线下运行,车载ATP子系统实现列车自动防护的全部功能。

ABL_FAM模式:CBTC-FAM模式下主用车地通信通道中断时的降级模式。此模式下车载ATP根据ITE识别障碍物信息计算移动授权实现自主运行,从而达到列车持续运行至前方站台而避免区间救援的目的。列车运行至站台停车后须打开钥匙接管列车。

ABL-CAM模式:ABL_FAM模式下车辆网络故障或车辆与信号通信故障或CBTC-CAM模式下主用车地通信通道中断时,列车进入限速运行的一种降级模式。列车运行至站台停车后需打开钥匙接管列车。

ABL-AM模式:CBTC-AM模式下主用车地通信通道中断时的降级模式,车载ATP根据ITE识别的障碍物信息进行防护,可实现ATO自动驾驶列车。

ABL-CM模式:CBTC-CM模式下主用车地通信通道中断时的降级模式,车载ATP根据ITE识别的障碍物信息进行防护,需人工驾驶列车。

RRM模式:CBTC-FAM模式列车丢失定位后,车载ATP根据ATS和RC授权控制列车在一定限速下运行,以便列车重新获得定位的一种降级模式,可实现ATO自动驾驶列车。

RM模式:列车需被限制在安全可控的低速之下运行,根据调度命令和地面信号显示人工驾驶列车,列车运行超过该速度时,车载设备自动实施紧急制动停车。列车运行的安全由地面ATP、调度人员共同保证。

EUM模式:车载设备处于切除状态而不监控列车的运行,根据调度命令和地面信号的显示人工驾驶列车。列车运行的安全需人工保证。

CBTC级别驾驶模式与其他驾驶模式转换关系如图2-26所示,CBTC级别驾驶模式与ABL级别驾驶模式转换关系如图2-27所示。

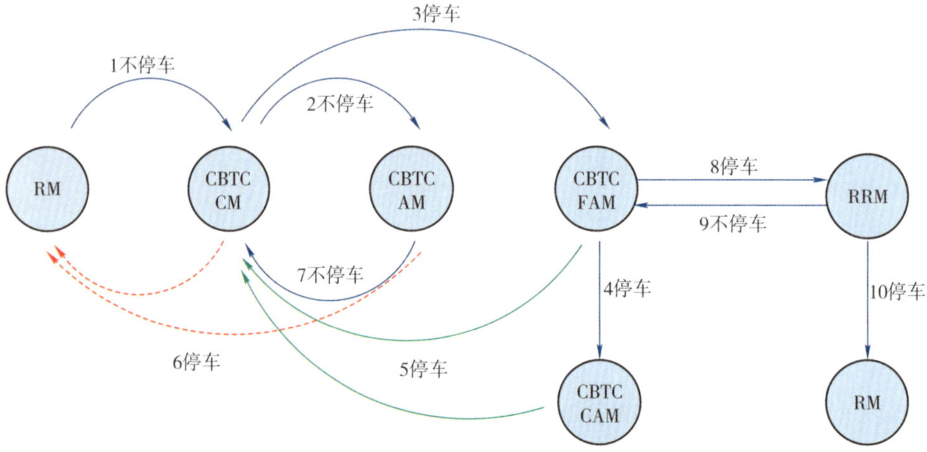

图2-26　CBTC级别驾驶模式与其他驾驶模式转换关系示意图

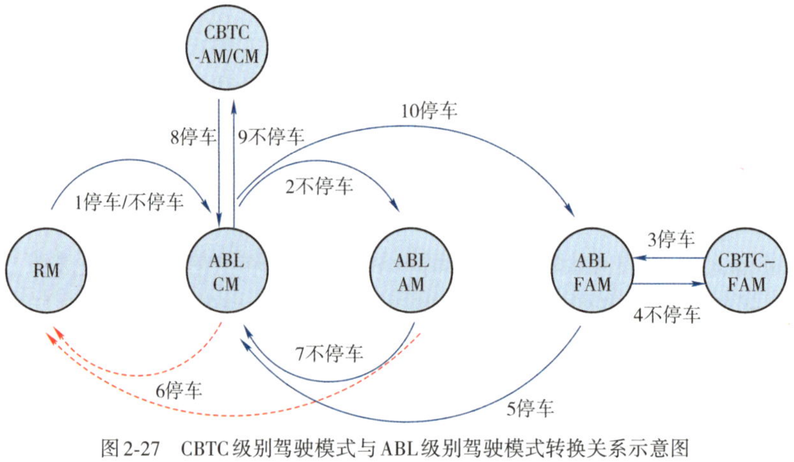

图2-27　CBTC级别驾驶模式与ABL级别驾驶模式转换关系示意图

二十六、蠕动模式运行

蠕动模式(CAM):在全自动运行条件下,当车辆网络故障,或车辆网络与信号网络之间通信故障时,列车进入限速运行的一种模式。

当车载VOBC在FAM模式下监测到牵引或制动反馈异常，需向中心申请进入蠕动模式运行。列车以蠕动模式进站停车后，施加紧急制动防止列车移动，等待司机上车处理。

当出现如下情况时，车载VOBC需向中心申请进入蠕动模式运行。

（1）车载VOBC与车辆TCMS网络通信故障。

车载VOBC与车辆TCMS网络通信故障，且硬线无制动重故障输出；车载VOBC紧急制动停车后，向中心ATS申请进入蠕动模式。

（2）制动系统网络大面积中断。

车载VOBC与车辆TCMS网络通信正常，但车辆TCMS监测到与制动系统网络大面积中断时，车辆TCMS网络申请进入CAM模式，且硬线无制动重故障输出；车载VOBC紧急制动停车后，向中心ATS申请进入蠕动模式。

中心ATS根据车载VOBC汇报的车辆状态，授权列车进入蠕动模式。进入CAM模式后，列车在ATS指示的下一站停车，打开车门不关闭，等待人工处理。此时，不响应站台关门按钮按下以及远程关门命令。

二十七、紧急制动缓解

紧急制动缓解情况分为3种：远程人工缓解、自动缓解、本地人工缓解。

（1）远程人工缓解。

由中心ATS远程恢复导致紧急制动的条件，进行远程缓解。车载VOBC会周期性地汇报给中心ATS紧急制动原因。当列车因缓解紧急环路电源失电导致紧急制动时，若列车处于零速状态，且车辆自动复位1次未成功，ATS车辆调度工作站可远程执行合闸操作。

当车载VOBC输出紧急制动时，会实时向中心ATS汇报当前紧急制动的具体原因。若车辆输出的紧急制动不可缓解时，车载VOBC会将车辆TCMS汇报的实施紧急制动的原因转发至中心ATS。

（2）自动缓解。

在导致紧急制动的条件自动恢复后，车载VOBC不需要人工或远程干预即可自行缓解紧急制动。

中心ATS可远程向车载VOBC下发紧急制动指令，也可远程缓解中心输出的紧急指令。

（3）本地人工缓解。

其他无法自动缓解的紧急制动情况（如设备故障等），需由本地人员上车进行人工处理。

二十八、车上设备工作状态远程监督

车载VOBC系统和车辆TCMS将列车状态、诊断信息汇总至控制中心和维修中心，以强化远程监测功能。

当列车处于唤醒且正常状态时，车辆TCMS会周期性地将车辆故障信息、状态信息、里程信息发送给车载VOBC。车载VOBC则周期性地将来自车辆TCMS的、与信号系统控制直接相关的车辆命令和状态信息，以及需要调度员远程确认或需现场人员立即处理的车辆状态信息,发送至ATS车辆调度工作站和行调工作站。其中,涉及行车安全的信息将在行调界面显示。

车辆TCMS会定期将与信号系统直接控制无关、无须调度员立即远程确认或现场人员马上处理的车辆故障报警信息和维护信息发送至MSS。

二十九、紧急呼叫

车辆专业在列车客室内设置紧急呼叫按钮。当乘客触发该按钮后,可与中心调度台通话。具体实现流程为:客室广播主机将紧急呼叫信号传输至司机室广播主机,后者通过车载无线固定台实现乘客与中心的直接对讲功能:

(1)当乘客触发对讲按钮时,控制中心TETRA调度台将收到报警信息,同时车辆PIS会将紧急区域的监控画面主动推送至地面乘客调CCTV监视器。

(2)系统支持多个乘客同时呼叫,中心相关调度工作站可显示全部呼叫请求,操作员可选择任一呼叫进行回复,其余未接听的呼叫将保持等待状态。

三十、紧急手柄

当乘客拉下紧急手柄后,系统联动CCTV,联动车辆紧急广播,中心相关调度通过与乘客对话的方式采取相应的处理措施。

车辆TCMS采集到手柄被拉下信息,车辆将紧急手柄拉下信息通过MVB和硬线接口发送给车载VOBC和车载CCTV实现联动。车载VOBC接收到车辆TCMS转发的此信号后,按列车所在位置不同进行相应处理:

(1)列车在区间运行过程中紧急手柄拉下时,继续运行到下一站对标停车,打开车门且不关闭。

(2)列车在停站过程中(站台停车窗停稳)紧急手柄拉下后,保证车门打开,且不自动关闭。

(3)站台为安全区域,列车以FAM/CAM模式刚刚启动后,列车出站过程中(列车车身与站台位置有重合)紧急手柄拉下时,车载VOBC触发紧急制动停车。

车载VOBC将紧急手柄拉下信息转发至车辆调度工作站,车辆调度工作站显示此信息,并输出报警。车载CCTV通过PIS通道将紧急手柄拉下报警区域的画面主动推送给中心相关调度和司机台CCTV监视器。中心相关调度通过CCTV监视器确认后,可通过TETRA对列车进行广播。

三十一、车辆火灾

列车运行过程中车辆内部发生火灾时,系统按照既定规则完成相应处理。

(1)火灾检测。

车辆通过网络和硬线双通道向车载VOBC传输火灾报警信息,VOBC将报警信息上报ATS。同时,车辆PIS将火灾报警区域的监控画面推送至中心调度CCTV监视器和司机台

CCTV监视器。

停站期间发生火灾，列车保持车门开启状态，组织乘客疏散。ATS自动向本站邻线站台发送提示，建议行调设置跳停。

区间运行时发生火灾，列车维持车门关闭状态，运行至下一站对标停车后开启车门（保持开启），组织乘客疏散。

场段内运行时发生火灾，列车立即施加常用制动停车。救援时需按下全场人员防护开关，启动车辆火灾应急预案。出场段时，若列车在转换轨发生火灾且信号开放，则继续运行至正线（出场方向），否则停车待处理。回场段时，若列车在转换轨发生火灾，实施常用制动停车并终止发车，等待处理。

行调需对上下行相邻车站实施人工扣车，并对相邻区间内接近列车实施紧急制动。

（2）火灾确认。

车载VOBC保持车门开启状态，待综合站务员上车确认火情后，按以下方式处置：

如确认火灾，车辆调度工作站向VOBC发送确认指令，触发TCMS预录广播及PIS信息提示乘客。

如无火灾，可通过TCMS界面人工复位，撤销FAS报警后，VOBC待中心确认非火灾后自动控制列车发车。或由综合站务员通知中心，通过车辆调度工作站远程发送FAS复位指令，TCMS收到VOBC转发指令后完成报警复位或烟感降级处理，经中心确认非火灾后，VOBC自动控制列车发车。

三十二、站台火灾

当车站发生火灾时，系统按照既定规则启动应急响应程序。车站FAS触发火灾联动装置，同时将报警信息传送至ATS子系统。中心调度人员通过电话与车站确认火情，行调工作站同步显示火灾报警提示。经现场人员核实后，车站将火灾实际情况电话告知行调人员。

确认火灾属实后，行调人员立即对相邻上一站站台实施扣车。扣车状态下，若列车车门及站台门已关闭，车载VOBC将自动重新开启车门与站台门，并启动应急广播；待扣车指令解除后，列车自动关闭车门并恢复正常运行。中心调度通过地面TETRA系统向扣车站台发送广播信号，触发预录制的应急广播内容，同时激活站台广播系统。

中心同步发送广播信号启动列车预录广播，并通过PIS向乘客通报火灾情况。车站广播系统自动切换至消防应急模式，AFC闸机全部开放，综合站务员立即执行火灾应急预案。

若火灾站台有列车停靠，该列车应立即关闭车门。行调人员须指令列车即刻发车离站。当站台无停靠列车但区间有即将进站列车时，中心行车调度台需向该列车发送火灾应急指令及跳停指令。列车接收指令后，若出站信号开放且满足跳停条件，则执行跳停操作；否则应在站外停车。若列车已进入站台区域，则立即实施常用制动停车，待确认出站信号开放且满足跳停条件后继续执行跳停程序。

三十三、障碍物脱轨监测

系统具备在检测到车辆碰撞障碍物、发现障碍物或发生脱轨时触发紧急停车的功能。

(1)被动检测机制。

当车辆检测到障碍物或脱轨情况时,自动触发紧急制动,同时将检测信息传送至车辆TCMS。TCMS向车载VOBC发送“障碍物脱轨检测有效”信号。VOBC接收信息后立即上传至RC和ATS子系统,并输出紧急制动及牵引切除指令。地面RC系统随即建立防护区域,对防护区内列车实施紧急制动,防护区外列车则按移动授权正常行驶。障碍物脱轨防护如图2-28所示。

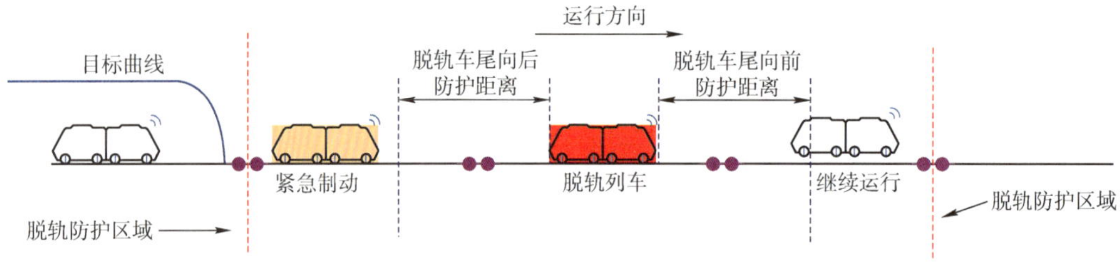

图2-28　障碍物脱轨防护示意

ATS车辆调度工作站和行调工作站界面同步报警,联动区间CCTV查看现场情况,并通知工作人员前往处置。

人工清除障碍物后,需确认轨道无遗留物,复位障碍物/脱轨检测传感器。经人工确认故障消除、轨道无作业人员且满足全自动运行条件后,车辆及信号系统自动解除紧急制动,待人工启用钥匙后重新切换至FAM模式发车。

(2)主动检测方式。

ITE子系统主动检测列车前方障碍物信息后,将障碍物距离及激活状态发送至车载ATP。车载ATP判断可安全停车时施加最大常用制动;若判断无法安全停车则触发紧急制动,并向ATS行调工作站发送“因障碍物导致列车停车报警”。

行车调度根据报警提示,可远程调取ITE子系统首次识别到的障碍物的图像信息,供行车调度确认障碍物类型。同时,还可通过调取司机室顶部摄像头和司机室照射轨面摄像头画面,确定当前列车前方障碍物情况。行车调度和司机共同确认并按照运营规则进行处置。

三十四、列车远程广播

车载广播通过无线电台实时接收中心指令。中心可通过TETRA无线通道发起人工广播(优先)或预录制信息播报,全线列车支持全播/选播/组播。中心广播与车载紧急呼叫互斥,按先发优先原则执行。

三十五、远程紧急制动

中心具备对线路上运行的单列或所有全自动运行列车和CBTC级别运行列车实施紧急制动和取消紧急制动的功能。

远程取消紧急制动，列车紧急制动缓解后，列车自动按照计划启动并继续运行。

车载VOBC接收到中心的紧急制动取消指令时，仅缓解由中心输出的紧急制动，由其他原因导致的紧急制动不可缓解。

三十六、故障复位控制

故障复位控制功能包括远程复位（合闸）和远程旁路，车载VOBC与中心通信正常时，车载VOBC向中心汇报车辆故障信息；中心车辆调度员向车载VOBC发送远程复位和远程旁路指令，调度员通过中心人工远程操作实现。

可复位设备包括：司机室激活断路器、空压机控制断路器、列车控制断路器、制动装置控制电源、安全回路电源、转向架远程隔离供电电源、列车激活控制、车门电源等。远程旁路指令特指：单个转向架空气制动切除。

三十七、雨雪模式

为应对雨雪天气下的恶劣运行环境，系统提供对全线列车设置/取消雨雪模式的功能。

ATS根据雨雪模式的触发条件，自动在行车调度工作站提供“确认启用雨雪模式”的提示，行车调度核实后全线启用。设置失败时，系统进行报警。

FAM模式下，车载VOBC接收指令后立即实施常用制动停车，进入限速模式。若仍出现空转/滑行，系统提示“确认退出全自动运行”，行车调度可人工取消雨雪模式，列车停车后恢复正常控车。

三十八、其他远程控制功能

系统除支持远程紧急制动、故障远程复位等故障处置的远程控制功能外，还配合车辆管理作业的要求，提供了多种车辆远程控制功能，实现对照明、制动、牵引等的远程控制。

（1）客室照明：优先接受中心人工控制，同步上传光感传感器状态。

（2）停放制动：FAM零速时可远程操作。

（3）受流器：FAM零速时可远程升降。

（4）电制动：FAM零速时可远程切除/恢复。

（5）牵引辅助系统：FAM零速时可远程复位。

三十九、运行中的故障

1）VOBC故障场景

VOBC子系统包括车载ATO、ATP、ITE设备，当VOBC子系统发生设备故障时，根据不同的设备,VOBC子系统会有相应的处理机制。

(1)当ATO故障时,列车不能以AM/FAM模式运行,而以CM驾驶模式运行。

(2)当ATP故障时,列车紧急停车。行车调度为降级列车办理进路。RC按照联锁关系锁闭道岔等资源后,开放对应信号机,司机根据调度指令,以EUM模式根据信号显示行车。

(3)当ITE故障时,CBTC级别列车仍可正常运行,但无法转换为ABL级别运行。

2)RC故障场景

RC故障时,RC管辖区域内的CBTC级别列车紧急制动。根据车载MMI的提示,经司机确认,控制列车进入ABL级别降级运行。在故障RC管辖区域内的列车依靠ITE感知视距持续运行,直至列车驶出故障区域。列车运行至正常区域并满足列车升级条件后,恢复CBTC级别运行。

当故障RC恢复正常,系统判定符合全线免筛功能的条件后,所有受影响的故障列车升级为CBTC级别。

3)中心ATS故障场景

当中心ATS故障时,中心调度工作站和大屏无法显示站场运行信息,无法为列车下发行车计划、设置临时限速等命令信息,此时,列车无法按照FAO运行。此时,行车调度通知车站值班员转为站控或紧急站控,并根据行车组织规则确认各列车位置,并组织行车。司机可采用CBTC-AM/CM驾驶列车,根据调度指令继续运行。

4)车地无线通信故障

当车地无线通信车载设备故障时,车载VOBC无法与RC、ATS进行通信,列车立即实施紧急制动。列车停车后,根据车载MMI的提示,经司机确认,控制列车进入ABL级别降级运行。故障列车以ABL级别运行至终点站,根据调度指令进行后续故障处置。

当车地无线通信地面设备故障时,故障区域内所有列车的车载VOBC无法与RC、ATS进行通信,受影响的列车立即实施紧急制动。所有受影响的列车停车后,根据车载MMI的提示,经司机确认,控制列车进入ABL级别降级运行,依靠ITE感知视距持续运行,直至列车驶出故障区域。列车运行至正常区域并满足列车升级条件后,恢复CBTC级别运行。

四十、区间疏散

列车停在区间需要疏散乘客时,中心相关调度需远程引导乘客疏散。

(1)车站疏散。

若发生紧急情况,车辆继续运行至下一站站台,打开车门疏散乘客。列车在站台对标停稳后,打开车门不关闭,由综合站务员处理。在区间运行列车发生紧急制动不缓解情况导致列车零速后,ATS子系统产生报警,将异常列车的任意一个摄像头图像推送到中心。发生列车紧急制动不缓解故障情况时,ATS联动CCTV将列车所在区间位置对应的区间摄像头的图像推送给中心,中心通过CCTV监视列车情况,并通过人工广播对乘客进行相应车载广播。

(2)区间疏散。

此种情况下,中心电调根据行调指令控制接触轨断电,防止提早断电导致救援列车无法接近。中心可通过人工广播远程指导乘客通过每一个门上方或侧方的车内门解锁开关解锁车门,解锁车门后,乘客手动打开车门。前车在区间进行疏散时,系统通过远程人工设置扣车,将后车扣在最近的站台等候,不允许发车;如果后车已进入区间,则可远程对后车实施紧急制动。

四十一、救援

列车在运营过程中发生车辆故障无法动车,远程复位无效且人工处置失败时,行调组织人工救援。人工驾驶救援列车救援故障列车,使故障列车行驶到维修区域的场景。区间救援需播放安抚广播。站台救援需播放清客广播。

第五节　小　　结

一、设备布置进一步精简

PB-TACS以车载控制器为核心,车载设备可自主申请及释放线路资源并计算移动授权(MA),通过新增主动感知设备实现后备模式运行,在确保系统功能完善及后备运行效率的同时,最大限度精简轨旁设备。

系统支持取消或精简应答器,计轴及信号机仅在岔区布置,可减少40%以上。车站设备取消LEU,同时取消ZC及联锁系统设备,仅设置资源控制器(RC),实现线路资源管理及通信列车管理。通过精简轨旁及车站设备,减少改造安装及调试工作量,有效缓解既有线改造成本高、工程量大的问题。

二、部署效率进一步提升

系统采用主动感知设备实现定位及测速,雷达、相机等设备安装于司机室头部及底部,相比传统车载外设,无须在车底加装设备,便于车辆改造,显著缩短安装时间。轨道上仅部署无须供电的轨旁感知设备,进一步降低施工难度,缩短施工周期。

主动感知设备安装位置与传统车载信号外设(如BTM天线、速度传感器等)无冲突,可独立安装并与既有设备兼容,大幅降低既有线改造的设计及施工难度,有效解决改造周期长、实施复杂的问题。

三、运行效率进一步提升

系统采用相对速度制动追踪模型(撞软墙)实现安全防护。通过车车通信及感知获取前车实时状态(位置、速度、加速度等),后车动态计算移动授权及安全防护曲线,缩短区间列车追踪间隔,由90s优化至85s。

系统以道岔资源为管理单元,实现线路资源精细化管控。列车基于精确位置及运行需求主动申请和释放资源,缩短折返追踪间隔,从108s缩减至100s以内。

四、故障情况下韧性进一步提升

PB-TACS在后备模式下通过高可靠性感知,可在视距范围内识别轨行区车辆、行人及障碍物,计算碰撞风险并输出制动指令,实现SIL4级安全防护。通信故障时列车无须停车等待,可切换至感知运行模式,仍能维持“看多远、运行多远”的基本运行能力。

第三章

PB-TACS 关键技术

第一节　列车自主定位技术

PB-TACS采用列车自动定位技术、车车通信关键技术、列车自主障碍物检测技术、自动驾驶技术等关键核心技术，PB-TACS在提升轨道交通的安全性、运行效率和智能化水平方面具有显著优势，是未来轨道交通技术的重要发展方向。

列车自主定位技术作为保障列车安全运行和高效追踪的基础，是系统不可或缺的核心组成部分，其重要性不言而喻。当前城市轨道交通系统的定位手段普遍存在以下问题：

(1)列车获取精确初始位置通常依赖固定点位，为保证故障恢复效率，需在线路中增设大量轨旁设备，但仍存在故障后需长距离运行才能恢复定位的情况。

(2)列车实时位置多采用测速跟踪技术，存在累积误差随时间增大的问题。提高精度需增加轨旁设备，不仅会增加设备及维护成本，也与列车自主定位理念相矛盾。

(3)卫星定位作为主流实时定位手段，在隧道等信号遮挡严重的区域定位精度难以保证，对以地下隧道为主的地铁系统适用性有限。

随着人工智能、物联网、机器人等技术的发展，列车自主定位技术迎来革新契机。基于激光雷达、单目/多目摄像头等传感器的自主定位技术因具备实时性好、精度高、全天候工作及鲁棒性强等优势，成为定位技术的重要发展方向。然而，城市轨道交通中的隧道、高架段等纹理受限场景仍存在以下技术挑战：

(1)相比公路场景，城市轨道交通环境光照不足、特征纹理稀少、几何结构单一且重复性强，易导致特征退化，对隧道及高架桥环境下的视觉/激光/毫米波定位技术造成干扰。

(2)露天环境下，恶劣天气可能影响传感器视野或引入干扰，导致环境特征提取与判断失效，定位精度下降。

(3)列车高速运行易引发图像运动模糊，且邻轨列车交会或站台人员走动会产生动态干扰，造成视觉定位特征点提取困难、质量下降、语义分割模糊及位姿推理精度不足等问题。

(4)基于深度学习的智能感知方法虽可提升系统鲁棒性，但其大量计算与存储复杂度会大幅增加列车实时计算成本。同时，深度学习可信度的不可解释性难以量化评估，无法满足城市轨道交通行业对安全性的严苛要求。

一、传统列控系统定位方式

列车自主定位技术的关键可分为：测量并累加列车周期位移(相对位置)；列车获得初始定位(线路上的绝对位置)；在列车初始定位的基础上，结合周期位移的累加，实现列车持续定位；接收到地面定位信息时，对列车自主定位结果进行校正。

(一)列车位移测量

列车位移测量有两种方法：一是基于列车速度测量结果通过积分计算位移，二是通过特定传感器直接获取列车位移信息。

(二)列车初始定位

列车位置信息应包括列车头及车尾的位置,因此系统在表示列车的位置时隐含了列车的实际长度信息。列车位置表示为:

$$L_T = [L_H, L_R] \tag{3-1}$$

式中:L_T——列车位置,是由列车车头位置到列车车尾位置形成的区间;

L_H——列车车头位置;

L_R——列车车尾位置。

实际工程中为了简化,常将列车车头位置简称为列车位置(下文中未做特别说明的地方,列车位置均指列车车头位置)。

当列车经过地面固定位置的绝对位置校正设备(如应答器或信标等,下文统称为应答器)时,车载ATP系统会接收应答器报文,并通过电子地图查询其相关信息。列车初始定位通常在经过两个连续应答器后完成。此时,车载ATP系统可根据数据库存储的应答器信息确定列车运行方向和位置:运行方向为两应答器的连接方向,位置为列车通过第二个应答器时的位置与后续位移之和,即:

$$L_H = S_{\text{bali}} + S_{\text{run}} + D + d \tag{3-2}$$

式中:L_H——列车车头位置;

S_{bali}——第二个应答器的位置;

S_{run}——列车接收到第二个应答器后的位移;

D——应答器天线到列车车头的距离;

d——应答器辐射范围。

列车初始定位误差与应答器的安装和测量误差、列车位移的测量误差、应答器天线到列车车头的距离测量误差及应答器辐射范围的误差有关,在工程中通常按最不利情况取上述误差叠加后得到的固定值。

列车车尾位置根据列车车头位置和实际列车车长计算获得:

$$L_R = L_H - L_{\text{train}} \tag{3-3}$$

式中:L_R——列车车尾位置;

L_H——列车车头位置;

L_{train}——列车车长。

(三)列车持续定位

列车持续定位是在列车初始定位的基础上,根据列车周期位移不断重新进行列车定位的过程,如公式(3-2)所示。每次列车车头位置更新后,应根据公式(3-3)立即更新列车车尾位置,以确保列车位置的完整性和连续正确性。

采用多传感器信息融合后,CBTC系统列车定位精度通常与列车位移呈正比例关系,例如在列车位置校正点之间,列车的定位误差不大于列车累积位移的2%。

(四)列车位置校正

列车运行时,车载ATP系统可接收地面绝对位置校正设备(如应答器等)的信息。与初始定位类似,系统通过线路数据库查询设备信息并计算列车位置,实现对测量位置的校正。

校正时,车载ATP会比对测量位置与应答器校正位置的偏差,仅当偏差符合规定要求(如小于测距误差)时执行校正,否则判定测速定位故障并导向安全侧(丢失定位)。校正过程以应答器提供的校正位置作为后续持续定位的初始位置。该功能可将定位误差复位至初始最小值,避免误差累积,同时可检测测速定位系统的潜在故障。

在CBTC移动闭塞系统中,列车追踪依赖自主定位和速度-距离曲线防护。若测距误差未被正确估计,可能导致追尾或碰撞事故。系统通过车载设备自主定位与地面系统的位置汇报、轨道空闲检测结果,综合估算列车安全位置及轨道占用状态。定位误差及传输延迟引起的实际位置变化均影响占用状态更新。随着追踪间隔缩小,位置估算的安全性与精确性对提高行车安全与效率至关重要。

为确保安全,需对列车名义位置(列控系统使用的定位)进行处理,以解决上述问题。安全定位即在现有定位方式基础上,实现列车安全高效运行的方法,其核心是计算"安全位置"。

列车的安全位置是指以高置信度确保列车实际位置(包括车载定位位置及地面设备使用时的位置)位于其虚拟位置所形成区域内的位置。安全位置通常在非安全位置(精确定位结果)基础上增加安全包络得到,用于地面轨道占用状态更新及间隔控制。安全包络是为保障定位安全而附加的冗余距离。

列车的安全位置示意如图3-1所示。

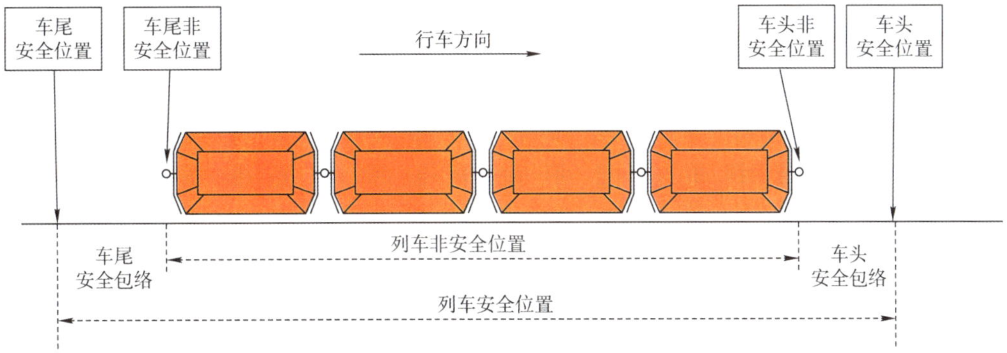

图3-1　列车的安全位置示意图

列车安全位置必须保证列车追踪时的安全性,防止列车发生追尾和碰撞;但又不能对安全包络估计过大,导致系统效率降低。列车安全位置(Safe Train Location,STL)是在非安全位置(Non-Safe Train Location,NSTL)的基础上添加一定的安全包络(Safe Profile,SP)构成的,因此,列车安全位置的计算主要是列车包络的设计和计算。列车安全位置由安全车头位置和安全车尾位置组成,列车非安全位置由非安全车头位置和非安全车尾位置组成,列车安全包络由车头安全包络和车尾安全包络组成,即:

$$L_{SH} = \mathrm{L}(L_{NSH}, \mathrm{SHP})$$
$$L_{SP} = \mathrm{L}(L_{NSR}, \mathrm{SRP}) \tag{3-4}$$

式中:L_{SH}——安全车头位置;

L_{SP}——安全车尾位置;

L_{NSH}——非安全车头位置;

L_{NSR}——非安全车尾位置;

SHP——车头安全包络;

SRP——车尾安全包络;

L——两自变量相加或者相减(根据列车运行方向和线路方向的定义)。

下面对列车安全包络的设计和计算进行介绍。

无论列车采用何种定位技术或定位方式,测距误差均无法完全避免。在当前广泛应用的基于脉冲速度传感器和里程计的列车定位系统中,受列车车轮形状、直径、线路误差以及空转、滑行等因素影响,列车通过里程计累加计算非安全位置时存在固有误差(称为测距误差)。即使周期性利用应答器对列车位置进行校正,也无法完全消除定位误差(应答器本身存在安装误差,且接收过程中存在范围误差)。此外,受成本限制,两应答器间安装距离较长,测距误差会在间隔区间内线性累积。因此,测距误差成为列车安全包络的首要组成部分。

在CBTC系统中,列车采用速度传感器进行自主定位时,其位置信息除用于列车自身的速度-距离曲线计算外,还需上传至地面控制系统。从列车估算非安全位置到地面系统使用该数据的过程中,需经过网络传输。受系统异步及网络延迟等因素影响,列车实际位置可能发生变化。根据列车运行工况的不同,这种变化可能表现为前行或后退。因此,需在车头及车尾分别添加相应的安全包络:车头处包络通常较大,称为“估计的运行距离”;车尾处为防止列车意外退行而添加的包络,称为“潜在的退行量”。

通过在列车头尾设置安全包络,可确保列车的安全追踪,包括列车追踪前方障碍物以及作为障碍物被后续列车追踪。通常还会在头尾包络中额外增加一定的保护距离裕量,以应对最不利情况下的安全需求。

列车安全位置计算方法如图3-2所示。

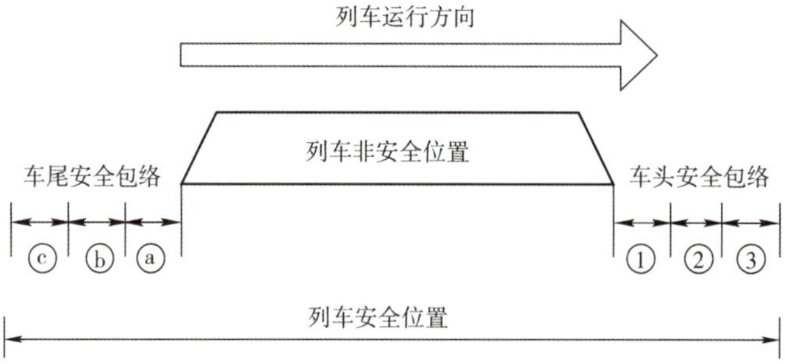

图3-2　列车安全位置计算方法

在图3-2中，列车安全包络的各部分含义分别为：

①——测距误差；

②——估计的运行距离；

③——头部保护距离裕量；

ⓐ——测距误差；

ⓑ——潜在的退行量；

ⓒ——尾部保护距离裕量。

由图3-2可以看出，列车车头安全包络（SHP）由测距误差（Distance Error，Dis_Err）、估计的运行距离（Estimated Travel Distance，Travel_Dis）及头部保护距离裕量（Head Reserved Distance，Head_Dis）组成，如式（3-5）所示：

$$SHP = Dis\_Err + Travel\_Dis + Head\_Dis \tag{3-5}$$

列车车尾安全包络（SRP）由测距误差（Dis_Err）、潜在的退行量（Rollback Potential，Back_P_Dis）及尾部保护距离裕量（Rear Reserved Distance，Rear _Dis）组成，如式（3-6）所示：

$$SRP = Dis\_Err + Back\_P\_Dis + Rear\_Dis \tag{3-6}$$

二、基于同步定位与建图（SLAM）技术的列车定位

（一）SLAM 的定义与发展背景

SLAM（Simultaneous Localization and Mapping）的中文译名为“同步定位与建图”。该技术的核心目标是使设备在未知环境中，既能实时构建环境地图，又能准确定位自身在地图中的位置。这一过程类似于在黑暗房间中，人们通过手电筒照明探索环境，同时记忆物品布局并确认自身方位。

SLAM技术起源于20世纪80年代，最初主要应用于机器人领域，用于解决自主导航与路径规划问题。早期的SLAM系统基于二维平面，依靠简易传感器和算法实现平坦环境的地图构建。随着计算机和传感器技术的进步，SLAM逐步发展为三维建图系统，并融合了多类传感器数据，包括激光雷达、视觉摄像头和惯性测量单元（IMU）等。针对不同应用场景，研究者开发出多种算法框架，如基于滤波的方法、基于优化的方法，以及结合深度学习的混合方法。目前，SLAM技术已广泛应用于机器人、无人机、自动驾驶和增强现实等领域。

（二）SLAM的分类

1.基于激光雷达的SLAM

激光雷达（Light Detection and Ranging，LiDAR）通过发射激光并接收反射信号来测量距离，能够获取周围环境的精确三维点云数据。

特点：激光雷达的测量精度高、不依赖光照条件，适合复杂室内外场景。

应用场景：扫地机器人、无人驾驶汽车。

代表系统：Google的Cartographer。

激光雷达应用示意如图3-3所示。

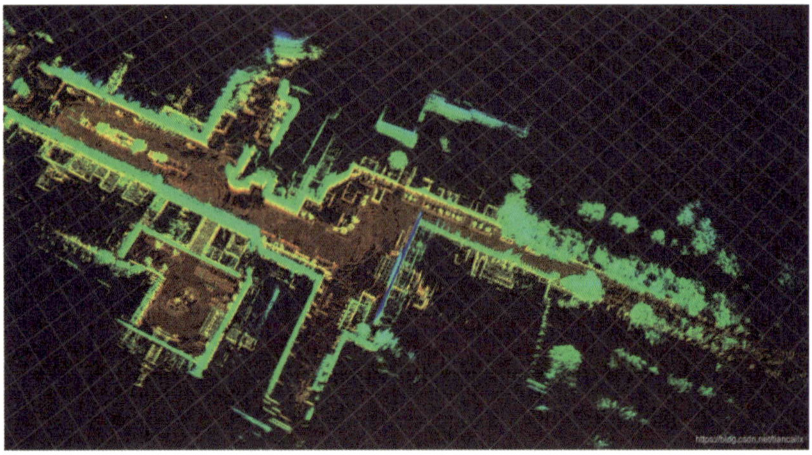

图3-3　激光雷达应用示意图

2.基于深度相机的RGBD SLAM

深度相机(如Kinect)可以捕获彩色图像和深度信息,提供更丰富的场景描述。

特点:通过结合颜色和距离信息,适合构建细节丰富的室内场景地图,但对环境光线敏感。

应用场景:室内导航、增强现实(AR)。

代表算法:KinectFusion、DynamicFusion。

深度相机应用示意如图3-4所示。

图3-4　深度相机应用示意图

3.基于视觉传感器的vSLAM

视觉SLAM(visual SLAM,vSLAM)使用摄像头(单目、双目或鱼眼相机)作为主要传感器,提取图像中的特征点来实现定位与建图。

特点:成本低,适合轻便设备,但对无纹理区域和光线变化敏感。

应用场景:无人机导航、虚拟现实(VR)。

代表算法：ORB-SLAM、DSO。

视觉 SLAM 应用示意如图 3-5 所示。

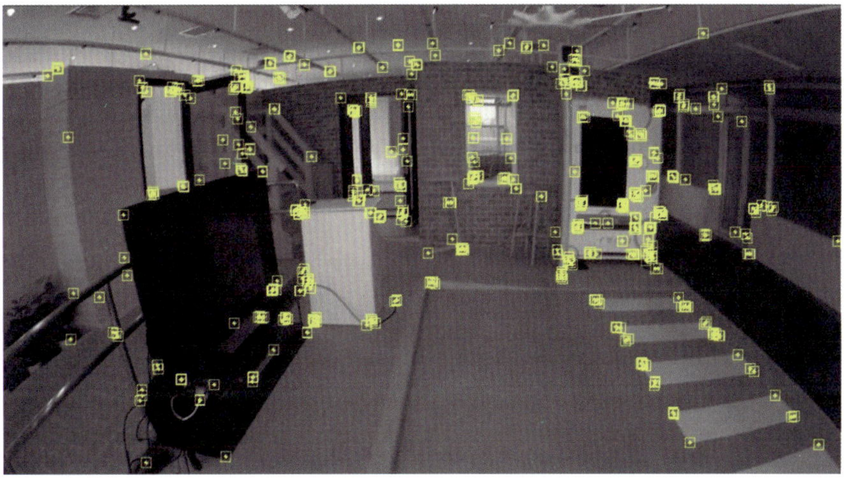

图 3-5　视觉SLAM应用示意图

4.基于视觉传感器和惯性测量单元的 VIO

视觉惯性里程计（Visual-Inertial Odometry，VIO）将摄像头和惯性测量单元（Inertial Measurement Unit，IMU）的数据结合在一起，IMU 补偿了视觉传感器的短板，使系统能在光线不佳或无纹理环境下继续工作。

特点：融合两种传感器优势，具备较强的鲁棒性。

应用场景：无人机飞行控制、机器人路径规划。

代表系统：VINS-Mono、MSCKF。

这几种SLAM技术各有特点，在实际应用中通常会根据需求和环境选择最适合的技术路线。采用基于激光雷达和IMU的SLAM 技术，可以更好地适应动态和复杂的环境要求。

（三）SLAM在列车中的应用

在列车的自动驾驶和辅助驾驶系统中，SLAM（同步定位与建图）技术发挥着至关重要的作用。尤其是在采用激光雷达与惯性测量单元（IMU）融合的SLAM技术时，能够显著提升系统定位精度、稳定性及鲁棒性，特别是在复杂的轨道环境中。列车行驶过程中需应对多样化的地理、环境与气候条件，传统定位技术往往难以满足高精度与高可靠性的需求。因此，基于激光雷达和IMU的SLAM技术凭借二者优势的互补特性，成为理想的解决方案。

1.激光雷达与IMU的互补性

激光雷达和IMU具有不同的技术特性，二者结合后可相互弥补不足，从而提升系统的整体性能。

（1）激光雷达：激光雷达通过发射和接收激光束，能够获取周围环境的高精度三维点云数据。对于列车这类高速、重载的移动物体，激光雷达可提供稳定的空间定位能力。在列车行驶过程中，激光雷达能实时构建周围环境的三维地图，包括轨道几何形状、障碍物分布及信号设备等信息。在隧道、曲线轨道等特殊环境中，激光雷达凭借其稳定性和高精度成为首选的传感器。

(2)IMU：惯性测量单元(IMU)通过内置的加速度计和陀螺仪测量列车的加速度和角速度，进而推算其姿态和运动状态。IMU的优势在于能提供高频率的实时数据，对快速动态变化的环境响应迅速。然而，IMU的缺陷在于长期使用会产生累积误差，因此需要其他传感器进行校正。

激光雷达与IMU结合时，IMU的高频运动信息可弥补激光雷达数据的时间延迟和低频特性，而激光雷达的高精度空间数据则能修正IMU的累积误差，从而显著提升系统的定位与建图性能。

2.基于激光雷达和IMU的SLAM技术在列车中的应用

列车作为大型轨道交通工具，在运行过程中需要实现精确地自我定位与环境感知，以确保运营安全高效。基于激光雷达和IMU的SLAM技术能有效解决列车在动态环境中的定位问题，并构建高精度轨道地图。

(1)精准定位与路径规划：列车行驶过程中常面临轨道曲线、桥梁、隧道等复杂环境，传统定位技术难以应对。基于激光雷达的SLAM通过扫描周围环境实时构建三维地图，并利用点云匹配技术精确确定列车位置。同时，IMU提供高频姿态数据，在列车急转弯、加减速时补偿瞬时运动误差，显著提升系统的定位精度与鲁棒性。

(2)障碍物检测与避让：高速行驶的列车需实时感知并规避轨道障碍物，包括物理障碍(如坠落物)及轨道设备(如电缆)。激光雷达可高精度探测障碍物的位置与形状，使系统及时响应。IMU数据则在列车动态运动时辅助校正定位，确保障碍物检测不受运动干扰。

(3)轨道建图与维护：该技术可为列车提供精确的轨道建图功能，既支持自动驾驶导航，又能用于轨道状态监测。通过定期SLAM建图，可实时掌握轨道曲率、路基沉降、设备磨损等信息。在发生故障时，SLAM生成的地图可协助运维人员快速定位问题区域，实现精准维护。

(4)高效的环境感知：列车行驶时会遇到风速、天气变化等复杂环境因素。激光雷达能在雨雪等条件下稳定工作，输出高质量环境数据；IMU则提供实时运动状态，确保极端环境下仍能维持定位精度，避免环境干扰导致的误差。

3.技术挑战与未来发展

尽管基于激光雷达和IMU的SLAM技术在列车应用中具有显著优势，但仍面临以下技术挑战。

(1)成本问题：激光雷达和IMU作为高精度传感器，价格通常较高，尤其是高性能激光雷达。因此，如何降低系统成本，使其更适用于列车等大规模应用，仍需进一步研究。

(2)数据融合与算法优化：激光雷达和IMU的数据频率与数据量差异较大，如何高效实现数据融合并优化SLAM算法，以提升实际应用中的实时性与稳定性，是技术发展的重要方向。

(3)环境适应性:虽然激光雷达和IMU在多数环境中能稳定工作,但在某些极端条件下(如强雨雪天气、隧道中的低反射环境等),系统仍可能出现定位误差。因此,如何增强系统在极端环境下的适应性与鲁棒性,仍需深入研究。

随着技术进步与新型传感器的涌现,基于激光雷达和IMU的SLAM技术将日趋成熟、经济且高效。在列车自动驾驶、精准定位、轨道监测及环境感知等领域,该技术具有广阔的应用前景。

列车在线路中行驶时,通过激光雷达实时采集行驶过程中的点云数据,并依据行驶轨迹构建点云地图(即点云信息的集合),其中包含轨道、地面、墙壁、线缆及设备等特征点信息,以及轨迹点数据。点云地图示意如图3-6所示。

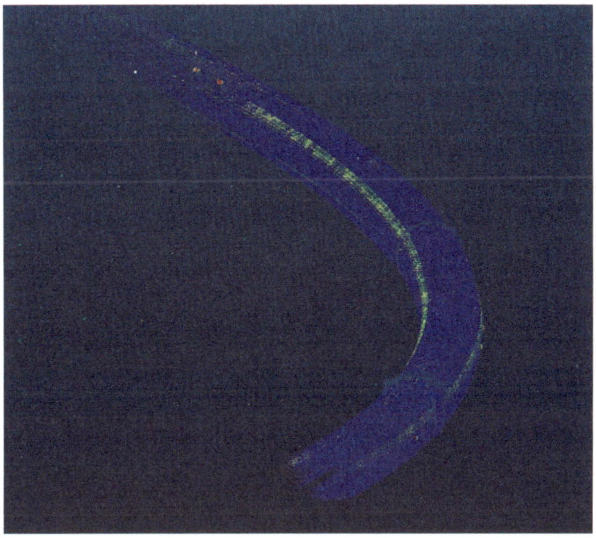

图3-6　点云地图示意图

在列车运行过程中,通过激光雷达传感器对列车前方进行扫描,获得大量的实时点云数据。基于这些点云信息,利用同步定位与地图构建(SLAM)技术,计算出列车安全位置。点云匹配示意如图3-7所示。

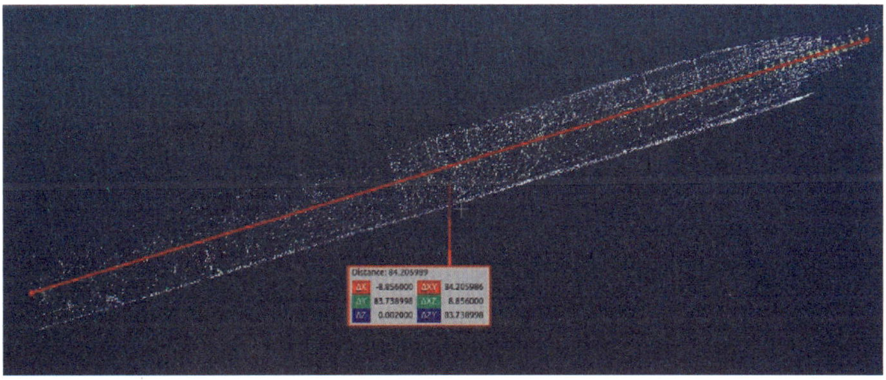

图3-7　点云匹配示意图

第二节　列车空间分隔技术

行车间隔控制是信号系统防止列车相撞等危险事故的基本功能和有效方法，可分为时间分隔法和空间分隔法。时间分隔法是指列车按照既定时刻表由车站发车，前行列车与追踪列车之间保持固定时间间隔的行车方法。由于该方法无法实时获取前行列车的运行状态，不能确保列车在区间内的运行安全，现已基本淘汰。空间分隔法是将铁路线路划分为若干区段，根据列车位置实现列车分隔，确保每个区段内同时只允许一列列车运行的行车方法。该方法能严格保持前后列车之间的安全距离，将列车分隔在不同空间内，从而有效防止追尾和正面碰撞事故，是目前广泛采用的间隔控制方法。

铁路通常以车站（或线路所）为分界点划分区间。单线铁路以两站进站信号机柱中心线为界，双线或多线铁路则以各线路进站信号机柱或站界标中心线为界。由于列车在区间内运行速度高、制动距离长且无法避让，列车从车站进入区间前必须确认区间空闲，并严格遵循相关行车规定和信号指示，以防发生列车冲突或追尾事故。这种通过特定规则、信号或凭证来保证列车按空间间隔制运行的技术方法，称为闭塞行车法，简称闭塞。

闭塞控制的基本原理是：

（1）根据前车位置确定危险点。

（2）通过设置保护余量防范后溜等风险因素，结合危险点确定后车防护点。

（3）后车根据其制动性能，在必要时实施紧急制动，确保车头不越过防护点。

通过这一机制，可有效避免列车追尾事故的发生。

一、固定闭塞

固定闭塞是指两列运行列车之间的空间间隔由若干个长度固定的闭塞分区构成，通常设置地面通过信号机，以确保列车按照空间间隔制运行的技术方法。固定闭塞的基本原则如下：

（1）禁止授权列车进入已被另一列车占用的闭塞分区。

（2）两列追踪列车之间的间隔距离（即若干个闭塞分区的总长度）必须始终大于后车的制动距离（即在最不利情况下列车停车所需的最大距离），从而避免追尾事故。

二、虚拟闭塞

虚拟闭塞是在地面闭塞中心（如无线闭塞中心 RBC）的线路数据库（电子地图）中，以虚拟方式将区间划分为若干个“固定”闭塞分区，并设置虚拟信号进行防护。列车运行中，由车载定位系统确定列车的安全位置，并通过车地传输系统报告给地面闭塞中心。地面闭塞中心通过线路数据库（电子地图）查询列车并确定列车所占用的虚拟闭塞分区，进而按照上述闭塞分区以固定闭塞方式确定虚拟信号机“显示”，以此来控制列车追踪运行。虚拟闭塞方式仍然属于固定闭塞，与传统固定闭塞不同的是，不再利用实际的地面轨道占用检测设备（如轨道电路、计轴器等）来划分区间。

三、移动闭塞

移动闭塞采用目标-距离控制方式：后车追踪目标点为前行列车的尾部位置并预留安全防护余量，根据后车紧急制动的动力学模型计算列车最大允许速度，此方式为“撞硬墙”间隔防护模型，如图3-8所示。

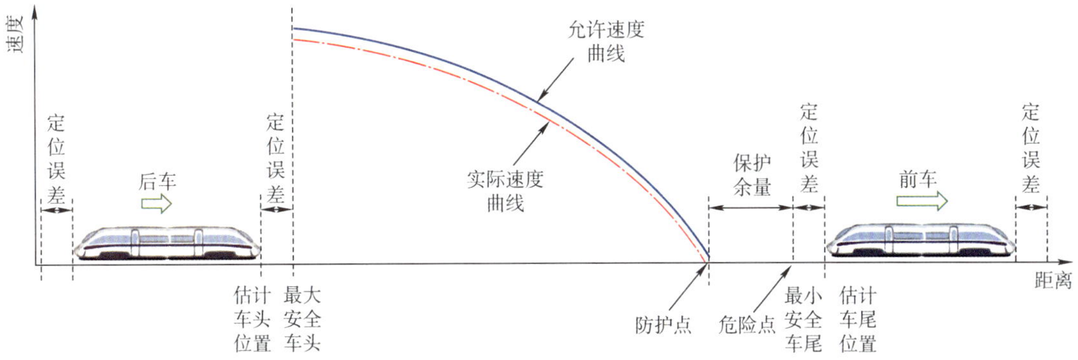

图3-8 基于移动闭塞的目标-距离控制示意图

总体思路如下：

（1）根据前车位置确定危险点。

（2）通过设置保护余量，为后溜等因素提供安全防护；结合危险点和保护余量，确定后车的防护点。

（3）根据防护点，后车基于自身制动性能，在必要时实施紧急制动，确保车头不越过防护点，从而避免追尾事故。

安全模型的第一个步骤是根据前车位置确定危险点。在“撞硬墙”模型下，基于前车瞬时停车原则，危险点为后车最近一次获取的前车尾部位置。由于存在定位误差，前车估算的车尾位置可能与实际位置存在偏差。前车车尾的最小安全位置为车尾估计位置减去定位误差（安全位置由前车管理），因此危险点即为“最小安全车尾位置”。前车位置及定位误差的影响如图3-9所示。

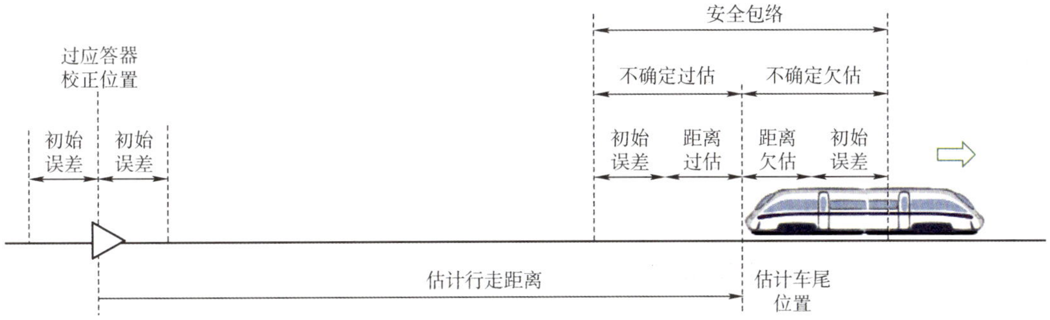

图3-9 前车位置考虑定位误差

安全模型的第二个步骤是根据危险点和保护余量确定后车防护点。保护余量需考虑前车的后溜距离，其计算方式为：假设前车处于全线最大坡度条件下，从零速开始发生后溜，并在施加紧急制动后停车的移动距离。

确定后车防护点后，后车需基于其制动性能，通过超速触发紧急制动的方式确保车头不超过防护点。

后车保证不越过防护点的具体实现方式为：基于最不利工况计算最大允许速度，并考虑后车实施紧急制动后的减速度轨迹变化，确保列车制动停车后不会越过防护点。该计算模型称为安全制动模型。当前城市轨道交通列控系统通常采用IEEE 1474.1标准提供的安全制动模型，其原理如图3-10所示。

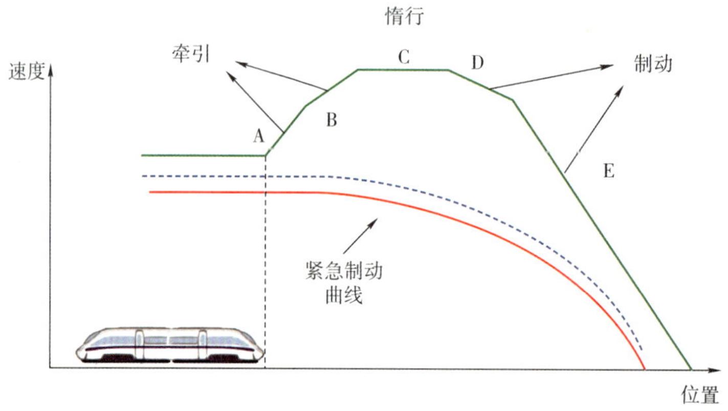

图3-10　IEEE 1474.1给出的列车安全制动模型

为简化处理，可将A、B阶段合并为牵引阶段，C、D阶段合并为惰行阶段，从而形成三阶段（牵引、惰行、紧急制动）安全制动模型。

牵引阶段指列车在牵引切除前的阶段（此时列车车载系统已检测到危险并发出紧急制动命令，按照IEEE 1474的假设，列车制动过程会先切除牵引，再建立紧急制动）。

惰行阶段指列车牵引已切除但紧急制动尚未完全建立的阶段（从该阶段起，列车牵引力已被安全切断）。

紧急制动阶段指从车辆开始执行紧急制动命令时刻起，直至列车完全停车的阶段。

三阶段安全制动模型如图3-11所示。

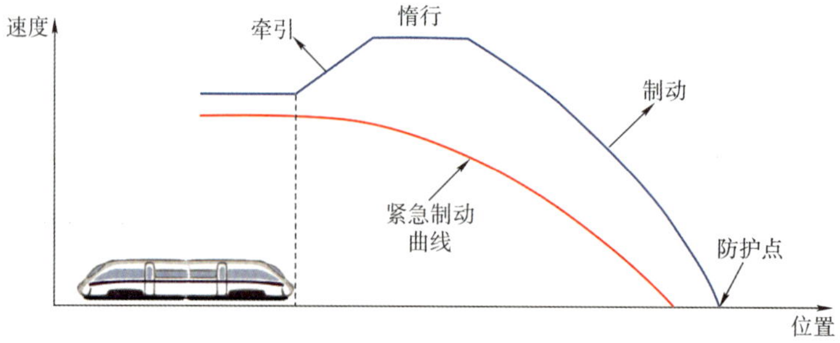

图3-11　三阶段安全制动模型

在牵引阶段，安全模型假设后车处于最大牵引状态，即在“车载ATP开始输出紧急制动命令”至“牵引切除完成”的时间段内，后车按照当前速度对应的“最大牵引加速度”持续施加最大牵引力。

在惰行阶段，安全模型假设后车处于惰行状态，即在“牵引切除完成”至“紧急制动建立完成”的时间段内，后车按惰行工况运行。

在紧急制动阶段，安全模型假设后车处于紧急制动状态，即在“紧急制动建立完成”后，后车以“GEBR”（常用紧急制动率）实施紧急制动直至停车。

紧急制动延时参数如图3-12所示。

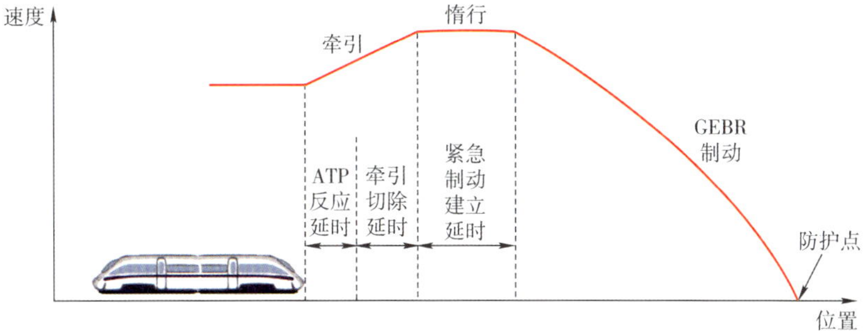

图3-12　紧急制动延时参数

基于上述三阶段安全模型，结合后车位置和测速误差，以后车制动距离不超过防护点为约束条件，即可计算后车最大允许速度。防护模型考虑的定位和测速误差如图3-13所示。

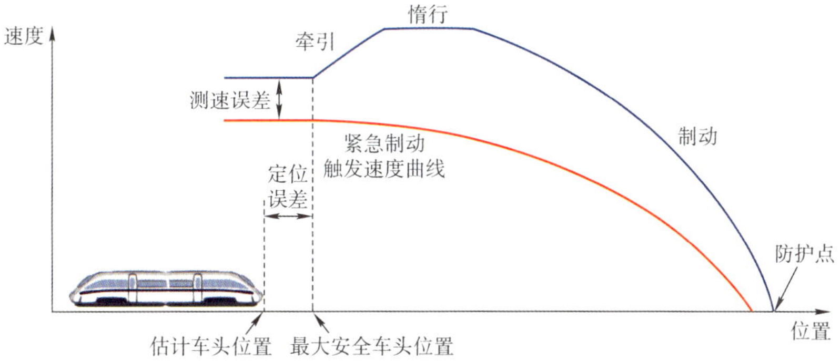

图3-13　防护模型考虑的定位和测速误差

四、时空闭塞

传统“撞硬墙”防护控制方法基于前车“瞬时停车”假设确定危险点。然而，若前行列车初始速度不为零，在后行列车制动过程中，前行列车位置实际上会随制动过程持续变化。

因此，只需根据前行列车最终的实际车尾位置确定危险点即可保证行车安全，无须受限于基于“瞬时停车”假设的前车最后一次更新的车尾位置。

换言之，在传统后行列车制动距离计算基础上，进一步考虑前车制动过程中的位置变化

(制动停车距离),通过确保两车制动距离差来实现安全防护,这就是相对制动距离列车安全防护方式,此方式为“撞软墙”防护模型。

采用“撞软墙”防护模型后,安全防护控制的总体思路保持不变:

(1)根据前车位置等信息确定危险点;

(2)通过设置保护余量确定后车防护点;

(3)基于防护点和制动模型计算后车最大允许速度。

列车“撞软墙”防护原理示意如图3-14所示。

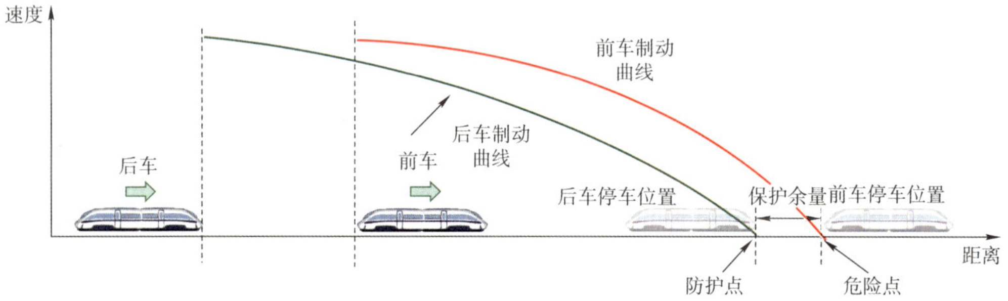

图3-14　列车“撞软墙”防护原理示意图

在“撞软墙”模型下,危险点基于前车非瞬时停车原则确定,因此需考虑前车运动过程中的运行距离。为确保安全,应采用前车可能工况下的最小制动距离(即前车以最快速制动方式实现的制动距离)。

参考传统三阶段(牵引阶段、惰行阶段、紧急制动阶段)安全制动模型,可按照以下思路确定前车最快停车轨迹:

(1)牵引阶段。安全模型假设该阶段时间为零,即前车已直接进入紧急制动状态。

(2)惰行阶段。安全模型同样假设该阶段时间为零,前车仍处于紧急制动状态。

(3)紧急制动阶段。安全模型假设前车以最高紧急制动率实施制动直至停车。

基于上述三阶段安全模型,结合前车位置和速度参数,可计算前车最小制动距离,进而确定危险点。前车安全制动模型如图3-15所示。

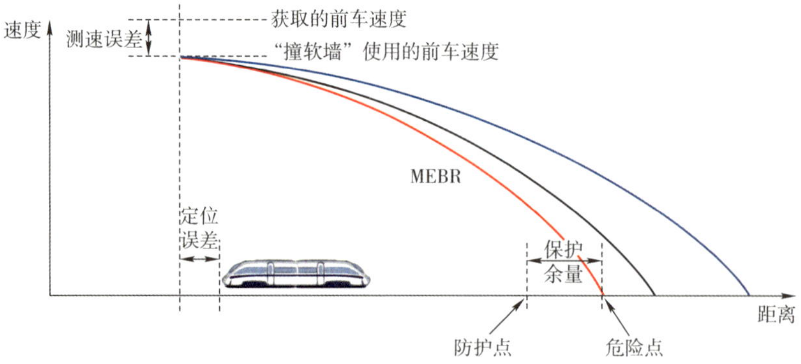

图3-15　前车安全制动模型

第三节 列车自主障碍物检测技术

随着轨道交通技术的发展,列车自主识别运行环境已成为当前轨道交通的发展方向和研究重点。由于列车运行环境复杂,传统列控技术依赖地面设备指挥列车运行,列车缺乏自主识别周边环境的能力。当地铁信号系统发生故障时,列车需转为司机人工驾驶模式。由于人工操作存在状态不稳定、识别能力个体差异,以及弯道、坡道、照明不良等线路视距环境限制,亟须系统辅助司机进行前方列车距离判断并提供预警,以避免人为失误造成追尾、侧冲或冒进信号等事故。

针对这一需求,列车障碍物主动识别技术应运而生。该技术可识别轨道上的异常情况,在车载ATC设备缺失或信号系统故障时,通过视觉设备感知环境并采集数据,运用智能算法实现前车及障碍物检测,为列车提供运行环境安全防护。系统可根据预设追踪距离触发报警,推动以智能列车为主导的行车控制模式,从而提升系统安全防护水平。

一、列车自主障碍物检测的定义与目标

列车自主障碍物检测是指通过传感器对列车前方或周围环境进行实时扫描与分析,识别可能影响列车正常运行的物体或障碍物,并将信息传输至列车控制系统的技术。其核心目标包括:

(1)障碍物距离检测。精确测量障碍物与列车的相对距离,为调整移动授权位置提供依据。

(2)障碍物类型识别。区分障碍物种类(如人员、小型物体或其他列车),评估威胁等级并制订应对策略。

(3)障碍物位置判定。确定障碍物所处轨道(本轨或邻轨),决策是否需调整移动授权或触发紧急制动。

通过实现上述目标,可提升列车在复杂环境中的自主决策能力,显著增强运行安全性。

二、主要障碍物类型与检测难点

列车运行环境中常见的障碍物可分为三类:

(1)车辆类,包括轨道维护车辆、其他列车及侵入轨道的交通工具。此类障碍物体积大、动能高,尤其在高速场景下需快速识别与避让。

(2)人员类,指非法进入轨道区域的行人,具有突发性强、危险性高的特点,需优先检测与处置。

(3)小型物体类,如碎石、树枝或脱落的轨旁设备(信号灯、通信装置等),虽不影响轨道结构,但可能危及高速列车的行驶稳定性。

针对这些不同类型的障碍物,检测系统面临较大的技术挑战,尤其是对人、车辆和小障碍物的区分,以及在不同天气条件下如何提高检测精度。主要检测难点包括以下几个方面:

(1)动态障碍物的识别。动态障碍物是指不会长时间静止的物体,如行人、动物及其他可能影响列车运行的移动物体。在铁路环境中,这类障碍物的检测尤为困难,因其移动性导致系统难以准确捕捉其位置和状态。特别是人和动物等小型障碍物,具有较高的机动性,可能突然穿越轨道或改变位置,增加了识别难度。为此,系统需要采用高效的追踪算法,通过连续的传感器数据流对动态障碍物进行持续跟踪,以验证其存在状态及是否处于危险区域。这不仅可减少误报,还能有效防止漏报,确保列车安全。追踪算法需同时处理多个障碍物的位置变化,并保持较低的计算复杂度,这对算法的实时性和准确性提出了更高要求。

(2)小障碍物的检测。小障碍物检测是另一技术难点。这类障碍物体积小、反射信号弱,在复杂环境中易与背景噪声或其他物体混淆。由于其信号微弱,需要传感器具备更高的灵敏度和精度才能准确捕捉。特别是掉落的轨旁设备,其形态、大小和材质等特征可能与周边环境极为相似,进一步增加了判别难度。这类静态障碍物的位置和外观往往与环境难以区分,因此系统需要高效的图像处理能力和多传感器融合技术,才能从复杂背景中识别出小型障碍物。同时,传感器需在复杂地形和多变天气条件下持续输出高质量检测结果,这对传感器性能提出了更高要求。

(3)恶劣天气条件下的检测。恶劣天气会显著影响障碍物检测系统性能。大雨、雪、雾霾等天气条件会限制传感器的有效识别范围,严重时甚至导致失效。视觉传感器对光线和视距依赖较大,在低能见度条件下(如大雾或暴雪)可能无法提供清晰图像,造成识别失败。雷达传感器虽具有一定穿透性,但在强降水或积雪时,信号反射和散射效应会导致数据误差,影响检测精度。因此,如何优化传感器系统,使其在恶劣天气条件下仍能稳定工作,成为技术难点。解决方案可能包括采用多传感器融合技术,通过雷达、激光雷达、红外等传感器的互补优势,弥补单一传感器的局限性。同时,通过算法优化提升系统在复杂气候条件下的鲁棒性,确保系统在任何天气条件下都能实时、准确地检测障碍物,保障列车安全运行。

三、常见的自主感知技术

(一)激光雷达(LiDAR)技术

1.原理与优势

激光雷达(Light Detection and Ranging,LiDAR)通过发射激光束并测量其从物体表面反射的时间来确定距离。该技术利用激光光束的反射原理,在实时扫描过程中生成高精度点云数据。其主要优势在于高分辨率的环境感知能力和强适应性,特别是在复杂的地铁轨道环境中,能够提供准确的空间信息。

LiDAR系统由激光发射器、接收器、时间测量装置和扫描装置组成,具有以下核心优势:

(1)高精度测量。可实现厘米级或毫米级的距离精度,精准捕捉环境中物体的位置和形态,满足地铁列车的高精度自主感知需求。

(2)三维建模能力。生成完整的三维点云数据,构建轨道和车厢周围的精确环境模型,为路径规划和障碍物识别提供详细空间信息。

(3)无光照依赖性。不受光照条件影响,在昏暗的地铁环境中稳定工作,避免隧道内光线不足导致的视觉误差。

(4)高效障碍物识别。精确捕捉轨道及周边区域的障碍物(如杂物、掉落物品、行人等),为列车自主感知提供可靠数据支持。

2.应用场景与局限性

激光雷达在地铁列车自主感知中的应用场景主要集中在以下几个方面:

(1)隧道与轨道监测。实时扫描列车前方隧道和轨道环境,检测石块、垃圾等障碍物并生成三维环境数据,有效补充视觉传感器的不足。

(2)站台与车厢周围感知。扫描车站环境、乘客及障碍物信息,辅助列车自主定位和环境感知,特别是在站台边缘和车厢门口实时监测危险情况。

(3)障碍物检测与避让。快速捕捉轨道或隧道内障碍物位置,触发警报或紧急制动,确保行车安全。

尽管激光雷达在地铁自主感知中具有诸多优势,但也存在以下局限性:

(1)对反射材料的依赖。金属、玻璃等反射性较弱的材料可能影响测量精度。

(2)受雨雪天气影响。在地面与隧道交界处,雨水、湿气可能导致探测范围缩小或信号不稳定。

(3)数据处理量大。三维点云数据量大,对计算处理能力要求高,可能影响系统实时响应速度。

3.激光雷达在铁路系统中的应用

在铁路系统中,激光雷达作为一种高精度的传感技术,已成为列车自动化和安全监控的核心组件。以下是激光雷达在铁路系统中的关键应用:

(1)障碍物检测与识别。激光雷达能够高精度探测列车前方轨道上的各类障碍物,包括散落物、动物、行人及其他车辆。通过实时生成高精度点云数据,该技术可在复杂运营环境中准确识别障碍物的三维坐标、外形特征及尺寸参数,为列车运行提供可靠的预警信息。

(2)三维环境建模与路径规划。激光雷达可构建列车运行路径周边的三维数字模型。这些模型不仅能精确定位轨道及周边障碍物,还能预测潜在风险目标,为智能路径规划算法提供动态优化依据,有效预防碰撞事故。

(3)轨道监测与维护。激光雷达可对轨道及附属设施进行毫米级精度扫描,准确检测轨道几何形变、结构损伤等隐患。基于LiDAR的轨道几何参数测量系统,可帮助运营单位及时发现轨道偏移、裂纹、不均匀沉降等缺陷,实现精准预防性维护。

(4)车载感知系统。在自动驾驶列车系统中,激光雷达作为核心感知单元,可实时扫描列车运行环境,识别潜在危险目标,并将检测数据实时传输至列车控制系统。通过与毫米波雷达、视觉摄像头等多源传感器数据融合,可显著提升列车在复杂环境及恶劣天气下的感知能力。

(5)智能控制与紧急制动。当激光雷达检测到前方轨道存在威胁性障碍物时,控制系统可基于精确的测距数据,智能决策是否触发减速或紧急制动。激光雷达的亚厘米级测量精度，确保列车能在碰撞临界点前及时采取避险措施。

(二)毫米波雷达技术

1.雷达的工作原理

毫米波雷达是一种基于毫米波频段电磁波(30~300GHz)的传感技术，通过发射电磁波并接收目标反射信号实现距离和速度测量。其工作原理包含以下关键步骤：

(1)信号发射。雷达发射器通过天线阵列向外辐射电磁波信号，覆盖预设探测区域。

(2)信号反射。电磁波遇到障碍物后产生反射，反射信号的强度、时延和频移等特征携带目标的距离、速度等关键参数信息。

(3)信号接收与处理。接收机捕获反射信号，通过分析信号时延、多普勒频移等特征，精确解算目标的空间位置和运动状态。

(4)数据处理与显示。采用数字信号处理技术将原始信号转换为可视化数据，为后续环境感知和决策控制提供支持。

毫米波雷达的显著技术特点包括：

(1)强穿透能力。得益于毫米波特性，具备穿透烟雾、雨雪等介质的能力，在恶劣气象条件下仍可保持可靠的检测性能。

(2)较高分辨率。空间分辨率优于传统微波雷达，可提供更清晰的目标轮廓信息，但略逊于激光雷达。

(3)精确测速能力。基于多普勒效应可实现亚米级精度的速度测量，特别适合高速运行列车对动态障碍物的检测需求。

2.与其他传感器的融合优势

毫米波雷达与其他传感器(如激光雷达、摄像头、IMU等)的融合应用，可显著提升地铁列车在复杂环境下的综合感知能力。各传感器的优势互补主要体现在以下方面：

(1)激光雷达与毫米波雷达的协同。激光雷达具备亚厘米级测距精度和精细形状识别能力，但其性能易受光照和天气条件影响。毫米波雷达在低能见度环境(如隧道昏暗光照、雨雪天气等)下表现稳定，二者协同工作可形成优势互补。毫米波雷达确保基础障碍物检测可靠性，激光雷达则提供高精度环境建模数据。

(2)视觉传感器与毫米波雷达的配合。视觉传感器(如高清摄像头)可获取丰富的纹理和色彩信息，支持目标分类识别。但在光照不足或恶劣天气时性能受限。毫米波雷达此时可提供稳定的距离和速度测量，二者的数据融合保障了系统在各种环境条件下的感知精度和可靠性。

(3)IMU与毫米波雷达的集成。惯性测量单元(IMU)通过加速度和角速度测量实现列车自主定位和运动状态推算。在信号缺失或环境复杂的工况下，IMU可弥补雷达和视觉传感器的数据盲区，提供连续的运动参数，确保列车感知系统的稳定性和连续性。

通过多源传感器融合技术，毫米波雷达与激光雷达、视觉传感器等设备形成有机整体，大幅提升系统的环境适应性、测量精度和运行可靠性。这一技术方案对地铁列车在地下隧道、密集站区等复杂场景中的自主感知具有关键支撑作用。

3.在恶劣天气下的表现

毫米波雷达在恶劣天气条件下展现出的卓越稳定性是其显著优势。地铁列车运行面临雨雪、雾霾及温差变化等复杂环境挑战，这些因素常导致其他传感器（如视觉系统）性能显著下降。毫米波雷达的优异特性具体表现为：

(1)强穿透能力。可有效穿透雨雪、雾霾等介质，保障列车在能见度受限条件下的可靠感知。这一特性使其特别适用于地下隧道等低照度环境，即便遭遇突发恶劣天气，仍能持续提供有效探测数据，弥补视觉传感器的功能局限。

(2)暗环境适应性。在地铁隧道等极低照度或全黑环境中，视觉传感器基本失效。毫米波雷达不依赖外部光源，可持续输出稳定的测距信息，确保前方障碍物的可靠识别，有效预防碰撞事故。

(3)气象稳定性。相比传统超声波或微波雷达易受降水干扰的弱点，毫米波雷达采用的高频信号能有效穿透雨雪，降低信号衰减，维持稳定的障碍物检测性能。在雨雪、结冰等恶劣气象条件下，其可靠性优势尤为突出。

(4)抗干扰性能。对电磁干扰具备较强抑制能力，这一特性在电磁环境复杂的地铁系统中至关重要，可确保列车在电气设备密集区等强干扰环境中仍保持稳定工作状态。

(三)多传感器融合技术

多传感器融合技术通过集成不同传感器的数据，充分发挥各自技术优势，显著提升系统整体感知性能。在地铁列车自主感知系统中，激光雷达、毫米波雷达、视觉相机、IMU（惯性测量单元）等传感器的协同工作，可实现更全面、精确且可靠的环境感知。该技术的主要优势体现在：

(1)性能互补。各类传感器具有差异化特性。激光雷达具备亚厘米级测距精度和三维建模能力，但在极端天气条件下性能受限；毫米波雷达在恶劣环境中保持稳定工作，但空间分辨率相对较低。通过数据融合，系统可有效弥补单一传感器的技术短板，显著提升综合感知精度。

(2)环境适应性。单一传感器易受光照变化、气象条件、电磁干扰等环境因素影响。多源数据融合可降低单点失效风险，确保系统在各种工况下的稳定运行。通过传感器间的数据互补，系统能持续保持可靠的感知能力。

(3)系统冗余设计。多传感器架构形成天然的冗余备份机制。当某传感器出现故障或受干扰时，其他传感器仍可提供关键数据支持。这种冗余设计大幅提升了系统在极端情况下的生存能力和功能持续性。

(4)测量精度提升。融合算法可优化各类传感器的测量数据。例如，结合IMU的连续运动参数和激光雷达的高精度环境数据，可使列车定位精度提升一个数量级，显著改善目标检测与跟踪性能。

(四)深度学习与人工智能在障碍物检测中的应用

1.基于AI的障碍物检测方法

人工智能技术,特别是深度学习方法,近年来在轨道交通障碍物检测领域取得了重要突破。这些方法通过模拟人类认知机制,利用深度神经网络实现障碍物的智能识别与定位,显著提升了系统的准确性和环境适应能力。基于AI的障碍物检测主要包含以下关键环节:

(1)数据预处理与特征提取。系统首先从各类传感器获取原始感知数据(包括激光雷达点云、视觉图像、毫米波雷达信号等),随后通过去噪、归一化等预处理操作优化数据质量。深度学习模型自动提取多维特征,包括视觉纹理、空间几何等关键信息,为后续分析奠定基础。

(2)障碍物检测与分类。采用卷积神经网络等先进架构(如YOLOv5、Faster R-CNN等),系统能够自主学习障碍物的区分特征。经过充分训练后,模型可准确识别行人、车辆等不同类别的障碍物,并有效区分危险目标与环境背景,识别准确率可达98%以上。

(3)精确定位与动态追踪。结合时序建模技术(如LSTM、Transformer),系统不仅能确定障碍物的三维坐标(精度±5cm),还能预测其运动轨迹。通过多传感器数据融合,动态目标的跟踪误差可控制在0.3m以内。

(4)智能决策与实时控制。系统集成强化学习算法,可在50ms内完成威胁评估并生成最优应对策略。根据障碍物类型、相对速度和距离等参数,自动触发分级响应机制(从预警到紧急制动)。

AI驱动的检测系统展现出卓越的环境适应性,在雨雪、逆光等复杂场景下仍能保持90%以上的检测准确率。其模块化设计支持持续在线学习,可不断优化在新型障碍物和特殊场景下的表现,为列车自动驾驶提供可靠保障。

2.计算机视觉与深度学习模型的融合

计算机视觉作为人工智能的核心技术之一,使系统能够解析和理解视觉传感器采集的图像数据。在地铁列车障碍物检测领域,计算机视觉与深度学习模型的深度整合显著提升了环境感知能力。

(1)图像处理与特征提取。计算机视觉技术对相机采集的原始图像进行去噪、增强等预处理,优化图像质量并突出关键特征。深度学习模型在此基础上提取形状、纹理等高级语义特征,为后续分析提供有效输入。

(2)卷积神经网络(CNN)应用。CNN通过其特有的卷积运算机制,能够自动学习图像的空间层次特征。在障碍物检测中,CNN的多层结构逐步提取从边缘到语义的特征表达,实现高精度的目标识别与分类。

(3)目标检测与分割技术。现代目标检测算法(如YOLO、Faster R-CNN)可准确定位图像中的障碍物位置并分类。图像分割网络(如U-Net、Mask R-CNN)进一步实现像素级精确分割,在复杂场景中尤其有效,能够帮助模型更好地识别细节和边缘。

(4)多模态数据融合。将视觉数据与激光雷达点云、毫米波雷达等传感器信息融合,可充分发挥各传感器优势。这种融合方式显著提升了系统在复杂环境下的检测可靠性。

（5）实时处理性能。借助 GPU/TPU 等专用硬件加速，深度学习模型已具备实时处理高帧率视频的能力，满足列车运行中对快速响应的严格要求。

通过计算机视觉与深度学习的有机结合，地铁障碍物检测系统实现了对多类目标的精确识别与跟踪，为列车安全运行提供了智能化保障。

3.AI 在复杂场景下的优势与挑战

AI 技术在地铁列车障碍物检测中展现出独特优势，同时也面临特定挑战，特别是在复杂动态场景中。

优势：

（1）高精度与自动化。基于海量训练数据，AI 能准确识别复杂环境中的各类障碍物并实现精确分类定位。相比传统算法，AI 具备自主特征学习能力，降低人工干预需求，并能适应新型障碍物。

（2）环境适应能力。面对光照变化、天气条件等动态因素，AI 系统可实时调整感知策略，保持稳定的检测性能。

（3）并行处理优势。深度学习模型能高效并行处理多传感器数据，满足地铁高密度轨道网络的实时检测需求。

挑战：

（1）数据依赖性。模型性能高度依赖训练数据质量与规模，特殊场景下的障碍物数据采集与标注存在困难，影响罕见障碍物的检测准确性。

（2）复杂场景鲁棒性。在极端复杂环境（如高密度站台、多交叉轨道等）中，特别是在低光照或高反射条件下，模型性能可能波动。

（3）计算资源需求。深度神经网络需要大量计算资源，在列车实时系统中实现高效部署存在技术难度。

（4）可解释性局限。深度学习决策过程缺乏透明度，在安全关键场景中的应用受到制约，需要提升模型可解释性。

四、轨道交通行业的自主感知技术关键要素

1.传感器失效检测方法

在地铁列车的自主感知系统中，传感器是信息采集的关键组件，其可靠性直接关系到列车的安全运行。然而，传感器因受到环境干扰、老化或技术故障等因素的影响，可能会出现失效或误差。为了确保系统的稳定性和安全性，传感器失效的检测至关重要。以下是几种常见的传感器失效检测方法。

（1）基于阈值的失效检测。这种方法通过设定传感器输出的正常工作范围（即阈值）进行检测，当传感器数据超出设定范围时，系统就会检测到失效。对于某些类型的传感器（如雷达和激光雷达），其输出数据一般会保持一定的规律性，如果出现突变或异常波动，就能及时判断传感器可能出现故障。

(2)冗余数据比对法。在地铁列车的感知系统中,通常会部署多个不同类型的传感器(如激光雷达、毫米波雷达、相机等)来获取相同场景的不同视角数据。通过对比不同传感器的数据一致性,可以有效识别出某个传感器是否发生失效。如果某个传感器的数据与其他传感器的数据差异过大,系统可以判断该传感器可能存在故障。

(3)模型预测与比较法。通过建立传感器的工作模型(如运动学模型或环境感知模型),预测传感器应提供的输出值。当实际输出值与预测值存在较大偏差时,系统可识别传感器失效。这种方法特别适用于对传感器进行在线监测,能够在传感器出现故障前进行预警。

(4)自适应滤波与信号异常检测。在多传感器系统中,可以使用自适应滤波技术(如卡尔曼滤波)对传感器输出进行平滑处理,监测数据的趋势变化。如果传感器输出的信号与滤波结果之间存在显著偏差,可能表明该传感器出现了故障。结合异常检测算法,可以进一步提高故障检测的精度。

2.数据冗余与容错机制

在实际应用中,单一传感器的故障可能导致系统失去对环境的准确感知,影响列车的安全运行。因此,通过设计数据冗余与容错机制,能够在传感器故障情况下保证系统的持续稳定运行。常见的冗余与容错机制包括以下几种。

(1)多传感器冗余。地铁列车的感知系统通常配置多种传感器,如激光雷达、毫米波雷达、相机等,这些传感器可以相互补充,弥补单一传感器的不足。当某个传感器发生故障时,系统可以通过其他正常工作的传感器继续获取有效数据,从而避免整个系统失效。例如,当视觉传感器因强光或雾霾导致识别精度下降时,激光雷达或毫米波雷达可提供补充的深度信息。

(2)数据融合与加权平均。通过对多个传感器的数据进行加权平均或数据融合,能够有效提高系统在单一传感器失效时的鲁棒性。数据融合算法(如卡尔曼滤波、粒子滤波等)通过综合各传感器的输出结果,降低单一传感器失效对系统整体的影响,提高系统可靠性。例如,当雷达或激光雷达出现故障时,视觉传感器和IMU等其他传感器的辅助信息可用于数据补偿。

(3)故障容忍设计。容错设计指在硬件和软件层面采取冗余设计,使系统在传感器发生故障时仍能保持功能不中断。例如,采用双重或多重传感器设计,当某一传感器失效时,系统可自动切换到备份传感器,确保数据持续采集。同时,软件层面可通过容错算法保证在传感器失效情况下仍能输出正确决策。

(4)实时监测与自修复机制。对于地铁列车等高可靠性需求系统,可实现对传感器故障的实时监测,并结合自修复机制进行故障处理。例如,当系统检测到某传感器失效时,可通过自动调整或重启传感器,或选择其他冗余传感器进行数据采集。这些技术确保在遇到传感器故障时,系统能够自动恢复并继续正常工作。

3.提高系统稳定性与可靠性

为提高地铁列车自主感知系统的稳定性与可靠性,除上述传感器故障检测和容错机制外,还需采取系统级设计措施,确保系统在各种环境下可靠运行。

(1)系统级冗余与分布式设计。在设计地铁列车自主感知系统时,可采用分布式架构与冗余设计,避免单点故障导致系统功能丧失。例如,在感知系统中部署冗余传感器,防止单一传感器故障影响整体性能。同时,数据处理模块可采用分布式计算模式,当某模块出现故障时,其余模块仍可正常运行,从而提升系统容错能力。

(2)故障诊断与预警系统。通过实时监测传感器的工作状态、数据输出及性能指标,可识别潜在问题并发出预警。该系统能基于诊断结果采取相应措施(如更换故障传感器、重新校准等),在故障发生前提前响应,降低事故风险。

(3)稳定性测试与验证。系统设计完成后,需进行系统级稳定性测试与验证,确保其在不同环境条件下均能正常工作。测试内容包括模拟极端天气、光照、噪声等环境,验证系统可靠性。此外,还需模拟传感器故障、数据异常等突发情况,确保系统能快速响应,避免事故发生。

(4)自适应控制与算法优化。采用自适应控制算法可根据环境变化与传感器状态动态调整控制策略,提升系统稳定性与可靠性。例如,当检测到传感器输出不稳定时,系统可自动切换至备用传感器或调整数据处理策略。结合AI与机器学习算法,系统可不断优化感知与决策能力,逐步提升复杂场景下的可靠性。

第四节 自动驾驶技术

PB-TACS以更短的列车追踪间隔运行,在提升运行效率的同时,也对司机的驾驶操作水平提出了极高要求。在北京等大客流地铁网络中,采用CBTC运行的线路在高峰时段设计间隔已达90s,运营压力巨大。司机面临高劳动强度,而人员反应时间等因素又会影响系统运行效率。这要求列车运行控制系统具备更高自动化程度,确保列车自动高效运行,降低司机劳动强度,提升线路运营服务水平。

列车自动驾驶(ATO)系统能够自动修正列车加速和减速模式,实现性能与能耗的最优化,既节省运营成本又提高乘客满意度。ATO将司机操作完全自动化,对列车运行实施高度集中控制。为确保安全,ATO在ATP系统的保护下工作,根据ATS指令实现列车自动驾驶、速度自动调整及车门控制。

列车自动驾驶技术主要解决以下问题:

(1)自动生成牵引、制动控制指令,替代司机操纵列车,自动完成出站启动、站间行驶、进站精确停车及停站作业等全过程。既确保列车高效运行,又降低司机劳动强度,节约人力成本。

(2)采用多目标优化驾驶和自动运行调整技术,对列车精确停车、准点、舒适度及节能等运行目标进行整体优化,自动选择最优运行方式,并能通过无线通信接收控制中心ATS的运行调整指令,实时完成列车运行调整。

一、列车自动操纵技术

列车司机最重要的职能是通过操纵牵引/制动手柄驾驶列车行驶。对于城市轨道交通列车，司机还需在停站期间控制车门开关，确保乘客完成乘降。自动驾驶技术的基本问题在于ATO如何替代司机完成列车自动操纵。

首先分析司机操纵列车的过程。司机以列车当前速度不超过紧急制动触发(EBI)速度为限制条件，根据运行计划要求和个人经验，在脑海中形成当前列车的理想速度。通过观察速度表盘获取列车实际速度，比较实际速度与理想速度的差距，结合个人经验形成以手柄牵引/制动级位为形式的控制策略，并通过操纵手柄执行控制策略，直至实际速度达到理想速度。

列车自动操纵技术模拟了这一过程。采用处理器替代人脑进行计算，在EBI速度限制下，综合运行计划、能耗控制、精确停车等控制目标计算当前目标速度。通过测速传感器获取列车实际速度，利用自动控制器根据目标速度与实际速度差值计算期望加速度，并基于优秀司机驾驶经验形成的模糊控制器对加速度指令进行优化。最终将控制指令转换为车辆接口约定的形式(牵引/制动状态及指令大小)输出至车辆，控制效果以列车速度形式反馈至控制器，实现速度闭环控制。

根据司机操纵的阶段性特征，列车驾驶过程可分为四个阶段：出站启动、站间行驶、进站停车和停站作业。每个阶段采用不同的控制目标、控制器参数和驾驶策略。

1.出站启动阶段

在出站启动阶段，列车在满足发车条件后启动，在确保安全和舒适度的前提下尽快加速至区间最高速度。为保障行车安全，ATP对ATO发车条件进行监督，确认全部条件满足后才允许ATO自动驾驶列车。ATP检查的条件包括：

(1)出站信号必须开放，且已获得准许出站的移动授权；

(2)站台屏蔽门和列车车门均处于关闭且锁闭状态；

(3)遵循人工驾驶优先原则，司机手柄不能处于牵引位或制动位；

(4)ATO与ATP保持正常通信，可实时获取ATP提供的最新安全信息；

(5)ATO系统工作正常；

(6)司机未禁止使用ATO功能。

在满足ATP检查条件后，ATO发车前还需验证以下条件：

(1)停站时间已结束；

(2)ATS未发送扣车等禁止列车发车的调度命令。

当所有发车条件均满足后，ATO提示司机确认自动驾驶发车信息。司机按下确认按钮后，ATO自动控制列车启动，在保证安全和舒适度的前提下快速加速至区间最高速度。ATO通过控制列车加速以实现目标速度曲线，当速度接近或超过目标值时，ATO设备将自动通过减小牵引力、施加惰行或制动等措施，使列车平稳接近目标速度曲线。

2.站间行驶阶段

在站间行驶阶段,ATO控制列车以不超过区间限速的速度运行,并根据运行计划对站间运行时间的要求动态调整行驶速度,在确保准点的前提下尽可能采用节能运行模式。

ATO子系统实现的自动驾驶过程是一个闭环反馈控制系统,其控制原理示意如图3-16所示。

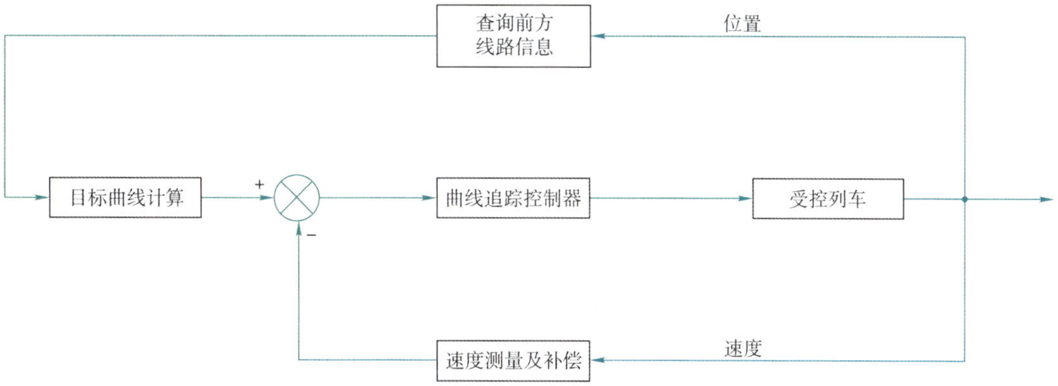

图3-16　ATO控制原理示意

系统工作原理如下:测速单元实时向ATO发送列车实际位置信息;ATO基于列车参数和运营要求,结合线路条件及车辆性能,计算得出满足计划运行时长的目标速度曲线;ATO向车辆输出控制指令值;车辆执行相应控制动作,使列车实际速度趋近目标速度曲线。

ATO在计算列车行驶至下一站的目标速度曲线时,考虑如下因素:

(1)紧急制动限速曲线。

(2)站间运行时间。

(3)扣车、跳停命令。

(4)线路坡度。

(5)线路曲率。

(6)车辆加/减速性能。

(7)舒适度要求。

(8)车辆载重。

(9)节能要求。

3.进站停车阶段

现代城市轨道交通线路普遍设置站台门,以防止乘客跌入轨行区,避免与进出站列车发生碰撞等安全隐患。为确保乘客正常乘降,ATO在进站停车阶段通过精确的定点停车技术,在保证安全和舒适度的前提下,实现列车车门与站台门的精准对位。

列车进站停车过程中,ATO综合考虑运行效率与舒适性,计算生成既高效又能保证较小冲击力的一次制动目标曲线。控制器依据该曲线,采用连续、恒定的制动率控制列车一次性制动至目标停车点。为提高进站效率,在无线路限速要求的情况下,进站前不设置额外减速环节。

进站制动过程(图3-17)展示了ATO控制下的列车进站速度曲线。在ATO精确控制下，列车能够平稳、准确地停靠在指定停车点。

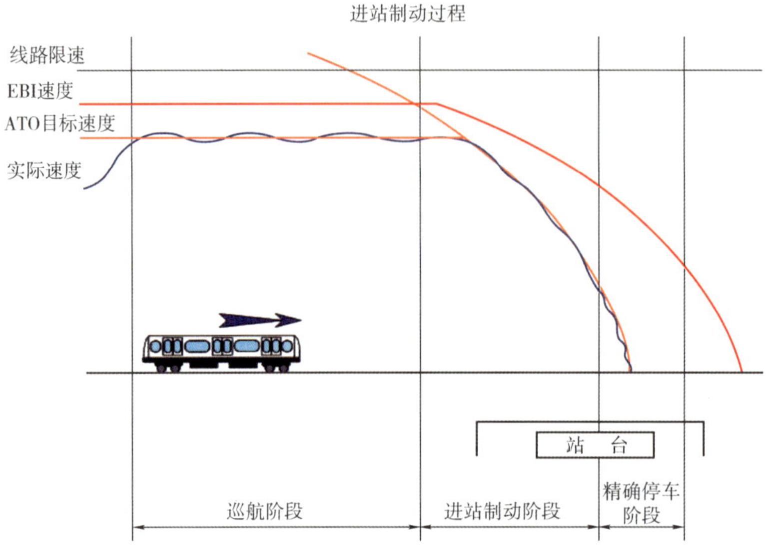

图3-17　进站制动过程

为确保列车在站台的停车精度，首要条件是保证列车测速定位的准确性。工程实践中通常沿列车进站方向布置一组精确定位应答器，这些无源应答器安装在站台区域，具有严格的安装公差要求，可在列车停车过程中进行多次位置校正，确保ATO系统的定位精度。

列车制动加(减)速度的稳定性对ATO自动操纵的舒适性和停车精度具有重要影响。因此，ATO控制效果需要高性能制动系统的配合，并需准确建立和适应列车制动过程模型。

地铁车辆通常采用电空混合制动方式。虽然空气制动能提供更大的减速度，但其加速度的一致性和平稳性较差，且制动后需要较长的充风时间，难以满足ATO自动驾驶对制动状态频繁调整的要求。因此，ATO主要依靠电制动来控制列车减速过程。

地铁车辆制动特性典型曲线如图3-18所示。

在低速工况下，电制动的制动效果有限，此时需要空气制动进行补偿。列车高速运行时，ATO发出制动指令后优先采用电制动减速；当车速降至较低范围时，电制动力逐步退出，空气制动同步介入补偿。这一电空制动的动态切换过程由车辆系统控制，理论上在制动指令恒定的情况下，电制动与空气制动的合力效果应与指令期望值保持一致。

然而实际运行中，受系统响应延迟、机械动作特性及随机扰动等因素影响，电制动退出与空气制动补偿过程往往无法完全遵循理论曲线。主要表现为以下两种情况：

(1)空气制动补偿不足。表现为补偿量过小、介入时机过晚或响应速度过慢。

(2)空气制动补偿过度。表现为补偿量过大、介入时机过早或响应速度过快。

这些偏差导致实际制动力与指令期望值存在差异(图3-19)，影响制动过程的平顺性和停车精度。

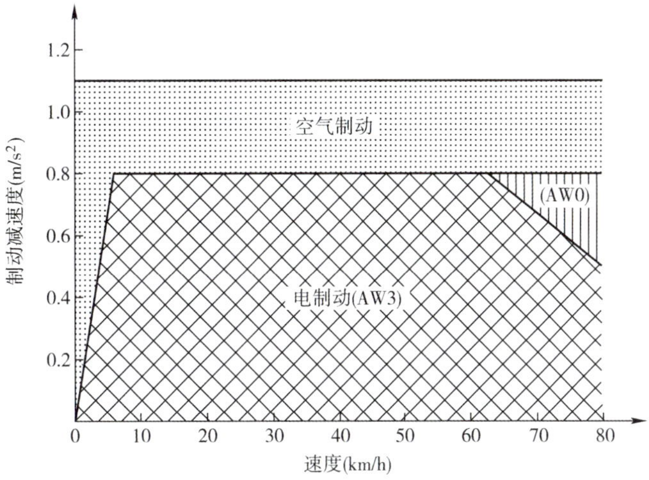

图3-18 地铁车辆制动特性典型曲线

为确保列车制动过程的平稳性，ATO系统与车辆系统需预先约定制动力变化范围。列车自动操纵技术需特别关注电空混合制动对精确停车的影响：每次制动停车过程中监控电制动退出的时间；持续评估混合制动的实际效果；根据混合制动的实际性能调整停车策略；当检测到制动性能显著变化时，及时触发报警机制，提示维护人员对制动系统进行检修。

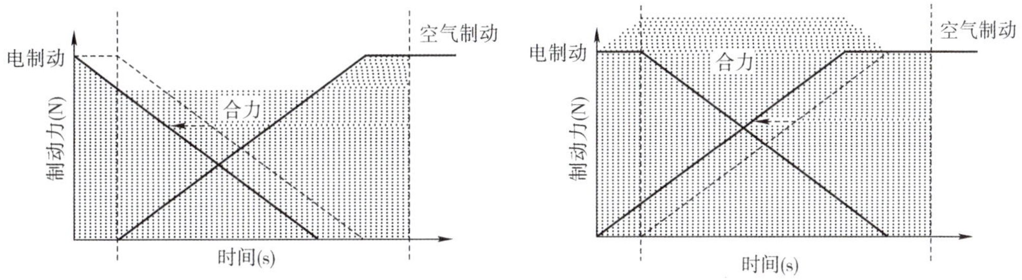

图3-19 混合制动过程中电制动、空气制动配合异常示意

4.停站作业阶段

在停站作业阶段，当列车停稳在ATO停车窗(运营停车点±0.5m范围，数值可根据需求配置)内时，ATO与车辆配合施加保持制动以确保列车静止，并自动完成车门的开启与关闭。乘客乘降完成后，ATO为下一次出站启动完成准备工作。

(1)保持制动。当ATO检测到列车即将停车时，向车辆发送保持制动指令并执行，停站期间持续施加保持制动防止溜逸。当满足发车条件时，ATO停止输出保持制动指令，但制动的实际缓解由车辆控制，即ATO停止指令输出后，车辆需待牵引力达到安全阈值时方完全解除保持制动。

(2)自动开关列车门。CBTC系统为列车司机提供以下3种开/关门模式，司机可通过操

作面板上的开关进行:

①自动开车门,人工关闭车门(AM);

②人工开车门,人工关闭车门(MM);

③自动开、关车门(AA)。

ATO自动驾驶模式下,列车准确停靠且满足安全条件时,ATP向ATO发出开门授权。当选择AA模式时,ATO自动开启车门并启动停站倒计时,达到预设时间后自动关闭车门。

开关门过程中,VOBC向RC发送站台门控制信号实现门联动作业。所有车门及站台门确认关闭锁闭后,ATO方可启动列车离站。

根据列车自动化和智能化的程度不同,根据IEC 62290标准,将列车运行控制系统分为GoA0~GoA4共5个等级,分别为:

①GoA0,没有实现自动化。

②GoA1,可以实现列车自动防护(ATP)。

③GoA2,实现ATP防护下的列车自动驾驶(ATO或STO)。

④GoA3,实现无司机驾驶,但配备列车服务人员(DTO)。

⑤GoA4,实现全自动无人驾驶,车上无须配备运营服务人员(UTO)。

列车自动操纵的自动化水平取决于线路和设备条件、运营管理水平、司机驾驶水平、客流量、乘客素质等多方面的因素,通常需要结合线路实际情况选择系统方案和制定操作规程。

二、多目标优化驾驶和自动运行调整技术

ATO系统由多目标运行规划单元和自动驾驶控制单元组成。多目标运行规划单元存储轨道布局及坡度信息,在ATP的紧急制动触发速度防护下,基于时刻表数据、线路参数、车辆特性及列车实时运行状态,通过多目标优化算法计算生成符合精确停车、准点运行、乘坐舒适及节能要求的目标速度曲线。自动驾驶控制单元负责对该曲线进行精准跟踪,依托实时优化与精确控制技术,实现列车自动驾驶的智能化调节。

1. 多目标运行规划单元

ATO子系统综合考虑运行时间、停车精度、运行舒适度、能耗等相关指标计算运行曲线,ATO多目标计算原理如式(3-7)所示:

$$K_{\text{curve}} = \xi_1 K_t + \xi_2 K_{\text{sa}} + \xi_3 K_{\text{jerk}} + \xi_4 K_{\text{energy}} \tag{3-7}$$

式中:K_t——运行时间误差的指标数值;

K_{sa}——停车误差的指标数值;

K_{jerk}——舒适度的指标数值;

K_{energy}——能耗的指标数值;

ξ——各个指标的重要程度(取决于对运营的影响程度),综合计算出最优的速度曲线与相应的惰行时机和惰行门限。

ATO系统提供全生命周期的自动驾驶服务，其控制策略可根据运营需求动态调整。例如在早晚高峰时段，系统优先保障列车以最高效速度准点运行，以提升运输效率；而在平峰时段，则可采用较低速运行模式，在保证舒适性的同时实现节能目标。

ATO子系统与ATS子系统协同工作，支持运行目标的动态优化与自动执行。ATS实时监控列车实际运行图与计划运行图的匹配度，当检测到列车早晚点等情况时可自动进行运行调整。同时，ATS提供人工操作界面，允许运营人员对全线列车运行状态进行干预。ATO通过车地无线通信接收ATS下发的调整指令，并动态更新多目标运行规划单元参数，确保列车精确执行ATS优化后的运行方案。

ATO实时向ATS传输列车运行状态数据，支持ATS对在线列车的监控与调度。根据线路运营需求及列车运行状态，ATS下发的运营调整指令主要包含以下类型：

（1）变更列车运行计划（调整车次、目的地等）。

（2）修改列车停站时间。

（3）设置列车提前发车。

（4）修改列车区间运行时分。

（5）设置/取消扣车。

（6）设置/取消列车跳停。

ATO在确认指令执行条件满足后，将自动调整列车控制策略。例如：执行跳停指令时控制列车通过指定站台（支持单站或多站跳停）；执行扣车指令时维持列车站内停车状态；收到区间运行时间调整指令后，自动选择最优运行曲线，使实际运行时间精准匹配ATS设定的目标值。

2. 自动驾驶控制单元

自动驾驶控制单元通过实时采集列车运行状态数据，动态调整牵引、制动及加速度等控制指令，实现对多目标规划单元生成的目标曲线的精确跟踪，从而达成自动优化驾驶目标。

基于多目标优化算法已生成满足精确停车、舒适性、准点率和节能要求的目标速度曲线，列车通过跟踪该曲线即可实现最优运行。在ATO自动驾驶过程中，控制单元根据实际速度与目标速度的偏差，结合线路坡度、曲率、列车牵引/制动特性及系统延时等参数，精确计算并输出牵引/制动力，确保在不同线路条件和车辆工况下均能准确跟踪目标速度。为实现这一目标，自动驾驶控制单元可采用多种控制算法，包括但不限于PID控制、模糊控制、神经网络控制等。

为提升列车启停阶段的舒适性，ATO采用渐进式牵引力加载和恒定一次制动策略，有效降低运行冲击率并减少牵引/制动切换频率。同时，考虑到ATO与车辆系统间的接口延迟及车辆响应特性，控制单元需平衡跟踪精度与指令调整频率的矛盾。具体措施包括：根据车辆特性过滤短时指令，采用持续指令替代高频脉冲指令，在保证控制精度的前提下最大限度降低牵引/制动切换频率，从而提高能效并减少设备磨损。

第五节　资源数字化、精细化管理技术

一、概述

PB-TACS将资源作为安全行车和联锁关系设计的基础，调度或车站值班员可通过ATS或现地工作站为列车下发运行计划。通信列车不再仅基于传统联锁进路、信号机到信号机的方式运行，而是可基于精细化管理划分后的资源运行。

PB-TACS打破传统按进路征用资源的方式，将线路资源进一步精细化，能显著提高线路资源利用率，提升行车效率。同时，增强线路资源使用灵活性，支持任意组合动态资源，实现列车任意位置折返等功能，为地铁运营调度提供组织灵活性。

二、资源精细化管理技术

PB-TACS中RC设备对线路资源划分更加细致、分配更加灵活；VOBC对线路资源的征用和释放更加主动和高效。RC和VOBC配合起来使得线路资源使用效率、行车能力得到大大的提高。

1. 资源精细划分

PB-TACS为提升线路资源的使用效率，将进路-进路方式，分解为由一个或多个逻辑区段组成的资源序列。其中道岔资源也包含在逻辑区段资源中，在道岔区域可进一步精细划分逻辑区段资源，分割出可动部分和非可动部分，进一步提升折返效率。

2. 资源申请及释放

PB-TACS由ATS子系统完成资源的分配，VOBC完成资源的征用申请与释放申请，RC完成资源的锁闭与解锁，同时向VOBC反馈资源征用与释放情况。同一个逻辑区段资源可以被多个同方向运行的列车申请使用。

1)资源申请

PB-TACS中VOBC资源申请的单位为逻辑区段。资源申请、锁闭示意图如图3-20所示。

RC锁闭资源后，VOBC向RC发送资源使用申请。仅当RC同意VOBC使用逻辑区段资源后，VOBC可根据RC分配的资源计算移动授权。

RC同意VOBC征用资源需检查以下条件：

(1)逻辑区段资源已锁闭；

(2)已锁闭的逻辑区段中分配的列车ID与申请列车ID相同；

(3)已锁闭的逻辑区段方向与申请列车的运行方向相同；

(4)不允许CBTC级别列车越过降级列车申请其前方的路径资源；

(5)下一个逻辑区段锁闭方向与当前锁闭方向相同；

(6)同一个逻辑区段资源可以被多个同方向运行的列车申请使用。

当通信列车出清逻辑区段后，向RC发送释放资源信息，RC判断该逻辑区段仅由该车申请使用，且满足顺序占用出清逻辑时，立即解锁此逻辑区段资源，逻辑区段解锁时间可缩短到300ms。

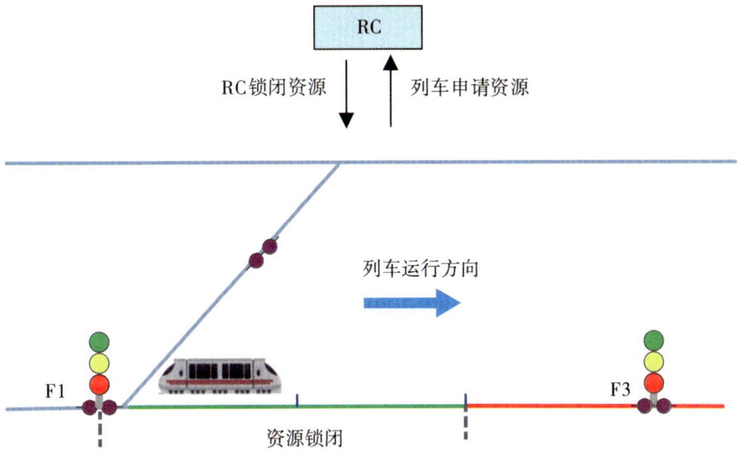

图3-20 资源申请、锁闭示意图

2)资源释放

PB-TACS资源释放的原则为“谁申请谁释放”。资源释放示意图如图3-21所示。

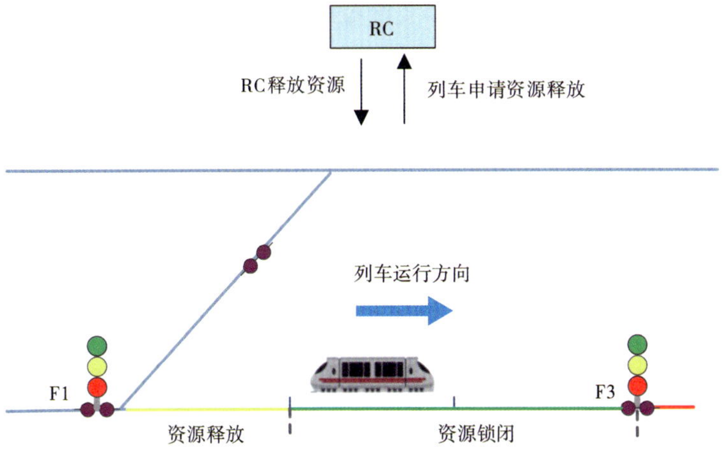

图3-21 资源释放示意图

3.资源唯一性

RC根据联锁关系锁闭路径资源，保证资源不冲突和资源唯一性。RC锁闭逻辑区段资源时需确认以下条件：

(1)逻辑区段内道岔(包括防护道岔)位置正确；

(2)区段未封锁；

(3)区段当前锁闭方向与预期同向；

(4)未实施人工解锁；

(5)敌对关系未建立；

(6)超限界绝缘/计轴相邻区段空闲；

(7)检查其他联锁关系(防淹门状态、联络线道岔位置)正确。

第六节　全线免筛选技术

一、概述

传统信号系统基于计轴的筛选条件为:列车最小安全距离前方计轴小于线路运行最小车长且前方计轴空闲。当发生单车或区域性多车故障时,故障恢复后列车须逐个满足条件才能升级,导致恢复效率较低,且该效率对计轴布置存在依赖性。

当前部分线路受限于线路条件或改造周期,系统设计趋向于精简计轴设备。计轴设备的取消或减少导致线路计轴区段划分更为稀疏。当列车在长计轴区段发生故障后,故障恢复时无法快速完成前筛升级,将显著影响列车运行效率,因此需要一种更高效、更灵活的列车快速升级方案。

PB-TACS采用基于入口监测的全线免筛技术,通过TMC子系统管理全线列车序列,实现单车或区域性列车故障后的全线快速升级,大幅提升故障恢复效率。该技术不仅降低了列车筛选升级对计轴布置的依赖,有效减少了设备成本,还为部分线路改造项目提供了可靠的技术保障。

二、全线免筛技术

TMC实时记录所有进入正线运行区域的列车信息,通过监测入口计轴确认无非通信列车进入,从而建立全线免筛环境。该技术构建了一个“虚拟封闭空间”,将正线运行列车全部纳入管理。当空间内列车通信中断后恢复时,RC可基于TMC提供的免筛许可标志快速完成筛选,实现通信故障列车的快速升级。

1.全线列车管理

TMC负责管理全线列车运行状态。免筛环境建立后,系统生成动态更新的全线列车列表。该列表支持列车信息的实时增减:当入口RC报告新列车进入时,列表自动新增该列车;当入口RC报告列车下线时,列表同步删除对应记录。

列车从非正线区域进入正线区域时,需在入口转换轨完成筛选流程。入口RC上报新增通信列车信息后,TMC将在存储的受控列表中同步更新该列车数据。

TMC全线列车管理如图3-22所示。

2.入口监测

TMC系统可实时采集正线入口计轴状态数据,并持续监测入口区段的占用情况,以确认是否存在非通信列车进入。当监测到非通信列车或隐藏车进入正线区域时,“虚拟封闭空间”将被解除,TMC判定入口监测异常,此时无法建立全线免筛环境。

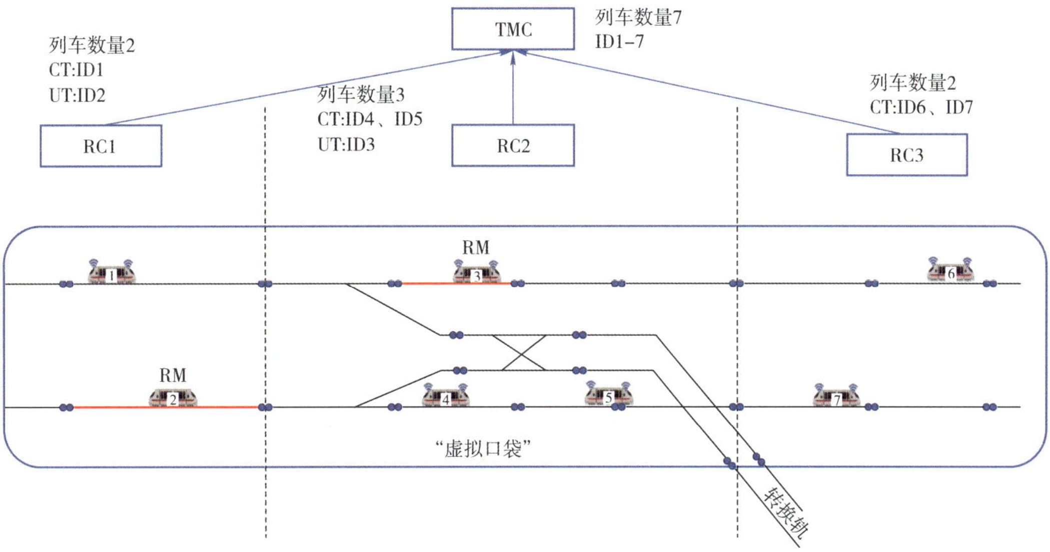

图3-22　TMC全线列车管理

TMC入口监测如图3-23所示。

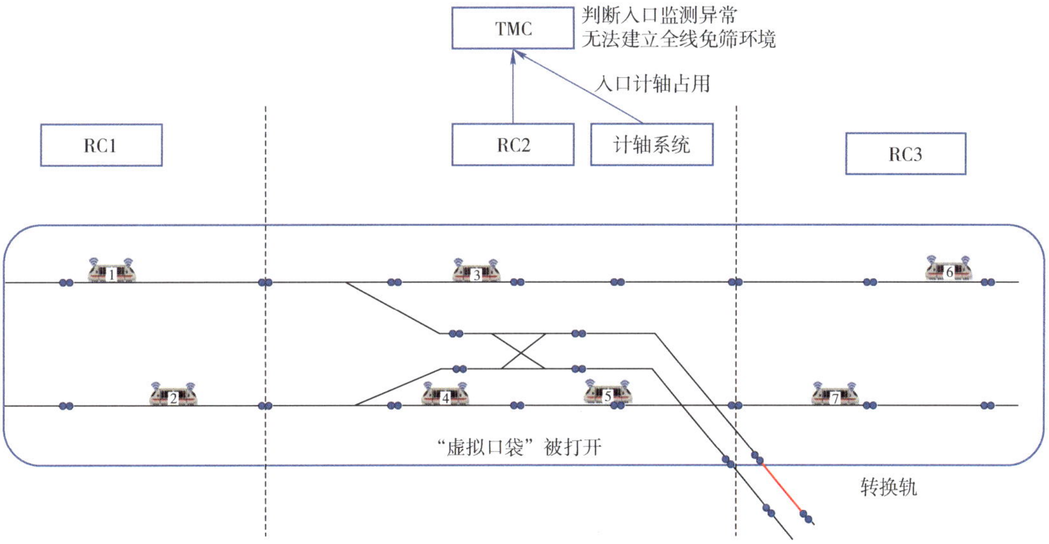

图3-23　TMC入口监测

当TMC确认入口计轴无非通信列车进入，且正线范围内所有计轴占用均为已筛选的通信列车时，系统可重新建立全线免筛环境。

TMC全线免筛环境建立如图3-24所示。

3.全线免筛升级

TMC实时接收RC上报的受控列车列表，包含通信列车及通信故障列车的ID与数量信息。系统通过比对正线列车列表与RC上报的受控列车列表一致性，作为免筛环境判定的依据。

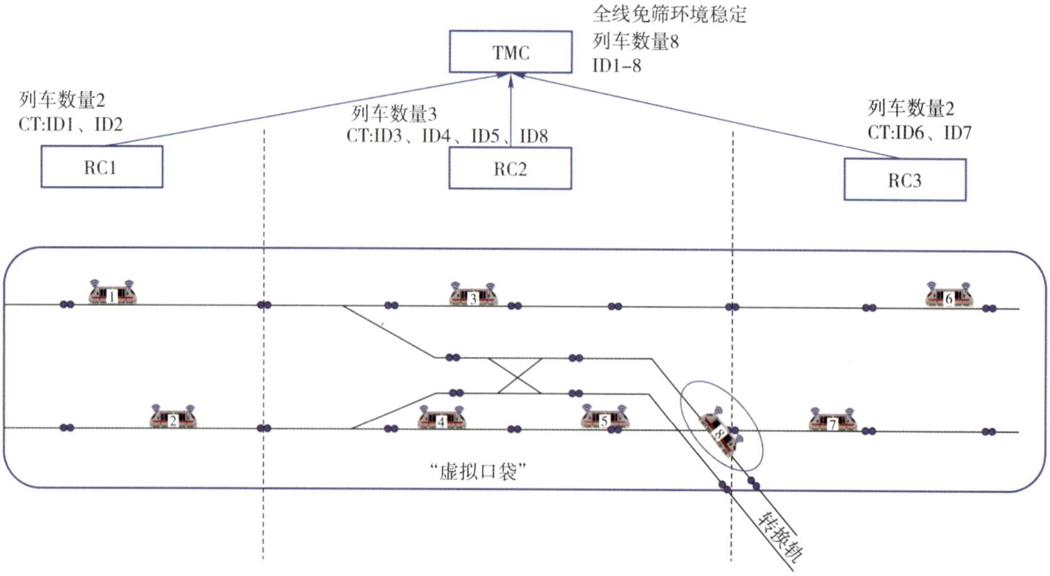

图3-24　TMC全线免筛环境建立

当免筛环境内列车通信恢复时，若TMC确认正线受控列车序列与RC上报列表完全一致，且入口检测正常，则RC可基于TMC下发的免筛许可标志直接执行快速筛选升级。

全线免筛环境稳定如图3-25所示。

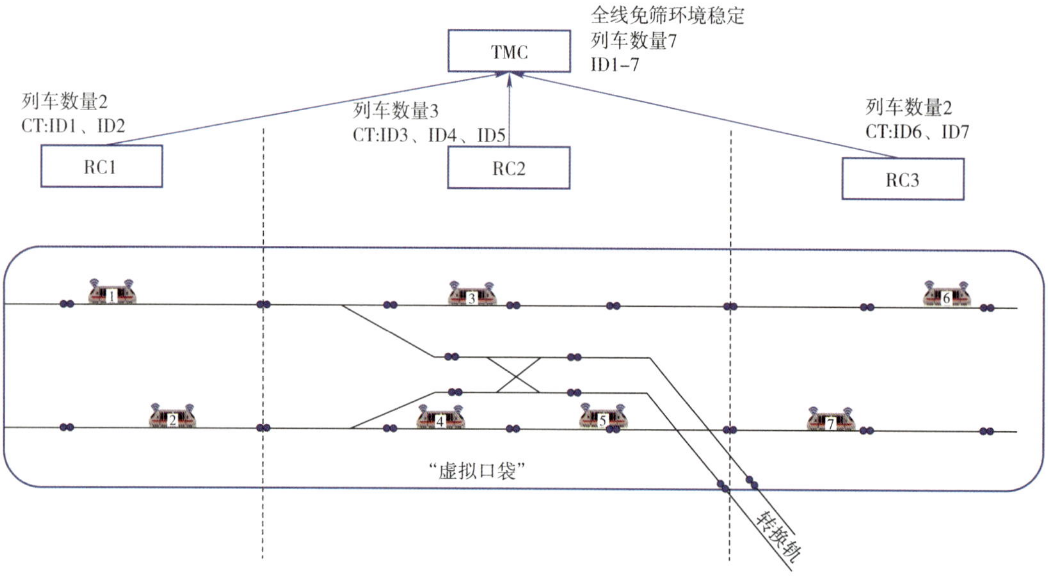

图3-25　全线免筛环境稳定

部分列车降级如图3-26所示。

通信恢复后列车直接完成筛选如图3-27所示。

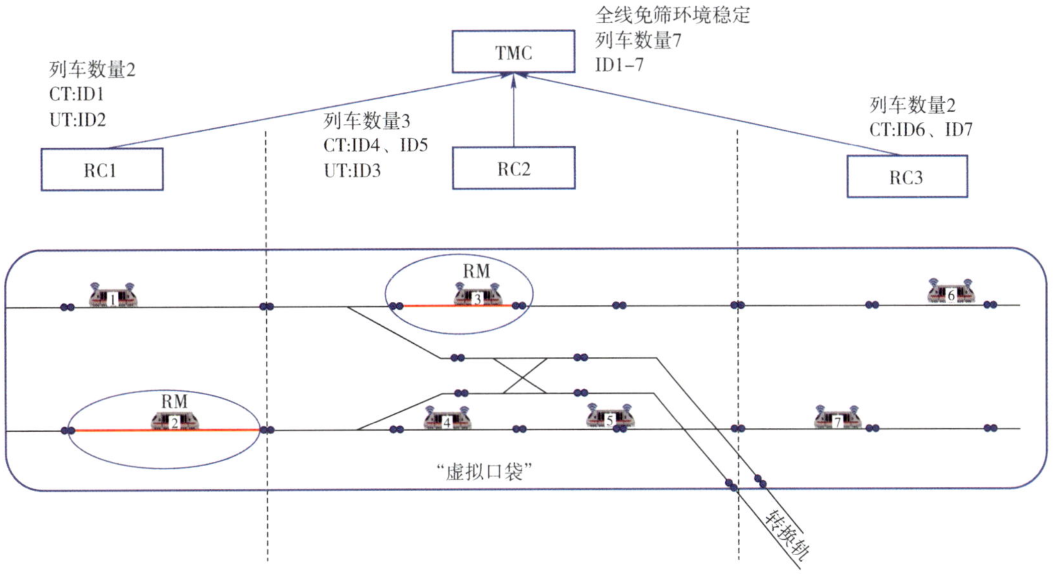

图3-26 部分列车降级

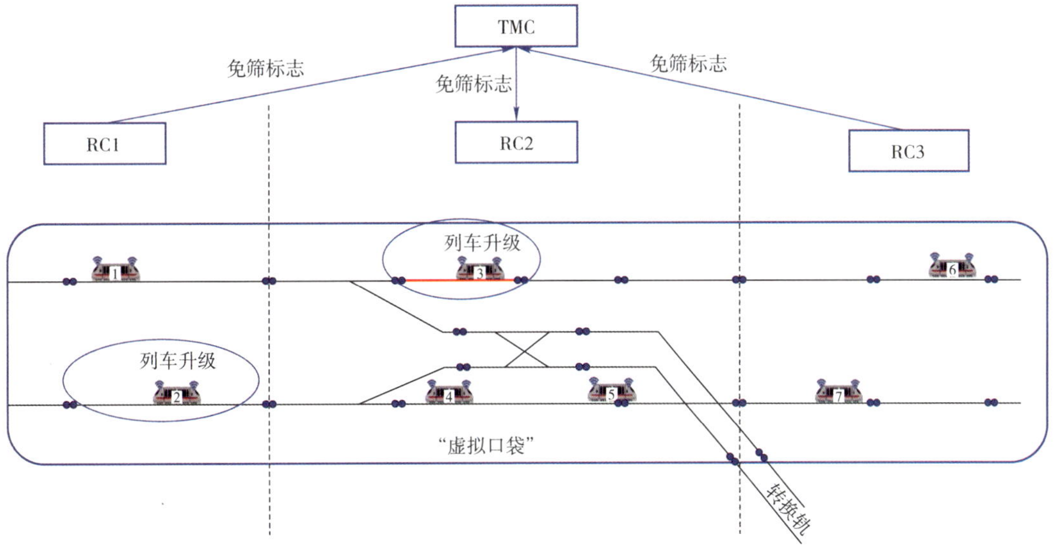

图3-27 通信恢复后列车直接完成筛选

第七节 小 结

列车运行控制系统的根本目标是在保证安全的前提下，通过技术手段使得系统效率、韧性进一步提高。系统引入智能感知技术，实现列车定位精度和系统可靠性的提升，并增加了系统定位冗余性。通过时空闭塞技术，追踪方式从"撞硬墙"变为"撞软墙"，缩短列车追踪间隔,提升线路通行效率。通过资源数字化、精细化管理技术,将传统进路划分为多个资源,支持多列车使用相同资源,列车对于资源使用更加及时,提高资源利用效率。引入智能感知和AI技术,通过融合多源传感器数据实现轨道运行环境净空检测,实现故障情况下维持列车运行,结合全线免筛选技术提升系统故障恢复效率。

第四章

PB-TACS内外接口

第一节　概　　述

PB-TACS采用场景驱动的功能分配机制，各子系统根据具体场景下的功能需求，明确所需外部系统提供的信息及接口形式。基于系统架构和功能划分，系统将指定相应的子系统提供所需信息，并严格约定接口规范。在完成所有信息要素梳理后，最终形成完整的子系统间接口体系。

作为新一代列控系统，PB-TACS的接口设计充分融合车车通信、全自动运行和自主运行的技术特点，以保障系统安全、提升运行效率为目标，按照一定的原则进行设计。

目前PB-TACS采用的接口形式如图4-1所示。

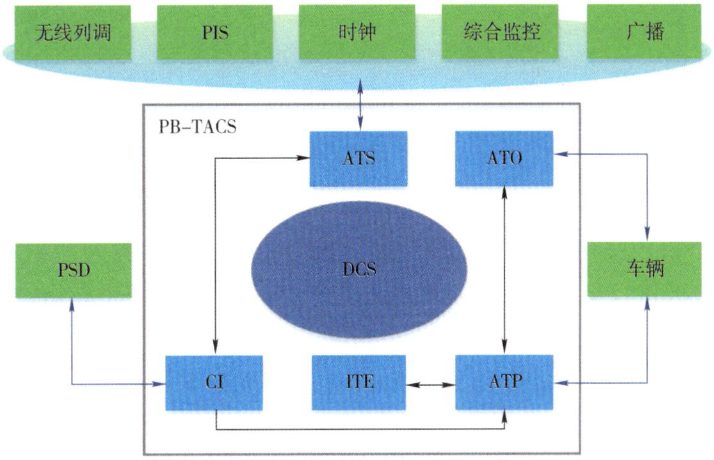

图4-1　PB-TACS采用的接口形式

第二节　接口设计原则

各子系统之间以及系统对外的接口应按照以下原则进行设计。

一、符合相关国际/国内标准

(1)传输控制协议(TCP)协议。

(2)用户数据报协议(UDP)协议。

(3)IEEE802.3以太网传输标准。

(4)IEEE802.11无线局域网络标准。

(5)串口通信协议。

(6)铁路安全通信协议。

二、关键接口冗余

关键接口冗余示意如图4-2所示。

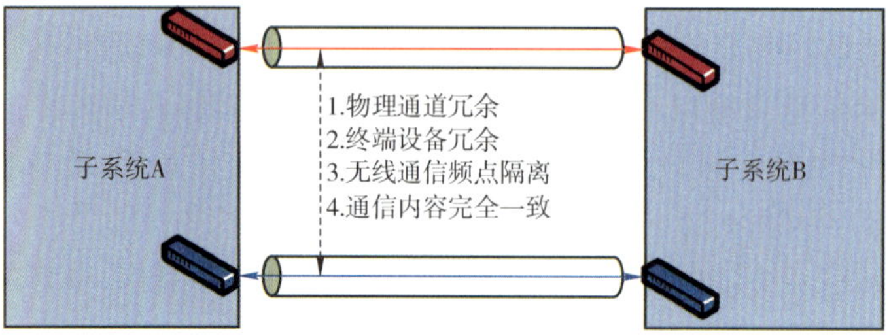

图4-2　关键接口冗余示意图

冗余是指两个或两个以上的单元并行工作的并联模型。系统对于关键的信息采用冗余接口设计,采用以下的冗余措施:

(1)敷设两个独立的物理通道(如网线、光纤等)分别连接两端设备。

(2)物理通道通过不同的路径(如上下行)敷设,单点或某一地点故障不影响另一个通道的工作。

(3)接口双方子系统采用两套独立的接口设备(如交换机、通信控制器)分别连接两个独立的物理通道。

(4)两套独立的接口设备采用分别供电的方式,单系电源故障不影响另一个接口设备的工作。

(5)两个通道的应用信息内容完全一致,无论采用哪路信息,都可以完全实现系统功能。

(6)系统采用安全通信协议,对双路信息进行筛选、处理,保证最新、正确的信息得到应用。

三、不同安全等级接口隔离

不同安全等级接口隔离示意图如图4-3所示。

系统按照其功能的不同划分为安全子系统和非安全子系统,安全子系统中又包含安全相关功能和非安全相关功能,针对安全与非安全相关子系统/功能的特点,按照不同的安全等级设计其接口,并严格做到安全与非安全接口隔离,互不影响。具体采用以下措施实现隔离:

(1)安全与非安全接口采用不同的物理通道(光纤、以太网)连接。

(2)安全与非安全接口的终端设备(交换机、通信控制器)采用不同的接口设备。

(3)安全与非安全接口设备使用独立的电源模块供电,互不影响。

四、满足系统实时性要求

系统控制列车运行,而列车在线路上是时刻动态运动的,系统间接口的实时性直接影响列车的运行效率。其中,影响行车类的接口,应确保不影响核心系统性能;信息通知类接口,应避免产生业务有可感知延迟;显示类接口,应保证系统功能完整性和操作人员操作流畅性。

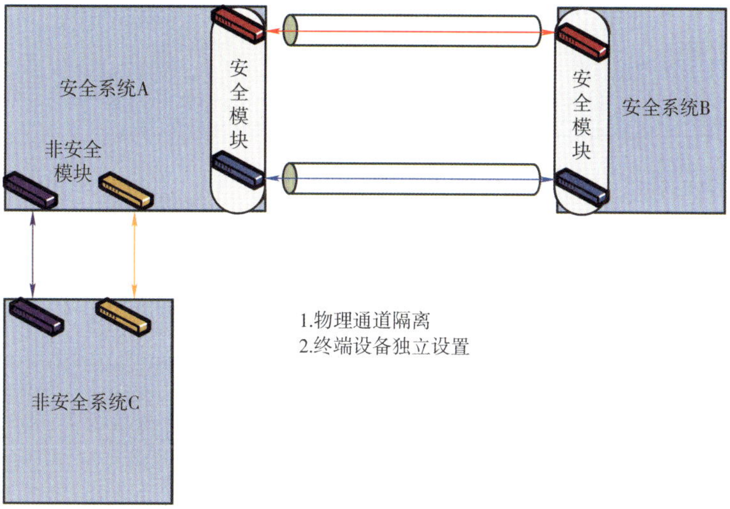

图4-3 不同安全等级接口隔离示意图

五、系统安全接口处理

系统防护列车运行安全,当无法通过外部接口准确判断系统或环境状态时,必须执行安全导向处理,通常采取紧急制动措施。

针对电气接口的处理还可通过继电器实现故障导向安全的处理。继电器的特点是故障时导向落下,系统可根据此特点,采集到落下状态即触发安全侧处理,如关闭信号。

对于安全等级要求较高的接口,可通过增加接口冗余校核手段进一步提升系统安全性。增加接口冗余结构示意图如图4-4所示。安全输入信号需要两个继电器分别提供一个常开、一个常闭触点,采集一个继电器的常开触点状态和采集另一个继电器的常闭触点状态,共同组合成为该安全输入信号。

六、根据需求选择接口类型

对接口类型进行划分,有以下分类:

(1)按照接口形式划分:以太网、串口、无线。

(2)按照通信对象划分:车地之间、轨旁设备之间、车载设备之间。

(3)按照安全等级划分:安全、非安全。

(4)按照冗余程度划分:冗余传输、单路传输。

各通信系统之间的接口可以按照以下原则进行选择。

(1)对于相对位置不变的设备(地面设备和地面设备之间、车载设备之间)的通信:

①其传输距离超过100m但不超过1000m、传输量不超过10kbps,建议使用RS422\RS485

串口；

②传输距离不超过100m,传输数据量较大的通信接口,建议使用100M或1000M以太网接口；

③传输距离超过100m,同时传输数据量较大,建议根据传输距离选择增加中继器方案或使用光纤传输方案。

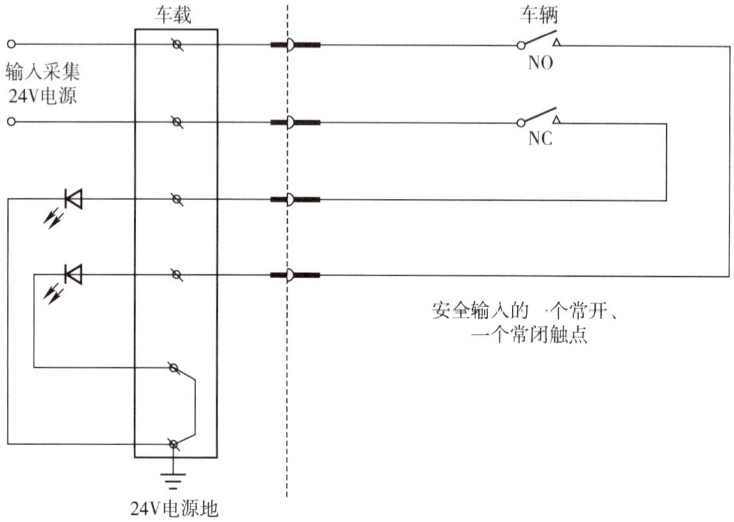

图4-4　增加接口冗余结构示意图

(2)对于车地通信,需使用无线通信接口。建议使用LTE-M标准或后续演进方案的通信系统进行接口。此外,可配置满足IEEE 802.11标准的无线通信网络作为冗余方案,也可以使用数字电台等方案做点式通信。

第三节　内部接口

PB-TACS内部接口数据流如图4-5所示。

一、ATS-RC的物理接口、通信协议及信息内容

(一)物理接口

ATS与RC之间使用冗余以太网络,采用安全通信协议进行通信。

(二)通信协议

(1)数据链路层。MAC(Medium Access Control)子层基于IEEE 802.3标准,每个设备都使用2个MAC地址。

(2)网络层。本接口使用IPv4协议作为网络层的协议。

(3)传输层。本接口使用UDP/IP协议作为传输协议。

(4)应用层。应用层数据采用安全通信协议来保证传输数据的安全性与完整性。

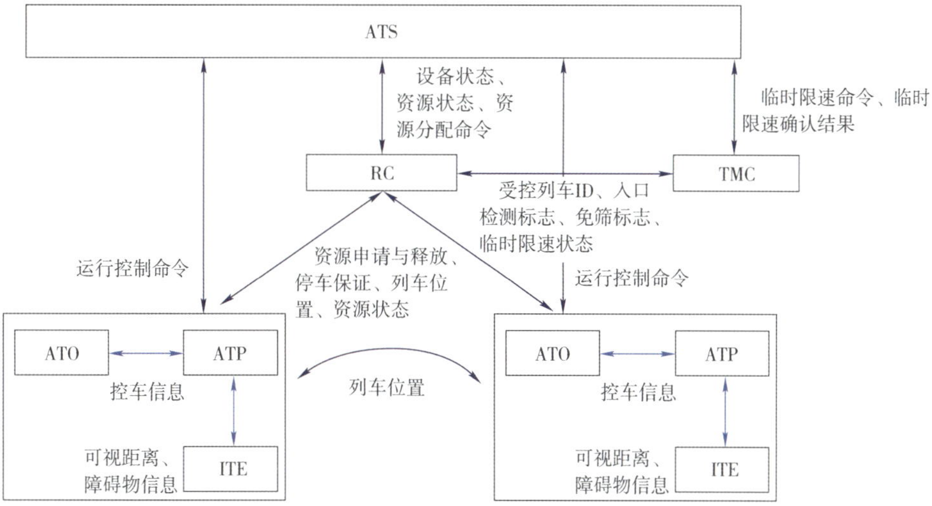

图4-5　系统内部接口数据流示意图

(三)信息内容

1.ATS子系统向RC子系统发送信息

(1)信号设备控制命令信息:进路办理、道岔控制、信号机控制、进路属性控制等操作命令。

(2)路径分配指令:操作界面显示如图4-6所示。

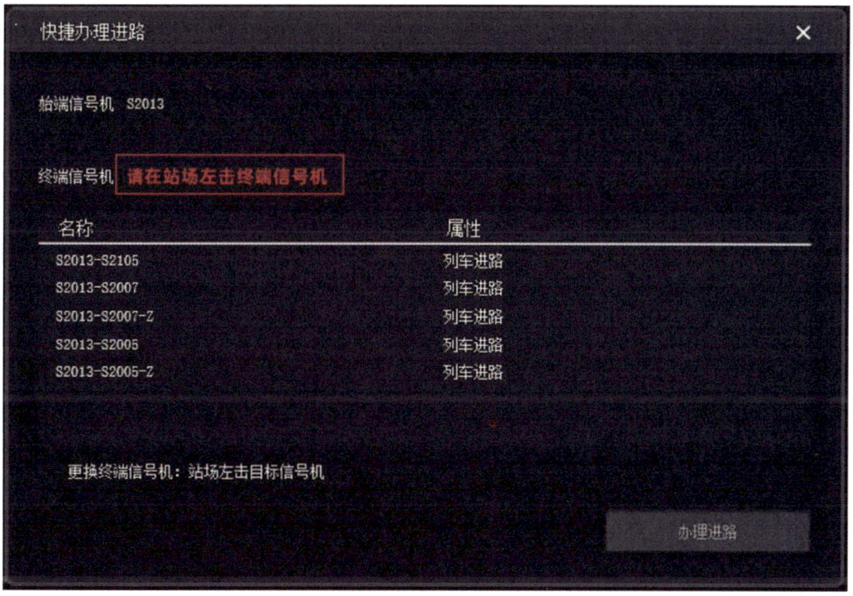

图4-6　操作界面显示

2.RC子系统向ATS子系统发送信息

(1)站场信息:包括道岔、信号机、物理/逻辑区段、站台门、紧急停车按钮及自动折返装置等设备实时状态,用于ATS人机界面动态显示。

(2)降级列车位置信息:提供列车实时位置信息,支撑ATS子系统运行监控。

(3)命令状态反馈:向ATS反馈命令执行状态,包括操作失败原因,如保护区段未锁闭/占用、接近锁闭、不完整锁闭及始端信号机开放等状态信息。

二、ATS-TMC的物理接口、通信协议及信息内容

(一)物理接口

ATS与TMC之间使用冗余以太网络,采用安全通信协议进行通信。

(二)通信协议

(1)数据链路层。MAC子层基于IEEE 802.3标准,每个设备都使用2个MAC地址。

(2)网络层。本接口使用IPv4协议作为网络层的协议。

(3)传输层。本接口使用UDP/IP协议作为传输协议。

(4)应用层。应用层数据采用安全通信协议来保证传输数据的安全性与完整性。

(三)信息内容

1.ATS子系统向TMC子系统发送信息

(1)临时限速信息:ATS子系统接收中心调度指令,下发临时限速信息至TMC子系统。

(2)雨雪模式信息:ATS子系统接收中心调度指令,下发雨雪模式控车至TMC子系统。

2.TMC子系统向ATS子系统发送信息

(1)临时限速确认信息:用于TMC子系统接收ATS子系统临时限速信息的反馈。

(2)雨雪模式确认信息:用于TMC子系统接收ATS子系统雨雪模式指令的反馈。

三、ATS-车载ATP的物理接口、通信协议及信息内容

(一)物理接口

车载ATP通过DCS设备实现与ATS的通信,经DCS处理落地后的车载ATP与ATS之间使用冗余以太网络,采用安全通信协议进行通信。

(二)通信协议

(1)数据链路层。MAC子层基于IEEE 802.3标准,每个设备都使用2个MAC地址。

(2)网络层。本接口使用IPv4协议作为网络层的协议。

(3)传输层。本接口使用UDP/IP协议作为传输协议。

(4)应用层。应用层数据采用安全通信协议来保证传输数据的安全性与完整性。

(三)信息内容

1.ATS子系统向车载ATP子系统发送信息

(1)全自动驾驶授权:允许列车进入FAM模式运行的许可。

(2)CAM模式授权:允许列车进入CAM模式运行的许可。

(3)远程紧急制动指令:用于远程控制列车施加紧急制动停车。

(4)远程关门指令:用于远程控制列车车门关闭。

(5)远程复位指令:用于远程复位列车设备使其恢复正常工作状态。

(6)空调、照明设置指令:用于远程控制列车的空调、照明设备的打开、关闭、调节。

(7)逃生门、客室门解锁命令:用于列车紧急解锁时车门解锁授权的控制。

2.车载ATP子系统向ATS子系统发送信息

(1)列车运行方向:用于在ATS界面车次窗显示列车运行方向。

(2)列车激活端:用于在ATS界面车次窗显示列车激活端。

(3)列车驾驶模式:用于在ATS界面车次窗显示驾驶模式对应的颜色。

(4)满载率、乘车率:用于在站台PIS的显示,提示乘客车厢拥挤度。

(5)列车速度:用于在ATS界面显示列车实时的速度信息。

(6)停稳信息:用于在ATS界面显示列车在停车窗内停稳信息。

(7)远程人员命令回复:ATP收到ATS远程人工命令后的应答,如CAM模式状态反馈、远程开门指令反馈、CAM发车授权反馈、远程停车/发车指令反馈等。

(8)故障报警时间:用于记录列车故障时间,便于运营组织故障分析。

(9)ATP设备故障显示信息:用于显示ATP设备状态,便于调度根据运营规则处理。

四、ATS-车载ATO的物理接口、通信协议及信息内容

(一)物理接口

车载ATO通过DCS设备实现与ATS的通信,经DCS处理落地后的车载ATO与ATS之间使用冗余以太网络,采用安全通信协议进行通信。

(二)通信协议

(1)数据链路层。MAC子层基于IEEE 802.3标准,每个设备都使用2个MAC地址。

(2)网络层。本接口使用IPv4协议作为网络层的协议。

(3)传输层。本接口使用UDP/IP协议作为传输协议。

(4)应用层。应用层数据采用安全通信协议来保证传输数据的安全性与完整性。

(三)信息内容

1.ATS子系统向车载ATO子系统发送信息

(1)服务号/表号:用于识别特殊车次,以此控制列车到站不控制车门打开。

(2)计划运行方向:用于FAM模式下控制列车折返换端。

(3)门控策略:用于在站台为双侧门时,ATO对于两侧车门先后打开/关闭的控制。

(4)停站时间:用于在站台自动控制列车关门、发车或提示司机人工关门、提示发车。

(5)跳停站台:用于ATO控制列车越过对应跳停站台。

(6)停车站停信息:用于列车广播当前站、下一站、终点站信息。

2.车载ATO子系统向ATS子系统发送信息

(1)列车定位状态:用于在ATS界面显示列车定位状态。

(2)反馈状态：ATO向ATS反馈收到的ATS发送的信息，如服务号/表号信息、车次号信息、目的地号信息、司机号信息、跳停状态、扣车状态等。

五、RC-车载ATP的物理接口、通信协议及信息内容

(一)物理接口

车载ATP通过DCS设备实现与RC的通信，经DCS处理发送到地面网络的车载ATP数据与RC之间使用冗余以太网络，采用安全通信协议进行通信。

(二)通信协议

(1)数据链路层。MAC子层基于IEEE 802.3标准，每个设备都使用2个MAC地址。

(2)网络层。本接口使用IPv4协议作为网络层的协议。

(3)传输层。本接口使用UDP/IP协议作为传输协议。

(4)应用层。应用层数据采用安全通信协议来保证传输数据的安全性与完整性。

(三)信息内容

1.RC子系统向车载ATP子系统发送信息

(1)道岔状态：用于ATP计算移动授权。

(2)站台门状态：用于ATP实现对站台门异常开启的防护及正常联动打开的状态判断。

(3)资源状态：用于表示线路中资源是否处于锁闭、征用、解锁状态，用于表示列车是否使用资源的前提条件。

(4)轨旁站台开门/关门按钮状态：用于发送给ATP控制车门的打开/关闭。

(5)注销回复信息：用于ATP与RC注销的确认信息回复。

2.车载ATP子系统向RC子系统发送信息

(1)列车状态信息：如驾驶模式、列车位置、列车速度、列车零速状态等，实现列车管理功能。

(2)申请线路资源：ATP向RC申请列车运行所需的线路资源计算移动授权。

(3)释放线路资源：ATP判断列车运行不需要的线路资源，向RC申请释放。

ATP向RC进行资源申请及资源释放，接口信息传输示意如图4-7所示。

(4)开关门命令：用于RC发给站台门，控制站台门联动打开/关闭。

(5)防护区域建立申请：用于在紧急情况下，建立防护区域，对列车进行安全防护。

(6)跳跃锁闭申请、释放指令：用于锁闭跳跃后方区段，防护列车安全跳跃。

(7)注销请求信息：ATP与RC注销时发送注销申请。

六、RC-TMC的物理接口、通信协议及信息内容

(一)物理接口

TMC与RC之间使用冗余以太网络，采用安全通信协议进行通信。

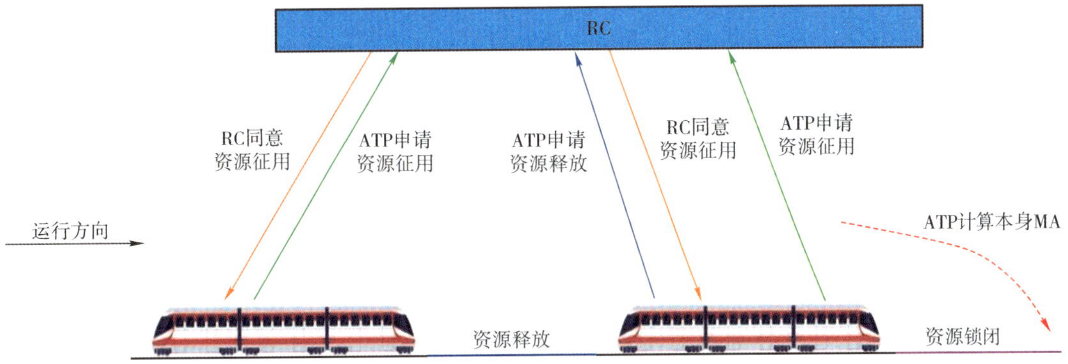

图4-7　ATS与RC接口信息传输示意图

(二)通信协议

(1)数据链路层。MAC子层基于IEEE 802.3标准,每个设备都使用2个MAC地址。

(2)网络层。本接口使用IPv4协议作为网络层的协议。

(3)传输层。本接口使用UDP/IP协议作为传输协议。

(4)应用层。应用层数据采用安全通信协议来保证传输数据的安全性与完整性。

(三)信息内容。

1.TMC子系统向RC子系统发送信息

(1)临时限速信息:TMC向RC发送临时限速,RC接收后发送给管辖区域内的CBTC级别列车。

(2)免筛信息:TMC向RC发送免筛信息,实现列车免筛。

(3)雨雪模式信息:TMC向RC发送免筛信息,实现列车雨雪模式控制。

2.RC子系统向TMC子系统发送信息

(1)临时限速信息确认:RC临时限速信息的反馈。

(2)免筛信息确认:RC接收免筛信息的反馈。

(3)雨雪模式信息确认:RC接收雨雪模式的反馈。

七、车载ATP-车载ATP的物理接口、通信协议及信息内容

(一)物理接口

车载ATP之间使用冗余以太网络,采用安全通信协议进行通信。

(二)通信协议

(1)数据链路层。MAC子层基于IEEE 802.3标准,每个设备都使用2个MAC地址。

(2)网络层。本接口使用IPv4协议作为网络层的协议。

(3)传输层。本接口使用UDP/IP协议作为传输协议。

(4)应用层。应用层数据采用安全通信协议来保证传输数据的安全性与完整性。

(三)信息内容

车载ATP向车载ATP子系统发送信息:传输列车运行级别、列车位置、列车速度、运行方向等信息,依据此信息列车进行自主移动授权计算。

八、车载ATP-ITE物理接口、通信协议及信息内容

(一)物理接口

车载ATP子系统与车载ITE子系统采用千兆网通信,使用安全双网通信协议进行数据通信。

(二)通信协议

(1)数据链路层。MAC子层基于IEEE 802.3标准,每个设备都使用2个MAC地址。

(2)网络层。本接口使用IPv4协议作为网络层的协议。

(3)传输层。本接口使用UDP/IP协议作为传输协议。

(4)应用层。应用层数据采用安全通信协议来保证传输数据的安全性与完整性。

(三)信息内容

1.ITE子系统向车载ATP子系统发送信息

(1)障碍物信息:用于ATP对障碍物的防护。

(2)可视距离:用于在ATP降级模式下计算移动授权。

(3)列车定位信息:用于ATP保持列车位置信息。

(4)ITE设备状态:用于ATP监督ITE工作状态,并向中心ATS汇报。

2.车载ATP子系统向ITE子系统发送信息

(1)时间戳信息:ITE用于进行时空对齐。

(2)速度信息:ITE用于建立定位,进而进行障碍物识别、列车定位等功能。

九、各子系统与DCS的物理接口、通信协议及信息内容

DCS作为信号系统的核心传输通道,采用透明传输机制实现数据交互。透明传输指网络仅负责将业务数据准确传送至目标节点并确保传输质量,不对传输内容进行任何处理。

无线网络支持多列车并行通信,通过标准IP网络层功能,可实现单列车、列车组或全网的定向通信选择。

第四节 外部接口

一、ATS-无线列调的物理接口、通信协议及信息内容

(一)物理接口

ATS与无线列调之间可采用全双工工作方式RS422串口冗余通信、以太网通信方式。

(二)信息内容

1.ATS 子系统向无线列调系统发送信息

(1)列车数量:正线区域运行列车数量。

(2)列车 ID:正线区域运行列车 ID。

(3)目的地号:受控列车运行的目的地号。

(4)运行方向:受控列车运行的方向。

2. 无线列调系统向 ATS 子系统发送信息

确认信息。

二、ATS-乘客信息系统的物理接口、通信协议及信息内容

(一)物理接口

ATS 与乘客信息系统之间采用全双工工作方式 RS422 串口通信、以太网通信等通信方式。

(二)信息内容

1.ATS 子系统向乘客信息系统发送信息

(1)列车终到站:当前列车的终点站。

(2)列车到站时间:当前列车到下一站点的时间。

(3)列车离站时间:当前列车离开当前站的时间。

(4)列车通过信息:当前列车跳停通过站台信息。

(5)接收确认信息。

2. 乘客信息系统向 ATS 子系统发送信息

确认信息。

三、ATS-时钟的物理接口、通信协议及信息内容

(一)物理接口

ATS 与时钟之间采用全双工工作方式 RS422 串口通信,从时钟同步系统得到时钟基准信息。

(二)信息内容

1. 时钟系统向 ATS 子系统发送信息

标准时间信息:全系统用于校时的母钟时间。

2.ATS 子系统向时钟系统发送信息

反馈确认信息:ATS 收到母钟校时后的反馈。

四、ATS-综合监控的物理接口、通信协议及信息内容

(一)物理接口

ATS与综合监控之间使用符合IEEE 802.3标准的Ethernet 10/100BaseT冗余以太网络通信或者虚拟网络通信,采用全双工工作方式。

(二)信息内容

1.综合监控系统向ATS子系统发送信息

(1)供电接触网带电状态信息:当前供电接触网带电状态实时信息。

(2)反馈确认信息。

2.ATS子系统向综合监控系统发送信息

(1)列车阻塞信息。

(2)轨道占用信息:CBTC模式下为逻辑区段占用信息、后备模式下为计轴区段占用信息。

(3)列车类型。

(4)车组号信息:当前运行列车ID。

(5)车次号信息:当前计划列车匹配的车次号信息。

(6)列车到站台时间:当前列车到下一站点的时间。

(7)列车离站台时间:当前列车离开当前站的时间。

(8)计划时刻表:计划工作站匹配的计划时刻表。

(9)实际时刻表:列车依据计划时刻表运行出的实际时刻表。

(10)终点站当天行车运营时间表:本线路终点站当天的计划到站时间信息。

(11)换乘站当天行车运营时间表:本线路换乘站当天的计划到站时间信息。

(12)列车位置及列车在隧道内运行超时的信息:列车当前位置信息以及列车在区间运行超时的信息。

(13)反馈确认信息。

五、ATS-广播的物理接口、通信协议及信息内容

(一)物理接口

ATS与广播之间采用以太网通信方式。

(二)信息内容

1.广播系统向ATS子系统发送信息

(1)接收信息,根据指令在选定的站台广播区播放有关信息:ATS触发有关人工、自动广播指令,发由广播系统执行。

(2)向信号系统发送确认信息:广播系统收到ATS指令后,给ATS发送确认反馈信息。

2.ATS子系统向广播系统发送信息

(1)列车位置:列车靠近站台在报站有效距离时开始发送列车实时位置。

(2)列车识别号。

(3)车体号。

(4)列车出入车辆段/停车场:列车在出入场段时向广播系统发送位置信息。

(5)列车所处的车站:列车当前停靠的站台信息。

六、车载ATP/ATO-车辆的物理接口、通信协议及信息内容

(一)车载ATP/ATO与车辆专业电气接口形式

1.物理接口

对于非安全和安全输入设备都需要满足以下要求:

(1)符合DIN EN 50155标准的所有要求。

(2)应避免由弹簧引起的跳动。最大允许持续时间为5ms。

(3)出于可靠性考虑,切换能力应满足:机械寿命> 5 × 107次(满载时:大于2 ×105次)。

(4)对于非安全输入设备,只要求有一个触点,当触点闭合时代表"激活"或"高电平"。

对于安全输入设备,除须满足上述要求外还要求满足以下条件:

(1)两个独立的继电器,且一个继电器提供常开触点,另一个继电器提供常闭触点。

(2)必须同步,在所有运行情况下,所允许的触点间最大不同步时间为50ms。

(3)一个触点故障应不会影响其他触点的正常工作。

(4)数据格式:常开触点闭合且常闭触点断开代表"激活"或"高电平",常开触点断开且常闭触点闭合代表"未激活"或"低电平"。

安全输入的连接原理示意图如图4-8所示。

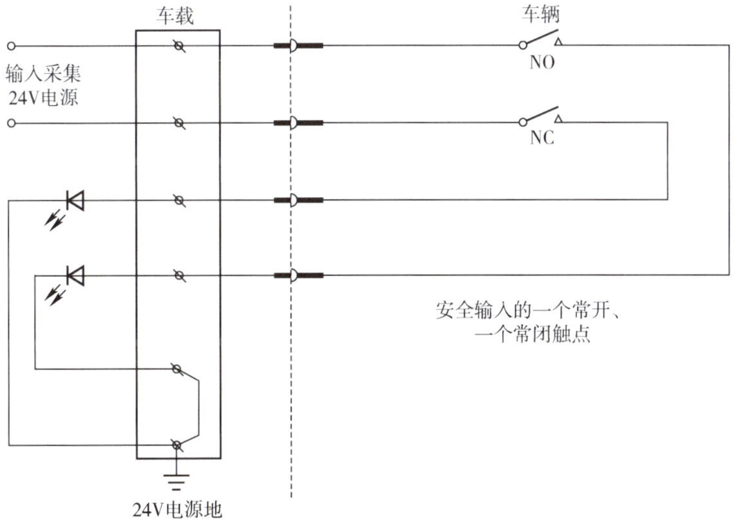

图4-8　安全输入的连接原理示意图

2.信息内容

系统交互接口信息如表4-1所示。

系统交互接口信息　　表4-1

车辆向车载ATP发送的输入信息	车载ATP向车辆发送的输出信息
安全输入： 驾驶室激活状态信号； 司机钥匙激活状态信号； 列车完整性； 车门关闭且锁闭指示； 牵引已切除； 车辆已实施紧急制动； 保持制动已实施； 牵引制动手柄在零位且方向手柄向前； 确认按钮； 方向手柄向后； 紧急解锁手柄状态； 障碍物脱轨检测； 制动重故障等信息。	安全输出： 左车门解锁； 右车门解锁； 紧急制动； 牵引切除； 零速输出； 车门紧急解锁等。
非安全输入： 模式选择升级； 模式选择降级； AR按钮； 左门开； 左门关； 右门开； 右门关； 模式开关在EUM位； ATO启动按钮	非安全输出： AR指示灯； 无人折返运行； 驾驶室激活； 跳跃指令； 方向向前指令； 方向向后指令； FAM模式输出； CAM模式输出
车辆向车载ATO发送的输入信息	**车载ATO向车辆发送的输出信息**
非安全输入： 开门方式-人工开门/人工关门； 开门方式-自动开门/人工关门； 开门方式-自动开门/自动关门	非安全输出： ATO已激活； ATO牵引状态； ATO制动状态； 保持制动； 左/右车门开/关门指令； ATO启动指示灯

(二)车载ATO与车辆专业模拟接口形式

模拟信号用于列车自动驾驶的加速度/减速度值。ATO提供一路模拟信号(环路输出)，其工作电阻位于接近列车总线模拟信号输入电路的位置，输入电路与地相连接。

(三)车载ATP/ATO与车辆专业列车管理系统网络接口形式

系统交互接口信息如表4-2所示。

系统交互接口信息　　表4-2

列车管理系统发给信号系统的信息	信号系统发给列车管理系统的数据
车辆测得速度； 广播测试反馈信号； 列车重量； 常用制动系统(空气)故障； 空转/打滑状态； 车辆牵引/制动施加状态； 开门使能状态； 保持制动施加指令接收状态； 乘客满载率； 车辆关门旁路开关状态； ATO相关输出开关量反馈； ATO输出的电流值； 终点站ID反馈； 下一站ID反馈等	VOBC运行模式； VOBC控制端； 下一站车门打开侧； 终点站ID； 下一站ID； 当前站ID； 目标距离； 起始距离； 日期、时间等

七、RC-站台门的物理接口、通信协议及信息内容

RC与站台门之间采用电气接口通信。

(一)物理接口

接口电路采用安全型继电器,其特性及应用符合中国有关规定。接口信号为安全信号,接口是通过安全的输入/输出接线完成的。

接口电路用于系统间传递信息的电环路采用双断设计。

信号系统与站台门系统之间的接口电缆原则实行上/下行分开、命令/信息分开的原则。

“门关闭并锁紧”和“互锁解除”采用相互独立的安全回路。

接口电路采用安全电路,电路的设计符合故障-安全原则。

(二)信息内容

1.RC向站台门发送信息

开/关门指令:RC接收到车载开/关门指令后,驱动对应侧站台门同步打开/关闭。

2.站台门向RC发送信息

(1)站台门关闭且锁紧:站台门系统向RC子系统发送站台门关闭且锁紧的状态;用于RC采集站台门关闭状态,作为列车离站采集条件之一。

(2)互锁解除状态:站台门系统向RC子系统发送互锁解除状态。

第五节　小　结

本章系统阐述了PB-TACS的接口设计规范，重点围绕系统安全与高效运行目标展开。接口设计严格遵循六大原则：符合国际/国内标准规范、关键接口冗余配置、安全等级隔离、实时性保障、安全导向处理机制及按需选择接口类型。

在内部接口方面，详细定义了ATS、RC、TMC、车载ATP/ATO及ITE等核心子系统间的交互协议与数据格式。外部接口部分，描述了与无线列调、PIS、时钟系统、综合监控及广播等外部系统的对接标准，同时明确了车载ATP/ATO与车辆设备的物理连接及通信协议要求。通过完善的接口体系设计，确保PB-TACS在全场景下的功能实现与信息交互可靠性。

第五章

PB-TACS 安全保障

基于感知的车车通信列控系统(PB-TACS)作为第5代列控系统,创新性地改变了传统CBTC和FAO系统以地面设备为核心的控制架构。该系统在移动闭塞技术基础上进行优化,通过精简ZC、联锁系统等轨旁设备,利用列车间的直接通信、主动环境感知及资源动态分配机制实现移动闭塞和道岔控制等关键功能。

依托高速双向通信网络,系统支持各子系统间及列车间的大容量实时数据交互,将信息处理逻辑和计算任务分布到多个嵌入式子系统中,通过协同工作机制完成系统功能。这种分布式架构虽然显著提升了系统处理能力和运行效率,但也带来了复杂的交互协调挑战。设计人员需确保各组件间的所有交互行为都得到充分理解、正确设计和有效防护,这对系统的安全性、可靠性、可用性和可维护性(RAMS)提出了更高要求。

本章将基于PB-TACS的安全特性,深入分析其技术难点,并探讨相应的系统安全保障方法。

第一节　系统安全特征分析

本书第一章已总结PB-TACS的核心特点:通过功能重构将更多列控功能转移至车载设备,增强列车自主性,优化系统架构;采用时空分隔闭塞技术和数字化、精细化资源管理技术,提升运行效率;借助可靠环境感知实现故障自主运行,增强系统健壮性。相较已成熟应用的CBTC和FAO系统,PB-TACS面临新的安全挑战。

一、感知技术的安全等级保障

实现SIL4级安全完整性等级的感知系统是PB-TACS的关键技术难点。随着我国城市轨道交通规模快速扩张,轨行区异物入侵、车辆侵限、开放路权等安全问题日益突出,对限界防护和系统降级防护提出更高要求。同时,FAO系统运营实践表明,传统司机瞭望功能的缺失导致隧道穿孔、人员非法侵限等风险难以有效识别,制约了GoA4级无人驾驶的实现。

当前,汽车自动驾驶领域的人工智能技术发展为轨道交通感知提供了新思路。多传感器融合和智能视觉技术的成熟,使列车能够通过摄像头、雷达等设备自主识别运行前方的障碍物和环境异常,实现危险预警和自主决策。

PB-TACS创新性地集成了SIL4级列车自主感知系统,可在正常运营和信号降级场景下提供线路净空安全防护。该系统与车载ATP联动控制,不仅扩展了安全防护边界,还实现了全时段的净空监测功能。

二、系统功能重构与安全保障评估

PB-TACS通过功能重分配和闭塞制式革新,在保持原有安全保障体系基础上,需全面评估既有安全风险防护的有效性及潜在新增风险的识别与防控。

在系统架构层面,传统CBTC与FAO系统均采用地面中心化架构,FAO系统仅扩展了无人驾驶功能而未改变核心安全功能分配。相比之下,PB-TACS将移动授权计算、资源管理等核心功能转移至车载设备,显著提升列车自主性,同时实现地面设备精简、架构优化和成本降低。

在闭塞制式方面,PB-TACS实现从"撞硬墙"防护向"撞软墙"防护的方式转变。系统通过实时采集列车速度、加速度等参数,结合前后列车制动轨迹预测,动态计算确保防撞的安全间隔。这种基于时空轨迹预测的防护机制,可在保证安全的前提下进一步缩短行车间隔,提升运营效率。

第二节　感知系统安全保障

列车智能鹰眼(ITE)系统作为列车的"眼睛",能够全方位感知周边环境,实现全场景覆盖。ITE防护本质上是对空间与时间的线路资源分配,通过对物理空间的检测,结合多传感器融合技术、表决安全机制、故障-安全原则,并基于地图先验知识等故障导向安全技术,实时检测侵入限界的异物,同时将信息传输至信号系统,用于控车等安全决策,从而最大限度保障行车安全。

未来的轨道交通将涵盖更多、更复杂的运行场景,基于环境感知的车车通信列控系统将成为城市轨道交通列控系统的主流发展方向,为轨道交通的安全运营提供更高效、更可靠的技术支持。

对自动驾驶感知技术采用传统的安全分析方法时,其功能表现局限主要体现在两个方面:

(1)环境变化。当外部环境条件发生变化时,因传感器本身的性能限制可能导致识别错误(例如无法穿透雾气)。

(2)列车运行场景变化。面对多样化的轨道交通线路条件,若出现设计时未涵盖的场景,将导致判断失误(例如轨旁临时物体对前方参照物的遮挡)。

一、传感器失效模式分析

激光雷达是实现环境感知的关键传感器,全称为激光探测及测距系统。其通过发射激光并接收反射信号来测量距离,能够获取周围环境的高精度三维点云数据。

激光雷达是激光技术与现代光电探测技术相结合的新型探测手段,主要由发射系统、接收系统和信息处理系统组成。发射系统的核心是激光器,其产生并发射光脉冲,经物体反射后被接收系统捕获。接收系统精确测量光脉冲从发射到反射回的传播时间。由于光速恒定,传播时间可直接转换为距离信息。信息处理系统结合激光器高度、扫描角度、GPS定位数据以及INS提供的激光发射方向,即可准确计算每个地面光斑的三维坐标(X,Y,Z)。激光束的发射频率范围可从每秒数个脉冲至每秒数万个脉冲。

激光雷达的输出数据形式为点云。基于上述工作原理,系统设计通常采用双雷达架构,并通过对比双雷达的反馈信息进行一致性校验，校验通过后方可采用其输出数据。方案设计应避免雷达失效，包含但不限于：

(1)雷达点云视场不足，或雷达与轨道之间有障碍物阻挡视线。

(2)镜头的失效，如脏污、遮挡、水珠、划痕等。

(3)雷达故障导致输出点云信息错误。

(4)工作温度过高。

(5)雷达异常报警。

(6)量程未考虑弯道等地形因素。

(7)雷达安装位置和自身探测性能存在盲区。

(8)雷达性能衰减。

(9)角分辨率造成小物体不能探测。

(10)角度精度(即水平或垂直射线角度有误差)。

(11)雷达探测精度过低。

(12)光污染。

(13)玻璃导致点云信息失真。

(14)环境中的高反射材质对雷达造成影响。

(15)深色物体因吸收了绝大部分的光能量，降低了雷达的检出率和分辨率。

(16)雷达探测物体到使用信息有延时。

(17)列车行驶时引起雷达本身的振动及错位。

(18)其他列车的雷达干扰。

(19)轨道增加新设备、遗留的工具箱、AP箱门打开或丢失、轨道周边树木等环境变化。

(20)地面有水坑或积雪。

(21)雷达安装误差。

(22)通信故障，如重复、乱序、乱码、插入、伪装等。

二、感知系统的测试验证

感知技术的安全保障采用SOTIF(预期功能安全)方法论进行运行环境确认测试。

在用例设计方面，以激光雷达为例，其作为无人驾驶感知核心传感器之一，易受环境因素和轨道交通地形特征影响。从环境角度，需考虑天气、光照等易干扰传感器工作的环境变化；从列车运行场景角度，需分析轨道结构、道岔、站台、前后车追踪等因素的影响。

(1)环境因素影响，主要包括以下方面：列车运行环境涵盖隧道、地面、隧道–地面过渡段(隧道口变化)、地面–隧道过渡段(隧道口变化)、高架等场景。以列车运行环境为例，分为列车安装环境(激光雷达一般安装在驾驶室内)和列车外部运行环境两部分。

列车安装环境对传感器影响因素分析见表5-1。

列车安装环境对传感器影响因素分析　　表5-1

变化因素	影响分析
列车湿度	传感器表面结冰
	传感器表面水珠凝结
列车振动	传感器安装角度变化
车辆内部烟雾	烟雾干扰传感器正常工作

列车外部运行环境对传感器影响因素分析见表5-2。

列车外部运行环境对传感器影响因素分析　　表5-2

变化因素		影响分析
车身玻璃	湿度	车窗表面结冰
		车窗表面水珠凝结
		车窗表面脏污
外部环境	外界光线	隧道墙灯
		强光
		强光转弱光
		弱光转强光
	天气	雾
		灰尘
		雪
		雨
	异物	人防门
		防淹门
		AP箱门打开/丢失
		遗留的工具/工具箱
		打穿隧道的钻头
	空气颗粒	火灾
		烟雾

(2)线路条件变化对传感器影响因素分析,见表5-3。

线路条件变化对传感器影响因素分析　　表5-3

变化因素	影响分析
区间	本车在弯道上
	前方可视范围内有弯道
	本车在坡道上
	前方可视范围内有坡道
	本车在平直轨道上
	本车在道岔区
	前方可视范围内有道岔区

续上表

变化因素	影响分析
区间	本车在交叉渡线区域
	前方可视范围内有交叉渡线
站台	前方可视范围内有弯道
	前方可视范围内有坡道
	前方可视范围内为平直轨道
	前方可视范围内有道岔

为验证感知功能及安全防护设计的充分性与有效性，基于上述分析获得的场景，ITE建立了完善的测试用例库，用于感知场景的全面验证。针对各类场景因素及其可能的组合情况，系统性地制订了相应测试用例，最终形成800余条测试用例，见表5-4。

详细测试用例　　表5-4

用例名称	测试因素约束条件	操作步骤	预期结果
前方弯道-前车静止本车靠近前车-列车识别能力	前方极限左弯场景	（1）运行场景见“测试因素约束条件”。 （2）本车前方环境：本车停在区间，本车前方为极限左弯场景。 （3）障碍物环境：障碍物为列车。 （4）ITE运行在LH模式，前方300m外障碍物列车静止，本车行驶至距离前车300m位置停止。测试人员使用激光测距仪测量障碍物距离，并记录在记录表格。（如当前距离视野中无障碍物列车，则前进至刚好能看到前车处停止并测量距离）。 （5）障碍物列车行驶至距离本车200m位置停止。测试人员使用激光测距仪测量障碍物距离，并记录在记录表格。 （6）障碍物列车行驶至距离本车100m位置停止。测试人员使用激光测距仪测量障碍物距离，并记录在记录表格。 （7）障碍物列车行驶至距离本车10m位置停止。测试人员使用激光测距仪测量障碍物距离，并记录在记录表格	（1）列车别能力>300m。 （2）[盲区30m，300m]范围障碍物识别稳定，无障碍物漏报。 （3）障碍物类型为列车。 （4）障碍物测距误差<±1m+最大定位误差
		观察显示结果	

ITE采用理论分析仿真与现场实验相结合的验证方法。以弯道视野对障碍物检测功能的影响测试为例，实际线路采集数据仅包含曲率半径400m的弯道，但测试用例要求系统需覆盖曲率半径300m的弯道。基于安装参数、传感器FOV视场特性及障碍物检测限界划定原理，可确认感知能力能够覆盖曲率半径300m的弯道。

测试用例执行主要依靠场景数据来验证系统功能及异常场景。然而并非所有用例都能构造测试条件。对于无法测试的场景，在产品阶段通过理论分析完成验证；在工程阶段遇到此类场景时,需完成现场测试后方可投入使用。

第三节　系统危害分析及安全需求

PB-TACS不仅完整继承了既有CBTC和FAO系统的全部风险防护功能,还创新性地采用了基于自主感知的障碍物智能识别技术,新增了对轨道异常、限界入侵物、设备脱落、土建坍塌变形等风险的识别能力。

PB-TACS架构更加精简,实现了更精细化的资源管理。即使在故障情况下仍可通过智能感知维持运行,显著提升了列车自主控制能力。这一技术变革的基础,源于提升安全性、运行效率及降低成本的现实需求推动的技术进步。

针对多列车对线路道岔、区段的使用冲突问题,系统采用了以列车为中心的资源精细化利用技术,实现了轨道资源的高效利用。为缩短列车追踪间距,创新性地应用了基于相对速度的安全防护技术。通过列车间的直接信息交换,凭借更短的交互时间实现了追踪距离的缩短,从而提升了列车追踪效率。

为满足列车降级后的高效运行需求,以及轨道异常、限界入侵物等检测需求,系统引入了基于自主感知的障碍物智能识别技术,赋予列车“视觉”能力。该技术不仅能够监测和防护传统列控系统覆盖的列车碰撞、道岔四开等风险,还能防护传统系统未覆盖的安全区域,提供了更全面的安全防护解决方案。针对传统定位技术功能单一、初始定位慢、韧性差的问题,系统采用了更具适用性和韧性的列车自主定位技术。

通过上述技术的综合应用,系统实现了列车自主定位、协同自律、高密度行车和主动安全防护等功能。这些技术的发展与应用,共同推动了列车自主控制能力的全面提升。

一、PB-TACS初步危害分析

在系统定义与需求分析阶段,需开展初步危险源分析工作:

(1)识别并定义必须控制的系统危险源。

(2)确定系统级主要危险源及其潜在原因和可能后果。

(3)对相关危险源风险等级进行初步评估。

基于分析得出系统级主要危险源及初步风险评估结果,并将相关安全要求纳入系统安全需求,确保在设计阶段全面考虑运营线路安全要求,使系统风险控制在合理可接受水平。

分析工作按以下步骤展开:

首先明确系统运行原理,通过运营场景描述轨道交通工作流程,重点体现系统整体功能原理及流程顺序关系;其次运用引导词(Guide Words)及系统运作偏差可能导致的后果来识别潜在危险源;最后分析危险源成因及后果。

每个运营场景的分析流程如下:

(1)运用引导词和关键字,对相关系统/子系统/接口/运维任务进行讨论和澄清,识别因系统/子系统功能偏差可能导致的人员伤亡(含轻伤、重伤和死亡)、环境破坏等危险源;

(2)识别各危险源产生原因；

(3)识别各危险源可能导致的后果；

(4)针对各危险源及其成因，确定相应风险消除或控制措施。

采用PHA方法对PB-TACS进行初步危险源分析，结果显示：初步危险源0级顶事件16个，1级顶事件65个，2级顶事件140个，具体0级与1级事故详见表5-5。

初步危险源事故0级与1级示例 表5-5

0级编号	0级	1级编号	1级
1	列车相撞	TOP-1	列车追尾相撞
		TOP-2	列车侧面相撞
		TOP-3	列车迎面相撞
		TOP-4	列车解体导致撞车
		TOP-5	列车以超过规定速度低速碰撞
2	列车脱轨	TOP-6	列车超速
		TOP-7	未确保安全时列车进入道岔区域
		TOP-8	不安全的道岔移动
		TOP-9	列车高速进入轨道上工作区域
		TOP-10	列车脱轨侵入其他轨道
3	列车与其他物体相撞	TOP-11	列车与轨道上的物体相撞(隧道、地上轨道、维护后轨道)
		TOP-12	列车与系统结构物相撞(列车的部件、建筑物、轨旁设备、防淹门、车库门、人防门)
		TOP-13	列车与平交道口上的车辆相撞
		TOP-14	列车冲出轨道尽头，撞到轨道终端的缓冲车挡
4	人员在站台受到伤害(进站、出站、乘降作业)	TOP-15	站台门打开时列车进站
		TOP-16	列车出站过程中，站台门打开
		TOP-17	紧急停车按钮激活时列车进站
		TOP-18	紧急手柄激活时列车进出站
		TOP-19	车门或站台门打开时列车移动
		TOP-20	列车打开站台反向一侧的车门
		TOP-21	人员从站台跌入轨道区域(列车未对标停车时，站台门开启)
		TOP-22	人员被夹在车门与站台门的间隙中
		TOP-23	人或物被车门夹住
		TOP-24	人员被站台门夹住
		TOP-25	司机上下车过程中，列车移动
		TOP-26	紧急停车按钮激活列车出站
5	人员在区间受到伤害(人员进入轨道)	TOP-27	列车站间运行时车门打开
		TOP-28	列车站间停靠时车门打开
		TOP-29	紧急手柄激活时列车区间运行
		TOP-30	列车与平交道口上的行人相撞
		TOP-31	人员闯入轨道区域(同人在站台)

续上表

0级编号	0级	1级编号	1级
5	人员在区间受到伤害(人员进入轨道)	TOP-32	人员从列车进入轨道区域
		TOP-33	员工在轨道上进行维护
		TOP-34	员工在转换区,列车意外自动运行
6	人员在列车内受到伤害	TOP-35	乘客被困在退出运营的列车上
		TOP-36	列车故障导致人员受伤
		TOP-37	隧道内空气流通差(如风机故障)、存在有毒气体情况
		TOP-38	列车上的人员有严重病情、伤情或者攻击行为的威胁并需要帮助
		TOP-39	未授权人员在人工模式下控制列车并导致列车进入不稳定或不安全的情况
		TOP-40	乘客或司机等员工跌倒
7	火灾	TOP-41	列车上火灾
		TOP-42	列车处在站间起火区段内
		TOP-43	车站火灾
		TOP-44	轨旁火灾包括轨旁、车辆段和控制中心等
		TOP-45	信号系统设备起火
8	触电	TOP-46	触电
9	中毒	TOP-47	包括乘客、员工中毒
10	爆炸	TOP-48	爆炸
11	EMI/EMC	TOP-49	电磁干扰导致信号系统功能失效
		TOP-50	信号系统电磁干扰超标
		TOP-51	雷击导致系统功能失效
		TOP-52	系统网络受到外部入侵
		TOP-53	高低温导致信号系统功能失效
12	恶劣环境条件	TOP-54	洪水/地震/强风/强降雪/雾
		TOP-55	因为冰或者下雨(尤其是小雨)导致轨道湿滑
		TOP-56	辐射
		TOP-57	振动导致信号系统失效
		TOP-58	海拔条件导致信号系统失效
		TOP-59	粉尘、沙尘、积水
13	人为恶意破坏	TOP-60	人为恶意破坏
14	救援与疏散	TOP-61	乘客滞留在列车中,造成人员窒息
		TOP-62	救援与疏散过程中,造成人员伤亡(考虑救援车运行)
15	其他	TOP-63	故障列车投入运营
		TOP-64	基础设施坍塌或承载力不足
16	烫伤	TOP-65	乘客/工作人员在载客列车上接触热的物体引起烫伤/烧伤

以列车追尾相撞为例,进行下一级的事故分析,见表5-6。

初步危险源事故2级示例 表5-6

0级	1级编号	1级	2级编号	2级
列车相撞	TOP-1	列车追尾相撞	TOP-1.1	前方列车没有检测到
			TOP-1.2	前方列车错误定位
			TOP-1.3	本列车错误定位
			TOP-1.4	错误的移动授权
			TOP-1.5	错误的降级车路径
			TOP-1.6	错误的速度控制
			TOP-1.7	前车发生后溜或退行或跳跃
			TOP-1.8	司机闯信号/司机超速驾驶
	TOP-2	列车侧面相撞	—	同TOP-1原因
	TOP-3	列车迎面相撞	—	同TOP-1原因
	TOP-4	列车解体导致撞车	TOP-4.1	通信列车解体导致撞车
	TOP-5	列车以超过规定速度低速碰撞	TOP-5.1	救援过程中列车以超过规定速度碰撞车钩

以TOP1列车追尾相撞和TOP-12列车与其他物体相撞为例，根据系统相关运行场景，可辨识出相应的事故原因，初步危险源分析详细示例见表5-7和表5-8。

TOP1列车追尾相撞初步危险源分析详细示例 表5-7

0级	1级编号	1级	2级编号	2级	原因	编号	安全需求
列车脱轨	TOP-1	列车追尾相撞	TOP-1.1	前方列车没有检测到	前车的工程车/平板车因太小没有检测到	PHA-SRS-003	系统应能检测线路上所有类型的列车（包括工程车/平板车）
			TOP-1.2	前方列车错误定位	感知定位失效	PHA-SRS-006	列车定位功能必须是SIL4

TOP-12列车与其他物体相撞初步危险源分析详细示例 表5-8

0级	1级编号	1级	2级编号	2级	原因	编号	安全需求
列车与其他物体相撞	TOP-12	列车与系统结构物相撞（列车的部件、建筑物、轨旁设备、防淹门、车库门、人防门）	TOP-12.1	前方系统结构物没有检测到	障碍物感知防护失效	PHA-SRS-057	感知系统应对障碍物进行检测，当检测到障碍物接近一定距离时，列车实施紧急制动
					障碍物感知防护失效	PHA-SRS-058	感知系统应对系统结构物进行检测，当检测到系统结构物接近一定距离时，列车实施紧急制动
					前方车挡感知防护失效	PHA-SRS-062	感知系统应对前方车挡进行检测，当检测到前方车挡接近一定距离时，列车实施紧急制动

PB-TACS初步危险源分析，识别故障原因153个，提出安全需求共149个。相比传统FAO项目，增加感知安全需求5个，PB-TACS初步危险源分析示例见表5-9。

PB-TACS初步危险源分析示例 表5-9

0级	1级编号	1级	2级编号	2级
列车与其他物体相撞	TOP-11	列车与轨道上的物体相撞(隧道、地上轨道、维护后轨道)	TOP-11.1	跌落或遗留在轨道的障碍物/信号设备没有检测到
	TOP-12	列车与系统结构物相撞(列车的部件、建筑物、轨旁设备、防淹门、车库门、人防门)	TOP-12.1	前方系统结构物没有检测到
	TOP-14	列车冲出轨道尽头，撞到轨道终端的缓冲车挡	TOP-14.1	前方车挡没有检测到

二、VOBC系统危害分析

系统危险源分析(SHA)基于VOBC系统需求开展，主要采用FMEA分析方法识别系统级危害。SHA基于感知的车车通信列控系统应用原则和历史运营经验，将VOBC系统的边界条件和环境视为黑盒，以此识别主要危害，完成系统危害分析。

系统危险源分析的目的包括：

(1)根据列车运行场景识别本项目存在的危害。

(2)对相关危险源风险等级进行深入评估并制订缓解措施。

系统危害分析按以下流程实施：

(1)明确系统功能清单。

(2)对系统功能进行识别分类。若功能不参与列车运行控制，其失效不影响运行控制，则判定为非安全功能，否则为安全功能。

(3)针对安全功能，通过分析功能输出识别失效模式。

(4)对每个失效模式进行系统性研究，识别其根本原因。

(5)识别安全需求，通过分析确定相关安全需求并记录至系统危险源日志。

车载VOBC系统主要包含ATP、ATO、ITE(含ITE主机、感知设备、轨旁感知设备)、测速设备和BTM等设备。VOBC提供列车运行间隔控制、超速防护、自动驾驶、移动授权计算等功能，保障列车运行安全。相较于传统CBTC系统，新增ITE设备使VOBC安全分析包含ATP&ATO安全分析和ITE安全分析两部分。

ATP&ATO危险源事故分析见表5-10。

ATP&ATO危险源事故分析 表5-10

危害	功能	安全需求
前方列车没有检测到	感知前车识别功能	感知需检测到线路上所有类型的列车(包括工程车/平板车)
		系统应对道岔位置状态进行防护
前方列车错误定位	完整性丢失监督	VOBC需要对列车完整性进行实时监督
		当完整性丢失时，VOBC须立即施加紧急制动，直到设备下电重启后才能缓解

续上表

危害	功能	安全需求
前方列车错误定位	位置管理功能	当ATP定位和ITE定位同时有效时，双方应进行位置校核
		初始定位、位置更新时，位置计算考虑应答器的辐射范围、BTM天线到车头/尾的距离等
		位置更新时需要考虑应答器传输延迟带来的位置变化
		位置更新时需要考虑算法带来的误差
		列车完成初始定位后，列车根据周期走行距离进行位置更新
		列车计算位置时，应考虑初始定位误差和走行距离带来的测距误差
	感知定位功能	当感知设备不确定列车处于道岔定位还是反位时，不能进行初始定位
	测速测距功能	ATP应周期检查加速度计的有效性，若不满足要求，则认为该加速度计存在异常
		ATP应周期检查列车是否空滑，若发生空滑，应在加速度有效的前提下使用加速度计计算的速度
		测速模块输出测速无效时，ATP应立即输出紧急制动，重启前不可恢复
错误的移动授权	位置管理功能	当ATP定位和ITE定位同时有效时，双方应进行位置校核
		初始定位、位置更新时，位置计算考虑应答器的辐射范围、BTM天线到车头/尾的距离等
		位置更新时需要考虑应答器传输延迟带来的位置变化
		位置更新时需要考虑算法带来的误差
		列车完成初始定位后，列车根据周期走行距离进行位置更新
		列车计算位置时，应考虑初始定位误差和走行距离带来的测距误差
	前车识别	在前车识别范围内将距离本车最近的前车作为本车的前车。如前车识别范围内存在四开的道岔，将前方距离最近的四开道岔的岔尖，作为前车识别位置
	移动授权计算	MA终点不得侵入未拿到资源锁的道岔的防护范围
		同向追踪，MA不得越过前车最小安全后端向后回撤一个安全防护距离
		全线布置列车检测占用的设备
		列车进入盲区前，如果仍未获知前方信号机状态，列车输出紧急制动
		移动授权应考虑基于感知的侧线侵线防护
		车头越过红灯信号机后，列车输出紧急制动
	资源管理	道岔防护距离需要考虑列车的退行、溜车、侵限
		列车只能释放车身之后的资源
错误的速度控制	超速防护功能	ATP系统应一直监督列车速度不能超过线路最低限速，超过后立即输出EB
	测速测距功能	测速模块应保证速度的正确性
	移动授权计算	如果前车识别失败则不进行MA计算
		MA终点不得侵入未拿到资源锁的道岔的防护范围
前车发生后溜或退行或跳跃	后溜/退行/跳跃防护	后溜防护、跳跃防护必须考虑车挡位置

续上表

危害	功能	安全需求
通信列车解体导致撞车	完整性丢失监督	ATP系统需要对列车完整性进行实时监督
		当完整性丢失时，ATP系统需要立即施加紧急制动，直到设备下电重启后才能缓解
线路限速没有遵守	限制速度计算	信号系统需计算保证列车不越过由MA计算出的制动曲线
		信号系统计算EBI时应使用列车可能经过区域的最差坡度
	超速防护功能	ATP系统应一直监督列车速度不能超过线路最低限速，超过后立即输出EB
没有设置临时限速	临时限速管理	信号系统应获得车身范围内和车头前方MA范围内的临时限速信息用于EBI计算
列车运行在没有锁闭到规定位置的道岔上脱轨	资源管理	道岔没有锁闭在规定位置时，禁止列车驶入
		道岔不在规定位置或者没有锁闭时，信号机禁止开放
		列车接近道岔时，信号系统保证道岔不能转动
轨道上有侵限物体导致脱轨	感知障碍物检测	感知设备应检测列车前方限界区域内的障碍物信息，并准确计算列车车头到障碍物间的距离
当道岔区域存在列车时，道岔被错误动作	资源管理	VOBC系统应禁止转动本列车占压道岔区段的道岔
		当道岔区段存在其他列车时，VOBC系统应能检测到并进行防护
列车与平交道口上的车辆相撞	感知障碍物检测	感知设备应检测列车前方限界区域内的障碍物信息，并准确计算列车车头到障碍物间的距离
前方车挡没有检测到		
前方系统结构物没有检测到		
列车的站台门打开时列车进站	站台门状态监督	当站台门状态丢失时，列车应实施紧急制动，避免列车移动
列车出站过程中，站台门打开		
列车紧急停车按钮激活时列车进站	管理站台紧急停车按钮	紧急停车按钮激活应避免列车进站，已进站和出站过程中的列车实施紧急制动
列车运行过程中，紧急手柄拉下列车未响应	紧急手柄防护	紧急手柄下拉时，信号系统应立即输出紧急制动
列车进行开关门作业过程中，列车移动	监督车门状态	列车行驶过程中，若采集到的车门状态非“关闭且锁闭”，应根据需求进行切除牵引或者输出紧急制动处理
		列车停稳时，若采集到的车门状态非“关闭且锁闭”，信号系统应向车辆发送牵引切除命令，持续至车门状态恢复“关闭且锁闭”为止
列车未对标停车时，信号系统控制站台门开启	站台门状态监督	列车在站台停车点停准停稳后，才允许控制站台门
		监督车头所处站台或车头前方站台的站台门状态，若站台门打开应采取相应措施
列车未对标停车时，车载设备控制车门开启	监督车门状态	所有车门都关闭后，车辆才能向信号系统发送车门关闭且锁闭信息，除非业主有特别的要求

续上表

危害	功能	安全需求
司机上下车过程中，自动驾驶列车移动	折返	信号系统应防止折返过程中列车误启动
	溜车	信号系统应对停车过程中的列车溜逸进行防护
列车站间运行时车门打开	监督车门状态	列车站间行驶过程中，若采集到的车门状态非"关闭且锁闭"，应输出紧急制动处理
列车站间停靠时车门打开	—	列车行驶过程中，若采集到的车门状态非"关闭且锁闭"，应根据需求进行切牵引或者输出紧急制动处理
列车与平交道口上的行人相撞	感知障碍物检测	感知设备应检测列车前方限界区域内的障碍物信息，并准确计算列车车头到障碍物间的距离
人员进入轨行区被列车撞击	—	—
列车人员从列车进入轨道区域	—	—
维修人员在轨道与列车相撞	—	—
员工在转换区，有人驾驶列车意外自动运行	—	—
乘客被困在退出运营的无人驾驶的列车上	紧急呼叫	VOBC系统需提供紧急呼叫功能，避免乘客在列车上发生危险时无法及时通知控制中心
列车完整性丢失导致人员滞留	列车完整性丢失防护	列车完整性丢失时，VOBC系统需对其进行防护
自动驾驶列车致使乘客或司机等员工在列车加减速过程中跌倒	管理列车速度曲线	VOBC系统需对ATO牵引和制动的冲击率进行控制，避免在自动驾驶列车过程中致使乘客或司机等员工在列车加减速过程中跌倒
无人驾驶列车火灾	车辆火灾	车辆火灾和站台火灾同时发生时，信号系统应优先响应车辆火灾
		列车发生车辆火灾，需要中心调度确认火灾车辆是否对临线列车造成影响，若存在影响，中心调度应采取相应措施
无人驾驶列车前方车站火灾	车站火灾	站台火灾时，信号系统应不再响应再开门命令
		列车进入站台后收到站台火灾命令，停车后应保持车门关闭不打开
救援与疏散过程中，造成人员伤亡（考虑救援车运行）	区间疏散	救援疏散时要保证疏散区列车已经停车，且不会有其他列车驶入疏散区
影响安全运营的故障的不适当或错误的响应	蠕动模式	VOBC系统在满足进入蠕动模式条件时，应在紧急制动后申请进入蠕动模式，防止列车因制动力不足造成列车相撞
	唤醒防护失效	VOBC系统应对唤醒进行防护，避免故障列车投入运营
	车辆制动系统故障	VOBC系统应对车辆制动系统故障进行防护，出现制动故障时紧急制动不缓解
	列车运行过程中的故障处理	VOBC系统应对列车运行过程中的故障进行处理，故障车不允许上线

续上表

危害	功能	安全需求
影响安全运营的故障的不适当或错误的响应	数据版本比较	VOBC系统应对数据版本进行校验,校验失败不允许上线
	设备自检故障	VOBC系统上线前需要进行自检操作
	远程RM防护	VOBC系统应对远程RM模式进行防护

列车智能鹰眼(ITE)系统作为PB-TACS新增的核心设备,是一套集车载高精度定位与智能障碍物检测于一体的综合系统。该系统具备列车初始定位、位置实时更新以及前方轨道障碍物(包括车辆、人员、异物等)检测功能。ITE系统通过与ATP子系统建立数据连接,将定位信息和障碍物检测结果传输至ATP,由ATP完成感知信息的融合计算。

ITE系统工作流程如下:首先通过激光雷达和相机传感器对列车前方环境进行实时扫描,获取大量传感器数据;随后基于这些数据,运用先进的激光SLAM和传感器融合技术,实现列车精确定位和障碍物检测;同时根据线路地形动态调整可视距离,结合障碍物检测结果综合计算列车限速值。当系统处于SIL4工作状态时,若检测到列车实际速度超过限速值,将触发紧急制动。

在系统架构设计方面,ITE系统采用了以下关键技术:安全功能与非安全功能分离设计;基于组合式故障安全的双电子架构(带故障安全比较功能);多样化电子结构设计(带故障安全比较功能)。

作为新型子系统,ITE与传统信号系统的逻辑处理方式存在本质区别,其安全功能高度依赖激光雷达等传感器设备。因此,在安全分析过程中,需要特别关注传感器性能和算法可靠性。基于安全原理,系统采用了FMEA、HAZOP、头脑风暴和历史事故分析等方法进行全面危害分析,并制订相应风险控制措施,确保风险降至可接受水平。所有安全措施均记录在危害日志中实施跟踪管理。

ITE系统的安全目标为:

(1)定位及位置更新功能达到SIL4等级。

(2)障碍物识别功能达到SIL4等级。

ITE危险源事故分析见表5-11。

ITE危险源事故分析 表5-11

危害	功能	安全需求
列车错误的定位	初始定位	轨旁感知设备的编码必须保证唯一
		禁止在道岔区域进行初始定位
		只有位置校核通过后,才能进入初始定位
		初始定位必须考虑轨旁感知设备安装误差、传感器误差以及传输延时等误差
		必须周期进行雷达自检
		必须周期进行雷达探测能力自检

续上表

危害	功能	安全需求
列车错误的定位	位置更新	位置更新时需要考虑延迟带来的位置变化
		位置更新时需要考虑算法带来的误差
	位置校正	在有轨旁感知设备的位置识别有效时，或者有其他特征点时才能进行位置校正
		位置校正时必须考虑轨旁感知设备安装误差、传感器误差以及传输延时等误差
		必须周期进行雷达自检
		必须周期进行雷达探测能力自检
		初始定位必须根据两个激光雷达识别的位置进行二取比较
错误的识别前方障碍物（车/人等）	障碍物位置计算	ITE必须根据当前位置进行轨迹线的匹配
		ITE根据激光雷达返回来的点云落在轨迹线的数量计算障碍物的位置
		障碍物识别必须根据两个激光雷达识别的位置进行二取比较
		障碍物的位置必须考虑定位误差以及雷达测距的误差
	可视距离计算	ITE必须周期计算当前位置对应的可视距离
		可视距离需要根据雷达自检结果进行计算可视距离
		可视距离需要考虑雷达分辨率、角度精度以及安装角度带来的误差
		激光雷达盲区有车时，输出可视距离为0
		可视距离计算必须进行二取比较

在轨道交通系统运营中，运营区域通常划分为区间区域和站台区域。针对站台区域的安全防护，防止乘客被列车撞击是核心安全功能。在传统CBTC系统下，对于站台人员侵入轨行区的情况，仅能依靠人工触发紧急停车按钮或其他人工干预方式，其防护效果受限于人员反应速度和准确性。PB-TACS通过ITE的障碍物识别功能，可实时检测限界区域内的障碍物并精确计算其距离，有效解决因工作人员反应不及时或操作失误导致的安全隐患。

在区间运行安全方面，防止列车相撞是关键防护功能。传统信号系统在故障情况下，后方列车可能无法准确获取前方故障列车信息，存在碰撞风险。PB-TACS通过前车感知识别技术，可精准检测前方列车位置，并结合轨道识别功能判断前车是否影响当前列车运行，从而有效预防碰撞事故。

移动授权作为列车运行和安全防护的重要依据，在CBTC系统中依赖轨旁设备提供的前车信息和资源信息进行计算。当设备故障时，只能采用人工排进路的低速运行模式，既影响运营效率又存在人为失误风险。PB-TACS结合ITE的障碍物识别和前车感知功能，可实现自动排进路和感知移动授权计算。该方案不仅能在轨旁设备故障时维持运营效率，还能在设备正常时提供额外的安全防护层。

三、RC系统危害分析

资源控制器（Resource Controller，RC）作为PB-TACS的关键地面设备，是地面ATP的重要组成部分。RC子系统通过接收ATS指令,经由OC对象控制器实现对信号机、道岔及计轴等轨旁设备的状态采集与驱动控制。同时,通过与车载子系统、相邻RC及TMC子系统的通信交互,获取地面与车载相关信息,从而执行进路控制、信号机控制、道岔控制、站台控制、资源管理及列车管理等核心功能,为列车安全高效运行提供可靠保障。

RC子系统主要功能模块包括:

(1)进路控制功能。包括各种进路的办理、锁闭、信号开放及解锁等功能。

(2)信号机控制功能。包括各种信号机的关闭、重开、封锁等功能。

(3)道岔控制功能。包括与道岔相关的单操、单锁、单解、强扳及封锁功能。

(4)站台控制功能。包括与站台相关的站台门控制、站台紧急关闭、扣车及取消扣车等功能。

(5)资源管理功能。包括资源申请、资源征用、资源释放、资源回收、共用资源、部分路径资源等功能。

(6)列车管理功能。包括列车安全位置计算、信号机亮灭计算、列车跨压判断、列车筛选、列车排序、包络管理、列车免筛、逻辑区段状态判断、列车休眠、列车动态测试、全线紧急制动、区间疏散、脱轨防护、远程RM等功能。

(7)其他功能。包括上电解锁功能、计轴复位、强制点灯、停车保证、临时限速、区域封锁、车库门控制等功能。

RC功能设计与传统联锁系统、ZC设备的区别如下:

进路、道岔及信号机控制功能严格遵循SIL4级安全标准;新增资源管理及列车管理功能在传统联锁基础上扩展,符合故障-安全原则;整体系统按照SIL4级要求设计,采用安全型计算机架构。

与传统CBTC系统相比,RC在联锁系统的基础功能上增加了部分ZC的功能,并新增及调整功能描述如下:

(1)动态进路锁闭与解锁。RC根据ATS的进路分配指令,在满足动态进路锁闭条件时执行锁闭操作。当列车出清进路中的逻辑区段后通知RC释放资源,RC在判断满足解锁条件后对进路资源进行解锁。

(2)分段进路锁闭与解锁。RC根据ATS的分段进路分配指令,在满足锁闭条件时执行分段进路锁闭。当列车出清分段进路中的逻辑区段后通知RC释放资源,RC在判断满足解锁条件后对分段进路资源进行解锁。

(3)资源征用及释放管理。列车运行需向RC提交资源征用申请。RC收到申请后对已锁闭路径中的区段资源进行检查,条件满足时向申请列车回复征用同意,列车据此计算移动授权。同一区段资源可被多列车同时申请征用,以满足多列车快速通过需求。列车驶离逻辑区段后,需向所属RC发送资源释放信息。

RC继承了联锁系统的功能,针对新增功能采用FMCA分析方法进行危害分析并生成安全需求,主要分析结果见表5-12。

RC危险源事故分析 表5-12

危害	功能	安全需求
列车包络计算过小,不能准确占用区段	列车位置计算	当列车汇报的速度方向向后,且速度不为零速时,RC应为列车车尾增加安全防护距离
		当制动后列车仍发生了溜车,此时运营应介入采取安全措施。例如,建议在坡度较大、湿滑轨道的情况下,运营应拉大行车间隔,及时告知其他列车有相邻车发生了溜车
	列车包络管理	列车包络计算时应包含传输延时
可疑端添加错误	列车包络管理、列车筛选	通信车包络进入故障车所在计轴区段,对应端应加上可疑标志
		非通信车包络前后方计轴故障车包络占用,非通信车包络应延伸到计轴远端端点,并添加可疑标记
		非通信车包络相邻包络为通信车包络,若通信车包络可疑端与非通信车包络接近,则非通信车包络接近端应染上可疑标记
		列车恢复通信后,原故障车包络转变成具有前后端可疑的通信车包络
列车不能进行正确的筛选	列车包络管理、列车筛选	筛选功能设计时应考虑占用信息采集周期
		在列车前筛时已完成安全位置计算,且列车最小安全前端与前方计轴端点小于最小车长,且前方相邻计轴空闲,则前端筛选成功,否则失败
		在列车后筛选时已完成安全位置计算,且列车最大安全后端与后方计轴端点小于最小车长,且后方相邻计轴空闲,则后端筛选成功,否则失败
		原则上,运营应禁止小于线路最小车长的列车上线作业,否则应由运营保证行车安全。 建议: (1)运营在安排列车上线前应检查是否小于最小车长,若小于不建议上线; (2)若一定要上线,则建议运营控制行车间距或时间,禁止该类车与其他车在同一个计轴区段
列车排序查询错误	列车排序	列车排序应遍历link上所有车,两两比较,安全车头、安全车尾均进行比较
采集占用信息错误	无直轨计轴占用	RC需校验计轴上传的采集状态是否完整,不完整时应导向安全侧按占用处理
		已设置的故障占用区段不应被复位操作清除
		RC人工解除应依次从车尾解除
错误允许跳跃	跳跃锁闭	跳跃车接近车为CBTC车或无车才可以跳跃
		RC每个逻辑区段仅响应一个CBTC跳跃锁闭申请,逻辑区段被跳跃锁闭后,不响应其他CBTC申请
禁止信号错误成允许信号	临时限速功能	临时限速设置成功,应关闭进路信号
		临时限速导致信号机关闭,未取消临时限速前,不支持信号重开命令开放信号机
	全线临时限速	RC收到TMC发送的全线临时限速有效,则应能对控区内的所有逻辑区段设置临时限速
	信号特开、限速特开	因设置临时限速导致的信号关闭,应通过信号特开或限速特开命令开放信息
		信号特开后,收到新增临时限速信息,则逻辑区段关联的进路将重新检查临时限速信息,并关闭已开的信号

续上表

危害	功能	安全需求
休眠状态、位置错误进行休眠	列车休眠	列车休眠检查时应检查列车前后端无可疑，否则不能设置为休眠车
		列车休眠检查时应检查列车应完全处于同一休眠唤醒轨，否则不允许休眠
		休眠列车处于休眠轨，安全位置应延伸到休眠唤醒轨端点计轴器位置，RC应记录休眠列车的位置，并给所有通信列车发送休眠车包络
		休眠唤醒失败转换为无通信列车时须人工通知调度，该列车须在休眠唤醒轨原地升级，不支持以非通信车运行
错误进行动态测试	动态测试	RC未收到列车的动态测试申请前，不能回复允许动态测试消息
		RC应检查库内正在动态测试的列车数量，若超过不允许进行动态测试
		相邻股道有其他列车正在进行动态测试，或相邻区段非休眠轨且占用，或物理区段封锁，或车库门关闭，或激活了SPKS时，RC均不允许动态测试
		申请动态测试的列车前/后端可疑，RC应不允许动态测试
		申请动态测试的列车位置不完全在原休眠轨，RC应拒绝进行动态测试，反馈失败
		列车动态测试中，若与RC通信中断，则不应继续进行动态测试
人为进行错误的原地筛选	原地筛选	收到远程筛选命令后，调度应人工确认待筛选列车所在股道以及相邻股道列车之间无其他非通信车，相邻股道内带有后端可疑的通信列车或非通信列车不能移动，才能筛选通过
		由人工保证在原地升级过程中，不会有其他列车进入待升级列车所在计轴。人工筛选的安全由司机和运营保证
		RC收到ATS不允许筛选回复后，RC不应进行筛选，清除可疑标志
免筛信息错误，不能正确进行免筛	列车免筛	RC应能将上下线的列车发给TMC，TMC维护全线列车，由TMC建立、锁定全线免筛环境
		RC应能将列车信息发送给TMC，当有通信车降级为非通信车时，应发送给TMC
		RC收到的TMC发送的全线免筛序列号与本地全线免筛序列号一致，且TMC发送的全线免筛标志为可全线免筛，且以上两条件同时满足持续时间不小于TMC与RC通信延迟时间，才能进行免筛
		免筛处理不考虑异物侵入防护，需人工确保前方非通信车占压计轴的行车安全
资源申请条件不满足时，允许资源申请	资源管理	资源申请时，满足以下任何一条可将该资源分配给该列车： (1)逻辑区段资源已分配给该列车； (2)逻辑区段为公共资源，列车为接近该进路最近的列车或列车完全在进路中
		进路锁闭和防护锁闭资源征用时要检查道岔、防护道岔、侵限区段、照明情况
列车未停稳时解锁保护区段	资源管理	保护区段解锁停稳时间要考虑跳跃时间，车停稳后才解锁保护区段
		RC应优先根据收到列车的停车保证信息解锁保护区段，否则根据保护区段倒计时解锁
无法设置临时限速	临时限速管理	RC未重启，则应缓存TMC发送的限速信息
		无法下发限速时，针对限速区应人工保证列车不超速
无法设置全线紧急制动	全线紧急制动	运营下发紧急制动命令后，应确认现场是否实际执行全线紧急制动
		设置全线紧急制动的RC，应持续将紧急制动状态发给所有与本RC通信的列车；非通信车应由运营通知司机实施紧急制动

续上表

危害	功能	安全需求
无法设置全线紧急制动	全线紧急制动	目标RC实施全线紧急制动后，运营方应确认即将驶入该区域的列车是否允许驶入
		运营取消全线紧急制动时，应确认现场情况已具备运营条件，否则不允许取消
区间疏散防护区域、脱轨防护区域建立失败，列车驶入危险区域，发生撞车	疏散防护区域功能	应根据线路要求对防护区域正确配置
		RC应支持多车同时建立不同的疏散区域
		疏散防护区域建立后，RC应给所有CBTC车发送防护区域建立状态
		非通信车无法建立防护区域，若需要区间疏散或发生脱轨时，应由运营进行人工防护
		疏散防护区域建立失败或错误取消，运营人员应及时组织人工引导，进行救援
	脱轨防护功能	RC收到列车障碍物脱轨检测状态信息，应立即为该脱轨车建立脱轨防护区域，并将防护区域发送给所有通信车
		相邻控区不应因通信中断而缩小控区范围
		RC重启上电解封前，应确认脱轨防护区域故障是否清除，否则不允许上电解封
		脱轨防护区域一旦建立不能自动消失，只通过二次确认命令取消，且在列车汇报脱轨期间不可取消
		未收到现场申请取消列车防护区域消息前，不得下发取消脱轨防护区域的命令
总人解延时不正确，提前解锁进路	停车保证	接近区段长度、停车保证总人解倒计时应配置正确
		总人解延迟解锁阶段如果收到停车保证，则停止倒计时，立即解锁；否则应继续查询停车保证，或倒计时结束后自动解锁；非通信车总人解应倒计时结束后才能解锁
		RC向接近区段上离进路始端最近的列车申请停车保证
错误下发允许进入RRM模式	远程RM	RC应检查列车车头前方至下一站站台终端之间信号机状态都为允许，否则不允许RRM模式运行
		RC应检查列车车尾至下一站台所有区段空闲且锁闭，道岔锁闭且道岔位置正确，保护区段锁闭，各锁闭方向与列车运行方向一致，否则不允许RRM模式运行
		RC应检查车尾到下一站台（含保护区段）的区段中包含的轨旁设备状态应满足列车运行的条件，且持续检查均应满足条件：站台门未打开、紧急停车按钮未按下、SPKS未激活、防淹门未关闭，否则不允许RRM模式运行
		RC应检查车尾到下一站台（含保护区段）的区段中包含的区段未进行封锁，包括区段封锁、区间疏散安全防护、脱轨防护、区间封锁，否则不允许RRM模式运行
		RC检测到RRM列车车头压入到下一站台区，立即给车载发送禁止RRM授权
错误办理组合动态进路	部分路径资源锁闭	RC接收到ATS命令后，应检查命令中逻辑区段序列是否满足拓扑关系且按锁闭方向连续排列，否则不允许办理部分进路
		给通信车办理部分路径资源锁闭时，通信车所在位置的逻辑区段应锁闭，资源完整且仅属于本车，下发的命令中锁闭方向应与列车方向相反，且无后端可疑；若下发的命令与列车方向相同，则应检查该车无前端可疑。否则检查不通过，命令处理失败
		部分进路办理时应检查进路类型、照查条件、物理区段、逻辑区段、道岔、关联道岔、侧防条件满足要求，否则部分进路办理条件检查不通过，不允许办理部分进路

续上表

危害	功能	安全需求
分段进路锁闭错误	分段进路	分段进路办理时应满足进路办理条件,否则不允许办理
		分段进路办理或锁闭时需检查进路内所有区段未被其主进路锁闭,若主进路已锁闭,则不允许办理分段进路
按钮黏连故障等,导致紧急关闭、扣车命令无效,列车与轨道上的物体相撞	紧急关闭功能	办理紧急关闭时,与该站台相关的接车进路和发车进路始端信号机应立即关闭
		站台紧急关闭按钮无效导致无法实施站台紧急关闭时,运营应通过其他方式保证安全
		取消紧急关闭前,运营应确认现场已具备取消紧急关闭后,才执行取消紧急关闭操作
	扣车功能	命令扣车和硬线扣车有效只要有一个有效,扣车就有效;取消扣车命令且硬线扣车无效后,扣车无效
		取消扣车前,运营应确认现场已具备取消扣车条件后,才能按下取消扣车操作

四、TMC系统危害分析

列车管理控制器(TMC)是PB-TACS中的地面设备,作为地面ATP的组成部分,主要功能包括去上电标志、临时限速管理、雨雪模式、全线免筛及全线临时限速等。

与传统CBTC系统的DSU子系统相比,TMC新增全线临时限速功能,可接收ATS下发的全线临时限速指令。在收到ATS两次确认指令后,TMC向RC下发该限速信息,并在设置成功后存储全线临时限速数据,同时向ATS反馈限速设置状态。

TMC采用FMCA分析方法对各功能进行危害分析,并生成安全需求,TMC危险源事故分析见表5-13。

TMC危险源事故分析 表5-13

危害	功能	安全需求
错误的去上电	去上电标记	电子地图数据、系统配置数据等数据制作应依据说明书制作并经过验证
		TMC去上电前不允许执行去上电之外的操作
临时限速管理错误	临时限速管理	TMC应校验收到的临时限速命令中限速数量是否超过整个线路临时限速最大数量,超过时合法性校验不通过
		单个临时限速包含的限速区段不能超过规定的最大区段数量
		设置的临时限速区域不连续时,不允许设置
		TMC应能根据临时限速命令正确拆分限速信息,并发送给相关的RC
		取消临时限速时,应检查取消临时限速命令中包含区段是否完整、连续,是否设置过临时限速,否则不允许取消
		TMC将设置成功的临时限速下发给相关的RC,当所有RC回复确认后,TMC应检查临时限速信息与RC回复的临时限速是否一致,不一致则不进行存盘;一致则向ATS回复二次确认成功,并进行存盘,若存盘失败TMC宕机

续上表

危害	功能	安全需求
全线临时限速管理错误	全线临时限速管理	全线临时限速全线只能设置一条
		TMC向RC下发全线临时限速信息后，应在规定时间内收到RC周期上传的全线临时限速信息，TMC将对收到的和下发的全线临时限速进行比较。对比不一致或超时，TMC删除新设置的临时限速，维持之前生效的临时限速并下发给RC；比较一致则进行存储
		设置/取消全线临时限速命令时，运营应确认全线临时限速执行是否正确，不能仅以界面显示为准
		全线临时限速和临时限速设置不冲突，可共存于线路上
		两次全线临时限速设置/取消请求命令应有超时判断，超时后则不响应该命令
		运营人员在设置/取消临时限速时，应确认临时限速执行是否正确
错误维持全线免筛环境	全线免筛	TMC应实时检查收到的RC汇报的列车ID与TMC维护的列车列表是否一致，不一致不具有全线免筛
		TMC接收RC全线免筛信息超时后，全线免筛执行失败
		如TMC当前周期未能收到所有正线RC列车信息帧，则全线免筛执行失败
存盘错误	存盘功能	TMC对设置成功的临时限速、全线临时限速、湿轨模式、区间湿轨模式进行动态存盘，存盘数据应有校验信息，存盘后进行回读比较，比较一致才能存盘成功，否则存盘失败宕机
		运营期间，不能更换TMC硬盘；若更换硬盘，因全线临时限速、临时限速、全线湿轨模式、区间湿轨模式已存盘的数据被破坏，全线列车安全应由运营保证

五、ATS子系统危害分析

ATS子系统是分布式监控系统，在控制中心、设备集中站、非设备集中站、车辆段/停车场及培训中心均部署了相应的ATS设备，包括：中央ATS设备、车站ATS设备、车辆段/停车场ATS设备以及培训中心ATS设备等。针对关键设备（如ATS服务器、车站分机），除提升硬件配置外，均采用双机热备机制以确保系统可靠性。

系统危险源分析采用功能FMEA方法，对系统各功能进行安全性分析与识别，并生成相应安全需求，ATS危险源事故分析详见表5-14。

ATS危险源事故分析 表5-14

危害	功能	安全需求
道岔区段有列车占用或进路已锁闭时实施道岔强扳	道岔强扳	运营商应确定强扳道岔的操作程序。在正线区域办理“强扳道岔”前，须人工确认该道岔区段没有列车占用，且强扳过程中没有列车即将驶入相应的道岔区段方可办理“强扳道岔”
		道岔强扳操作需要有密码防护，或者对操作人员的权限有要求
		ATS与RC使用安全通信协议
		设置道岔强扳命令下发应进行通信回路的二次确认，且需要进行操作的二次确认，如果RC反馈的道岔强命令信息预ATS下发的命令不一致，需要进行报警，已提示操作人员

续上表

危害	功能	安全需求
错误地对列车占用区段进行了计轴复位	计轴复位	需要调度员进行人工现场确认待复位计轴上无车占用
		计轴复位操作需要有密码防护,或者对操作人员的权限有要求
		ATS与RC使用安全通信协议
		设置计轴复位命令下发应进行通信回路的二次确认,且需要进行操作的二次确认,如果RC反馈的计轴复位领命信息预ATS下发的命令不一致,需要进行报警,已提示操作人员
错误下发临时限速取消命令	临时限速	取消临时限速命令下发应进行二次确认,需由TMC对ATS下的临时限速信息进行二次确认
		ATS与TMC使用安全通信协议
雨雪模式未成功设置	雨雪模式	雨雪模式设置后,调度员应关注界面雨雪模式指示灯是否点亮,若雨雪模式指示灯未点亮,则需要调度员重新设置
错误取消雨雪模式	雨雪模式	取消雨雪模式命令下发应进行操作的二次确认,需由TMC对ATS下发的取消雨雪模式信息进行二次确认
错误取消物理区段故障车占用	取消物理区段故障车占用	值班员需确认区段实际已无故障车占用,再进行取消物理区段故障车占用操作
		取消物理区段故障车占用需与RC进行二次交互确认
		取消物理区段故障车占用对话框需要显示对应的物理区段编号以及车组号,或者人工输入车组号
		值班员需对物理区段编号及车组号核对无误后再点击确认发出取消物理区段故障车占用命令
错误复位集中站列车故障占用	复位集中站列车故障占用	RC上电重启后,值班员应确认集中站所辖区段是否有设置过故障车占用,如有,需人工设置区段故障车占用,确认全部设置成功后,才可操作复位集中站列车故障占用
		复位集中站列车故障占用需与TIOC进行二次交互确认
开放限速信号	错误开放限速信号	后备模式下,值班员需要与列车司机确认前方限速信息后,才可以开放限速信号
		开放限速信号命令需与TIOC二次交互确认
		开放限速信号命令框需显示信号机编号供值班员进行确认
		TIOC需要对两次收到的信号机编号进行核对,不一致不执行开放限速信号命令

第四节　系统全生命周期安全保障

一、系统生命周期模型和阶段划分

系统生命周期(System Lifecycle)是对系统各发展阶段的过程描述。类比生命体会经历出生、成长、疾病治疗(故障维护)直至生命终结(系统报废),系统同样会经历从概念孕育、设计开发、投入使用、持续完善、故障维护直至最终报废的全过程。

欧洲电气化标准委员会(CENELEC)下属SC9XA委员会制定了针对计算机控制的列车运行控制系统的轨道交通系列标准。该标准体系以风险管理为核心,以产品生命周期为主线,整合了可靠性、系统维护、质量管理、人机工程等相关要素,构建了科学的RAMS保障体系,已在多国推广应用并被IEC委员会采纳为国际标准。该标准体系包含EN 50126(IEC 62278)、EN 50129(IEC 62425)、EN 50159(IEC 62280)和EN 50128(IEC 62279)四个部分,如图5-1所示。

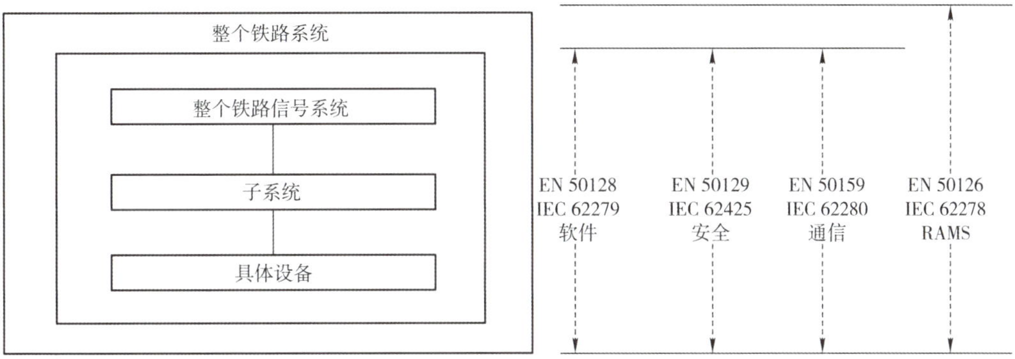

图5-1 轨道交通国际安全标准

PB-TACS生命周期模型包含4个阶段,分别为系统定义与需求分析阶段、产品设计与实现阶段、系统集成与测试阶段、系统确认阶段。该模型依据EN50126-1:2017中对轨道交通安全相关系统的生命周期的12个阶段制订,见表5-15。

生命周期阶段的RAMS任务 表5-15

PB-TACS阶段	生命周期阶段	本阶段的一般任务	本阶段的RAM任务	本阶段的安全性任务	PB-TACS阶段成果物
系统定义与需求分析阶段	1. 系统概念	建立系统的范围和目的; 调研系统环境	研究系统的一般RAM含义; 研究类似/相关系统以往的RAM需求和过去的RAM性能; 研究相关铁路税务员当前的RAM政策和目标; 为后续的系统生命周期RAM任务定义RAM管理需求的范围	研究系统的一般安全问题; 研究类似/相关系统以往的安全要求和过去的安全性能; 研究相关铁路值班人员当前的安全政策和目标; 研究安全法规; 为后续的系统生命周期安全任务定义安全管理要求的范围	安全计划; 初步危害分析报告; 危害日志

续上表

PB-TACS阶段	生命周期阶段	本阶段的一般任务	本阶段的RAM任务	本阶段的安全性任务	PB-TACS阶段成果物
系统定义与需求分析阶段	2. 系统定义和应用环境	定义系统及其任务概况； 定义系统边界； 定义操作需求的范围； 建立组织	建立RAM策略； 制订RAM计划	建立安全政策； 制订安全计划	安全计划； 初步危害分析报告； 危害日志
	3.风险分析与评估	进行相关的风险分析	执行风险分析； 更新RAM计划	实施定量风险分析； 建立危害日志； 更新安全计划； 建立独立的安全评估计划	
产品设计与实现阶段	4. 系统需求规格说明	制订系统需求	建立RAM需求规范； 更新RAM计划； 建立RAM需求的验证计划	建立安全需求规范； 建立与安全相关的应用条件； 更新危害日志； 更新安全计划； 建立安全要求的验证计划	系统危害分析报告； 接口危害分析报告； SIL评估及分配报告； 危害日志； 安全论据
	5. 系统需求的架构和分配	定义系统架构； 确定预先存在的子系统/组件的集成需求； 定义子系统/组件验收标准和过程	子系统/组件RAM需求分配； 更新RAM计划； 更新RAM需求的验证计划	执行风险分析； 子系统/组件安全需求分配； 更新与安全相关的应用条件； 更新危害日志； 更新安全计划； 更新安全要求的验证计划	
	6. 设计和实施	设计子系统/组件； 准备操作维护流程； 明确操作维护培训措施； 定义和建立生产子系统和组件的生产流程； 定义和建立系统一体化进程； 准备安装调试流程	计划进一步阶段的RAM任务； 执行RAM分析； 更新RAM计划； 更新RAM需求的验证计划	计划进一步阶段的安全任务； 进行风险分析； 更新与安全相关的应用条件； 更新危险日志； 更新安全计划； 更新安全要求的验证计划； 准备安全论据	

续上表

PB-TACS阶段	生命周期阶段	本阶段的一般任务	本阶段的RAM任务	本阶段的安全性任务	PB-TACS阶段成果物
产品设计与实现阶段	7. 生产制造	实施和操作制造流程	建立RAM保证安排； 更新RAM计划； 更新RAM需求的验证计划	建立安全保证安排； 更新与安全相关的应用条件； 更新危害日志； 更新安全计划； 更新安全要求的验证计划； 更新安全论据	系统危害分析报告； 接口危害分析报告； SIL评估及分配报告； 危害日志； 安全论据
系统集成与测试阶段	8. 集成	集成子系统和组件； 证明系统的功能； 测试和分析系统； 整理系统支持准备	建立RAM需求集成报告； 更新RAM计划； 更新RAM需求的验证计划	建立安全要求的集成报告； 更新与安全相关的应用条件； 更新危害日志； 更新安全计划； 更新安全要求的验证计划； 更新安全论据	操作与支持危害分析报告； 危害日志； 安全论据
系统确认阶段	9. 系统验证	建立验证报告； 建立操作和维护数据的获取和评估流程	建立RAM验证报告	建立安全验证报告； 更新与安全相关的应用条件； 更新危害日志； 更新安全计划； 更新安全要求的验证计划； 更新安全论据	危害日志； 安全论据
	10. 系统验收	记录验收记录； 审核验收记录	评估RAM验证	建立独立的安全评估报告； 确保与安全相关的限制条件的认可	
	11. 操作、维护和性能监控	提供所有必要的信息，以制订操作和维护的计划/流程； 执行操作和维护流程； 记录系统配置的变更	实现和维护FRACAS过程的采集和记录内存的性能数据； 维护FRACAS并定期审查FRACAS记录； 建立跟踪记录RAM的任务； RAM性能分析和评估报告	执行和维护安全性能数据的采集和记录过程； 对变更进行影响分析，并在需要时重新应用流程； 负责安全工作的跟踪记录； 建立安全性能分析和评估报告	
	12. 退役	建立退役计划和相关报告	识别RAM退役和处置的影响	确定退役和处置的安全影响	

二、系统定义与需求分析阶段

在系统定义与需求分析阶段,需对PB-TACS的安全管理进行整体规划,并开展系统初步危害分析。初步危害分析的方法和结果详见本章第三节。

同时,该阶段的一个重要工作是确定系统的风险接受准则。在轨道交通领域,EN 50126-2:2017推荐了3种国际上较为常用的安全原则:英国的ALARP原则、法国的GAME原则、德国的MEM原则。

(1)ALARP(As Low As Reasonably Practicable)原则要求在合理可行的前提下,尽可能降低风险。该原则将风险划分为三个等级(图5-2):最上层为完全不可接受区域,该区域风险必须不计代价予以消除;最下层为可忽略区域,该区域风险几乎不会对人、环境或财产造成损害;中间层为ALARP区域,该区域风险必须通过技术可行、成本合理的措施进行处理,直至风险降至最低水平。

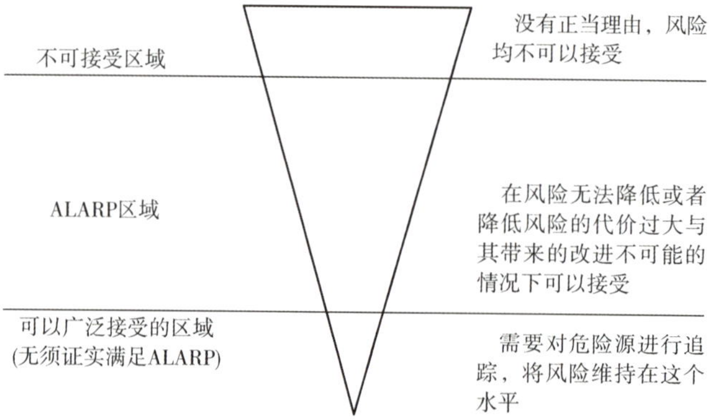

图5-2 ALARP风险区域划分

(2)GAME(Globalement Au Moins Equivalent)原则要求在进行新旧系统比较时,新系统必须在整体安全性上至少等同于现有系统,或更优。其验收准则为新系统的风险水平不得超过现有系统。

(3)MEM(Minimum Endogenous Mortality)原则的核心要求是:新系统的应用不得增加人员伤亡概率。该原则以5~15岁年龄段(工业发达国家自然死亡率最低时期)的自然死亡率$R_m=2\times10^{-4}$灾难性危险/(人·年)为基准,规定技术系统R_t导致的额外危险死亡率不得超过该限值,即$R_t \leq R_m$。

表5-16为ALARP、GAME、MEM不同风险接受准则对比。

ALARP、GAME、MEM不同风险接受准则对比 表5-16

标准	ALARP	GAME	MEM
接受标准	考虑到风险估计中的任何不确定性,如果一项措施的成本与安全收益不成比例,那么就可以认为该措施对于降低风险ALARP而言不是必需的	与现有的(旧)系统相比,新系统的风险较小或相等	系统引起的个人风险(每人和每时间的死亡率)低于MEM所容许的风险

续上表

标准	ALARP	GAME	MEM
应用领域	项目安全评估。如果要使用此方法来设置THR,则需要进行进一步的工作以将潜在的安全控制措施映射到危害	设定系统的定量风险目标;构造定性安全论据;比较两个或更多等效系统(功能或技术等效)	确定系统和子系统的定量风险目标
优势	无须参考系统。允许明确考虑安全措施的成本效益	至少保持现有的安全级别,并倾向于提高安全等级	无须参考系统;给出了独立的安全目标
劣势	控制/安全措施与危害之间的映射并不简单,需要进一步的工作来了解它们之间的关系。在某些国家/地区中,将货币价值分配给预防的死亡/伤害的方法是不可接受的	需要经验数据的参考系统;尚不清楚越来越多的风险子系统之间的相互补偿	没有广泛使用;将风险目标分配给子系统的任意假设(在系统总体风险中所占份额)

三、产品设计与实现阶段

PB-TACS通过对系统安全需求的安全完善度等级进行评估及分配,以保证在整体系统开发过程中能够满足系统的安全完善度等级要求。安全完善度等级分为4个等级(表5-17)。

(1)SIL4-最高等级,意味着系统中的整个功能对于铁路和地铁运行是至关重要的,并且系统是安全苛求系统,必须进行故障-安全设计。

(2)SIL3-高等级,意味着系统对于铁路和地铁运行是至关重要的,并且系统是安全苛求系统,需要高完善度的故障-安全设计。

(3)SIL2-中等级,意味着系统功能对铁路和地铁运行是必要的,同时系统需要中等完善度的安全设计。

(4)SIL1-低等级,意味着系统功能对于铁路和地铁运行是基本的,系统安全设计是基本完善度。

安全完善度等级(SIL)　　表5-17

安全完善度等级(SIL)	可容忍危害率(TFFR)/(小时功能)
SIL4	$10^{-9} \leq TFFR < 10^{-8}$
SIL3	$10^{-8} \leq TFFR < 10^{-7}$
SIL2	$10^{-7} \leq TFFR < 10^{-6}$
SIL1	$10^{-6} \leq TFFR < 10^{-5}$

1.SIL分配的主要程序

(1)识别系统的主要功能。

(2)基于系统危害分析结果,采用定性分析方法对各功能可能产生的危害原因及后果进行分析，运用风险图方法确定各主要功能的SIL等级。

(3)将功能分配至各子系统。

(4)根据各功能的SIL等级及子系统功能分配结果，取子系统相关功能中的最高SIL等级作为该子系统的SIL等级。

(5)依据各主要功能及子系统的SIL等级，确定软件的SIL等级。

2. 功能SIL评估方法

在PB-TACS产品SIL分配中，采用EN 50126标准中所描述的定量分析方法进行SIL等级的分配。其方法如下：

$$THR = \frac{TAR}{F \times P \times W} \tag{5-1}$$

式中：THR——可容忍故障率；

TAR——可容忍事故率；

F——暴露在危险环境的人；

P——触发事件和/或条件发生的概率；

W——危害发生的窗口期。

风险降低因素考虑了如下三个影响因子：

(1)暴露在危险环境的人F。暴露在危险环境中的人能够意识到危险的发生并采取措施从而及时地防止事故发生的可能性。

(2)触发事件和/或条件发生的概率P。导致危险事故发生的触发条件和/或事件发生的概率。

(3)危害发生的窗口期W。危险持续的时间窗口内人员暴露于危险中的可能性。

相关参数的具体定义见表5-18。

参数定义 表5-18

影响因子	分类	
暴露在危险环境的人 F	很难意识到危害的发生并采取措施及时的防止事故发生	F=1
	常规情况下可以意识到危害的发生并采取措施及时的防止事故发生	F=0.1
	很容易意识到危害的发生并采取措施及时的防止事故发生	F=0.01
触发事件和/或条件发生的概率 P	触发事件和/或条件高概率发生	P=1
	触发事件和/或条件中概率发生	P=0.1
	触发事件和/或条件低概率发生	P=0.01
危害发生的窗口期 W	在危害发生时危险环境中高概率存在人员	W=1
	在危害发生时危险环境中中概率存在人员	W=0.1
	在危害发生时危险环境中低高概率存在人员	W=0.01

如表5-19所示，依据10×7风险矩阵得到严酷度等级所对应的可容忍事故率(TAR)等级。

严酷度等级所对应的可容忍事故率（*TAR*）等级　　表5-19

频率	严酷度等级						
	微不足道	极轻微	轻微	严重	危急	重大	特别重大
目标残余风险等级	R4	R4	R4	R4	R4	R4	R3
TAR	1E−3≤*TAR*<1E−2	1E−7≤*TAR*<1E−6	1E−8≤*TAR*<1E−7	1E−9≤*TAR*<1E−8	1E−10≤*TAR*<1E−9	*TAR*<1E−10	1E−10≤*TAR*<1E−9

依据风险矩阵，R4为可接受风险，R3为可容忍风险，鉴于严酷度为特别重大的风险最大限度只能到R3，因此需与业主沟通，此种情况下接受R3的风险。

3. 系统SIL分配原则

（1）SIL评估应当基于故障可容忍风险。

（2）如果系统中不同子系统不贡献于具有高SIL等级的功能，并且低SIL等级的子系统足够独立于高SIL等级的功能，那么子系统可以有较低的SIL（或者SIL0）。

（3）在给定设备上运行的所有软件，理想情况应当有同样的SIL。

（4）系统的SIL应当至少与它最苛刻功能的SIL等级相同（比如，SIL等级最高的功能）。

4. 功能SIL分配过程

（1）确定系统的可容忍风险。

（2）确定影响因子。

（3）结合每个功能的SIL等级及对子系统功能分配的结果，将子系统相关功能中最高的SIL等级作为子系统的SIL。

根据功能和子系统的SIL，确定最终软件的SIL。

PB-TACS采用故障树FTA方式对风险进行定量计算，获得系统故障原因组合，并证明危险侧故障率满足EN 50129 SIL4/2级要求。故障树示例如图5-3所示。

PB-TACS的SIL等级示例见表5-20。

四、系统集成与测试阶段

在系统集成阶段，需开展PB-TACS的操作及支持危害分析。该危害分析旨在识别子系统在应用准备、存储、运输、安装、测试调试、操作、维护及处置等环节中与人员操作和程序相关的潜在危害，评估危害事件的原因、后果及安全风险等级，从而确定设计阶段需采取的风险消除/缓解措施，以及操作阶段人员需遵循的安全流程。

操作与支持危害分析采用过程FMECA方法，其故障模式识别流程如下。

识别各操作过程的适用故障模式：

（1）使用引导词识别故障模式。

（2）将具体操作与引导词结合形成故障模式。

主要引导词包括：未执行（应操作而未操作）；执行错误（操作实施但存在错误）。

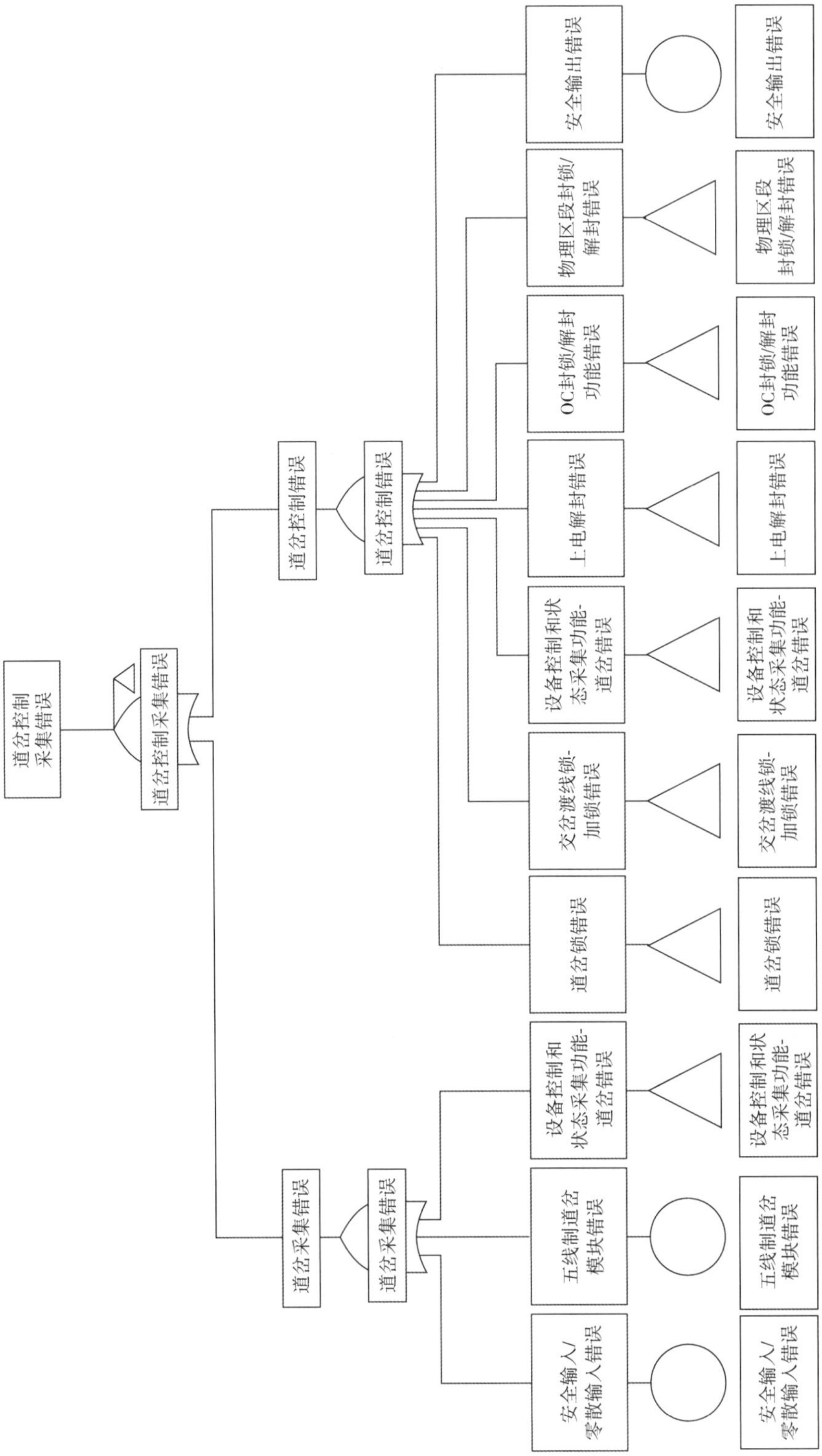
道岔控制采集错误
道岔控制采集错误
道岔控制错误
道岔控制错误
道岔采集错误
道岔采集错误
安全输出错误
物理区段封锁/解封错误
OC封锁/解封功能错误
上电解封错误
设备控制和状态采集功能-道岔错误
交岔渡线锁-加锁错误
道岔锁错误
设备控制和状态采集功能-道岔错误
五线制道岔模块错误
安全输入/零散输入错误

图5-3　故障树示例

PB-TACS的SIL等级分配 表5-20

序号	功能	ATS	地面ATP		车载ATP	ATO	DCS	MSS	ITE	备注
			RC	TMC						
F1	列车安全移动									
F1.1	确定轨道占用信息		SIL4							
F1.2	列车追踪间隔控制		SIL4						SIL4	ABL级别间隔控制
F1.3	生成信号机强制命令		SIL4							
F1.4	列车自主测速定位				SIL4				SIL4	ITE自主定位
F1.5	列车轮径校正				SIL4					
F1.6	驾驶模式和运行级别管理				SIL4	SIL2				
F1.7	列车安全制动模型计算				SIL4					采用相对制动模型
F1.8	列车超速防护				SIL4					
F1.9	退行防护				SIL4					
F1.10	红灯误出发防护				SIL4					
F1.11	故障处理	BI	SIL4	SIL4	SIL4		BI		SIL2	
F1.12	列车完整性监督				SIL4					
F1.13	管理临时限速	SIL2	SIL4	SIL4	SIL4					
F1.14	双向运行	BI	SIL4		SIL4					
F1.15	管理数据库版本		SIL4		SIL4					
F1.16	全线免筛		SIL4	SIL4	SIL4					
F1.17	主动障碍物检测				SIL4				SIL4	
F2	列车自动驾驶									
F2.1	列车自动驾驶启动					SIL2				

续上表

序号	功能	ATS	地面ATP		车载ATP	ATO	DCS	MSS	ITE	备注
			RC	TMC						
F2	列车自动驾驶									
F2.2	区间运行时间控制	BI				SIL2				
F2.3	控制列车进站停车					SIL2				
F2.4	自动驾驶舒适度控制					BI				
F2.5	计算牵引和制动命令					SIL2				
F2.6	列车节能运行	BI				BI				
F2.7	管理列车折返	BI	SIL4		BI	BI				增加任意位置折返功能
F2.8	管理跳停	BI	BI		BI	BI				
F2.9	管理扣车	BI	SIL4		BI	BI				
F2.10	停车精度缓慢跳跃调整		SIL4		SIL4	SIL2				
F3	联锁控制									
F3.1	操作表示		BI							
F3.2	进路控制		SIL4							
F3.3	道岔控制		SIL4							
F3.4	信号机控制		SIL4							增加后备感知级别模式
F3.5	轨道区域封锁		SIL4							
F3.6	车载自主申请和释放线路资源		SIL4		SIL4					车载自主申请和释放资源
F4	列车自动监控									
F4.1	信息采集获取	BI								
F4.2	行车信息显示	BI								
F4.3	时刻表/运行图管理	BI								
F4.4	列车运用计划管理	BI								

续上表

序号	功能	ATS	地面ATP		车载ATP	ATO	DCS	MSS	ITE	备注
			RC	TMC						
F4	列车自动监控									
F4.5	列车运行调整	BI								
F4.6	用户管理	BI								
F4.7	回放	BI								
F4.8	ATS子系统联动	BI								
F4.9	车辆信息监视	BI			BI					
F4.10	列车运行图全程管理	BI								
F4.11	进路操作	BI	SIL4							
F5	保护和辅助乘客									
F5.1	管理列车车门				SIL4	SIL2				
F5.2	管理站台门		SIL4		SIL4	SIL2				
F5.3	防护列车安全停靠站				SIL4	SIL2				
F5.4	授权驶离站台		SIL4		SIL4	SIL2				
F5.5	管理站台紧急停车按钮		SIL4		SIL4					
F6	辅助列车运行									
F6.1	设备上电自检		SIL4	SIL4	SIL4	SIL2				
F6.2	设备自诊断		SIL4	SIL4	SIL4	SIL2				
F6.3	车载设备日检				BI	BI				
F6.4	车载设备监测		SIL4	SIL4	SIL4	SIL2				
F6.5	向司机显示详细驾驶信息				BI	BI				
F7	信息传输及管理									
F7.1	通信传输						BI			
F7.2	车-地双向通信						BI			
F7.3	网络数据记录						BI			

续上表

序号	功能	ATS	地面ATP		车载ATP	ATO	DCS	MSS	ITE	备注
			RC	TMC						
F7	信息传输及管理									
F7.4	网络管理						BI			
F8	提供维护监测									
F8.1	数据采集和存储	BI	BI	BI	BI			BI		
F8.2	维护管理	BI	BI	BI	BI			BI		
F8.3	故障报警	BI	BI	BI	BI			BI		
F8.4	统计与报表	BI	BI	BI	BI			BI		
F8.5	设备信息管理							BI		

基于通用过程模型识别故障原因(各输入项或执行错误均可能导致结果错误)。

(1)过程/方法因素:步骤缺失、指示不清等。

(2)人员因素:知识能力不足、操作疏忽等。

(3)输入因素:输入错误、信息不全等。

(4)工具/设备因素:工具误用、设备失效等。

PB-TACS开展操作与支持危害分析主要内容:

(1)以人员操作为核心,按程序逐步分析潜在危害,重点关注设计缺陷(设计/程序不合理)和误操作风险。

(2)风险控制措施须纳入设计方案。

(3)通过安全装置或规程管控危害行为。

(4)在操作维护手册中明确安全任务和警示。

PB-TACS的操作和支持危险源主要记录见表5-21。

操作和支持危险源记录表(部分)　　表5-21

过程描述	故障模式	故障原因	故障影响	潜在事故	缓解措施	负责方
ITE的单激光雷达朝向安装	单激光雷达朝向安装错误,前后安装错误,点云视野朝向车内	人为疏忽支架对称结构	雷达无法与相机标定双雷达无法匹配	系统功能无法使用,列车停车	(1)手册注明雷达方向和在支架的相对位置。手册中有安装效果的3D图作为校核;雷达数据确认时手册注明与相机联合标定,确定数据的方法; (2)对安装人员进行指导和培训; (3)当雷达安装孔左右对称时,支架具有防错结构,避免安装错误	安装手册、工程设计

续上表

过程描述	故障模式	故障原因	故障影响	潜在事故	缓解措施	负责方
ITE的单CPU系统应用程序版本烧录	CPU系统应用程序版本烧录错误，CPU1故障的结果与CPU2未故障的计算错误的软件版本输出结果一致	人因错误	平台无法判断输出不可用	可能撞击前方障碍物	系统版本号必须由现场人员通过检查单进行校核比对	安装调试手册
ITE的轨旁感知设备安装	轨旁感知设备列间距错误，轨旁感知设备间距重复或者小于可分辨的列间距	人因错误/手册未注明	导致错误识别或者无法识别	系统SIL4定位功能丧失，列车停车	(1)安装指导手册明确编码间距； (2)动车调试时，需要确认每一个轨旁感知设备的识别ID正确，且与地图中ID一致； (3)牌间距设计上编码间距必须大于0.5m	安装调试手册、工程设计
ITE与ITP通信	ITE不再输出数据包给ITP，平台系统软件宕机	硬件故障	系统停在故障态，不再输出数据包	影响了列车运营	(1)手册明确司机操作，低速行车； (2)由维护人员介入处理，维护方法写入维护手册	使用手册、维护手册
RC机柜内部接地	未进行接地	信号地和防雷地未分开	设备损坏或人员触电	设备损坏或人员触电	安装手册中应明确机柜信号地和防雷地的接地要求	安装手册
RC预防性维护-周期性维护要求	人员操作错误	人员操作错误导致触电	设备损坏或人员受伤	设备损坏或人员受伤	维护手册中应明确设备维护时的带/断电要求、操作步骤和注意事项	维护手册
列车车门操作	司机下车观察或关闭PSD，未将制动手柄拉到制动位	未按照使用手册要求操作	列车溜车	车门与站台门夹人	在站台区域时，司机需要下车观察或关闭PSD时，应将制动手柄拉到制动位以防止列车溜车	使用手册

系统测试阶段通过集成测试验证各子系统集成后的交互功能，采用黑盒测试方法直接或间接获取测试结果。系统集成测试重点针对子系统间的接口功能进行验证。

五、系统确认阶段

系统确认阶段通过室内验证与确认活动（包括对PB-TACS的需求、设计、接口及数据的审查）以及现场测试活动（涵盖各子系统安装、单体调试、接口测试、功能与数据验证），确保PB-TACS安全交付运营。系统安全相关应用条件将以安全须知形式移交用户。

PB-TACS由VOBC、RC、TMC和ATS四个子系统组成。在风险分析活动中，需全面识别系统危害与操作支持危害，明确各功能的安全完整性等级（SIL），并产出功能安全要求及限制条件。系统确认阶段需对安全要求进行完整验证,以保障系统安全性。

在基于感知的车车通信列控系统全生命周期中,严格遵循CENELEC标准开展需求分析、风险分析、系统设计、产品实现及系统测试等工作;同时结合自身特点,围绕每项任务,从“标准、方法、流程、人员”四个维度落实安全保障。PB-TACS最终产品通过国外第三方认证机构的SIL4级最高安全认证,并成功应用于实际工程项目。

第五节　小　结

本章主要介绍了PB-TACS的安全保障措施。本章从系统安全特征、感知系统安全保障、系统危害分析及安全需求、系统全生命周期安全保障等方面进行了详细阐述。

系统危害分析及安全需求。PB-TACS不仅继承了既有CBTC和FAO系统的所有风险防护功能,还采用了列车自主障碍物检测技术,新增了对轨道异常、限界入侵物、设备脱落、土建坍塌变形等风险的识别能力。针对多列车对线路道岔、区段的使用冲突问题,提出了以列车为中心的资源精细化利用技术,实现轨道资源的高效利用。

系统全生命周期安全保障。PB-TACS生命周期模型包含4个阶段:系统定义与需求分析阶段、产品设计与实现阶段、系统集成与测试阶段、系统确认阶段。在系统定义与需求分析阶段,需对PB-TACS的安全管理进行整体规划,并开展系统初步危害分析。在产品设计与实现阶段,通过对系统安全需求的安全完善度等级进行评估和分配,确保整体系统开发过程满足安全完善度等级要求。

通过深入分析PB-TACS的安全特征、感知系统安全保障、系统危害分析及安全需求、系统全生命周期安全保障等措施,确保了系统的安全性、可靠性、可用性和可维护性。

第六章

工程典型案例

第一节　系统配置原则

在轨道交通智能化改造中，PB-TACS工程实施和典型案例具有重要的参考价值。其精简的设备配置原则和简化的工程实施调试流程，充分展现了该系统在轨道交通智能化升级中的显著优势，为其他线路的改造提供了宝贵经验。

信号系统作为复杂的安全苛求系统，PB-TACS在保障运行安全的前提下，突破了传统基于地面区域控制器的集中式列车运行控制模式，以车载控制器为核心，实现列车自主化运行，降低系统对地面控制设备的依赖，从而精简系统架构、优化地面设备配置，改进了传统CBTC系统复杂的地面设备配置方式。

按照子系统划分，PB-TACS主要包括ATS、ATP/ATO、DCS、MSS等子系统。

从设备分布上，系统主要由控制中心设备、车站设备、轨旁设备、车载设备及网络通信设备五部分组成，香港迪士尼线PB-TACS架构示意如图6-1所示。

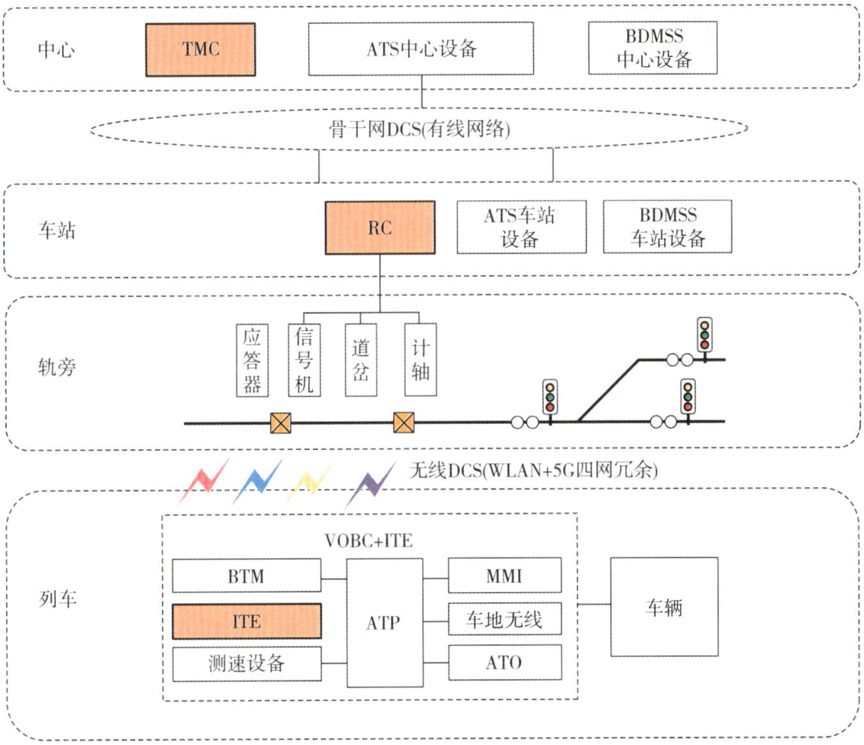

图6-1　香港迪士尼线PB-TACS架构示意图

（1）控制中心设备。控制中心设备主要由ATS中心设备、MSS中心设备和列车管理控制器设备（TMC）组成。

（2）车站设备。车站设备主要包括资源控制器设备（RC）、ATS车站分机，以及MSS车站设备。

(3)轨旁设备。轨旁设备主要包括应答器、计轴、信号机、转辙机等。

(4)车载设备。车载设备主要包括车载ATP设备、车载ATO设备、BTM设备、MMI设备、ITE设备等。ITE设备为PB-TACS提供了列车独立定位功能,可以在BTM故障情况下,仍能维持定位。同时,通过ITE设备实现主动障碍物探测功能,有效提升列车运行安全水平。

计轴和信号机支持不同的轨旁配置方式,分为三种配置方式,支持用户灵活选择:

方式一:仅在正线出入口设置计轴设备,入口计轴用于识别正线边界处列车的上下线状态。该方案轨旁设备极少,可显著降低安装、线缆敷设及运营维护成本。方式一配置方案示意如图6-2所示。

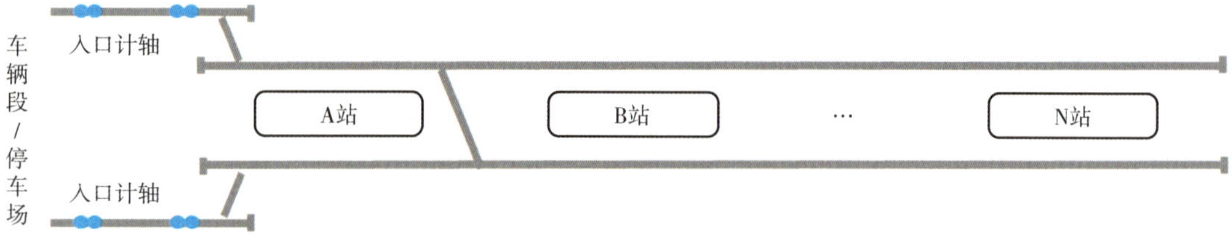

图6-2　方式一配置方案示意图

方式二:在方式一的基础上,增加道岔区域的计轴及信号机设备。其优势在于极端情况(如无线通信网络完全故障)下,仍能实现道岔区域的列车占用检测,辅助运营人员进行道岔操作。方式二配置方案示意如图6-3所示。

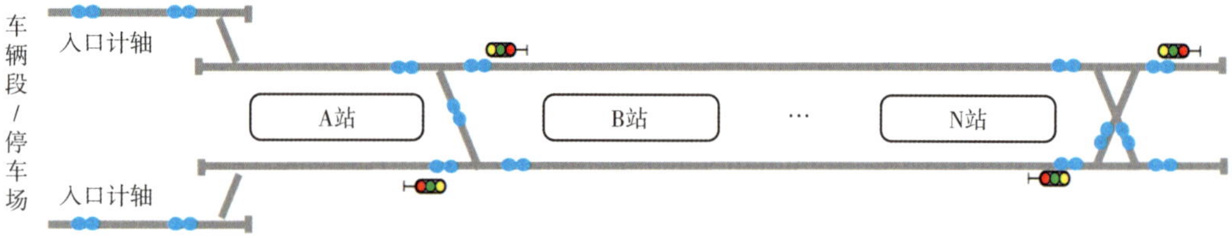

图6-3　方式二配置方案示意图

方式三:在方式二的基础上,增设站台出站计轴、保护区段计轴、区间分隔计轴及出站信号机等设备。该方案在极端通信故障情况下,系统仍可完成全线降级模式的列车占用检测和位置监督,支持按进路闭塞方式组织运营。方式三配置方案示意如图6-4所示。

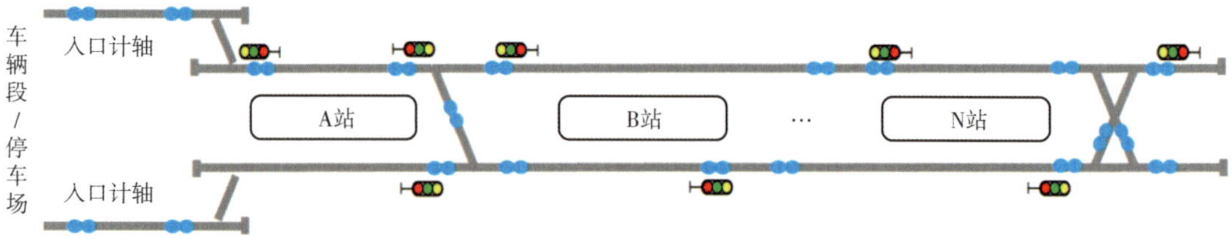

图6-4　方式三配置方案示意图

第二节　典型改造案例

随着城市轨道交通线路运营年限的增长，信号系统的更新改造需求日益规模化。未来城市轨道交通发展将逐步从“增量为主，规模扩张”阶段转向“存量为主，持续优化”阶段。新线建设体系日趋标准化和成熟化，而针对改造线路的多样化痛点，目前尚未形成有效的解决方案和实施体系。

以北京、上海等超大城市为例，早期建设线路配套的信号设备已逐步进入服役末期。这些线路多为线网骨干线路，其运力已难以满足超大线网下的客流运输需求。同时，随着客流持续增长，安全管理形势日益严峻。其中，因信号系统制式陈旧、设备老化导致的运营问题逐年增多，对这些线路的信号系统进行更新改造已刻不容缓。线路运营时间统计如图6-5所示。

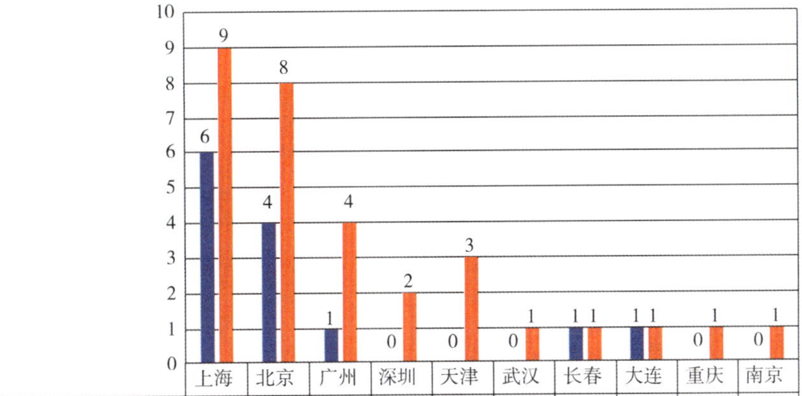

	上海	北京	广州	深圳	天津	武汉	长春	大连	重庆	南京
■运营超20年线路	6	6	1	0	0	0	1	1	0	0
■运营超15年线路	9	9	4	2	5	1	1	1	1	1

图6-5　线路运营时间统计

一、需求分析

当前改造线路主要为超大城市首批建设的骨干线路，客流培育已完成且客流量大，运营压力显著，改造过程需最大限度减少对乘客及运营的影响。在此背景下，国内改造线路普遍面临安全改造、成本控制和风险管控等需求，具体痛点如下：

痛点一：改造周期长

国内进入改造期的城市轨道交通线路均为城市交通命脉，需遵循不停运原则实施改造，确保城市正常运转和乘客服务质量。改造施工仅能在每日停运后的非运营时段进行，有效施工时间不足3h，加之日常检/维修占用时间，每周可用施工窗口极为有限，导致整体改造周期延长。据统计，北京地铁1号线改造历时5年，纽约地铁改造耗时8年，香港地铁自2015年启动的7条线路信号系统改造至2025年未全部完成。改造施工现场如图6-6所示。

图6-6　改造施工现场照片

痛点二:改造风险高

既有线改造的风险与新旧设备倒切次数、接口范围及数量、工期长短、现场调试量等因素成正比。如倒切次数越多,风险就越高,为保证第二天的正常运营,系统倒切作业时间很短,调试难度增大,安全风险管控要求高,改造事故发生概率也会随之提高。如香港地铁曾在信号系统改造测试过程中发生两列车相撞的事故。改造施工事故照片如图6-7所示。

图6-7　改造施工事故照片

痛点三:改造成本高

信号系统传统改造方案中,车载设备外设数量多、头尾通信需车辆配合,轨旁设备多、光电缆安装敷设需施工配合。因此信号系统改造工程并非单一系统改造,涉及车辆专业起车架修改造、信号轨旁设备安装及光电缆敷设施工改造、通信等专业的配合升级改造。信号系统本身成本较高,配套改造成本将翻倍,其中以车辆改造和施工配合成本投入最为显著。主要原因在于当前各专业改造均为独立招标实施,缺乏从整体改造角度统筹的责任主体,无法兼顾各系统、全局优化各相关专业的整体改造成本,导致改造成本居高不下。改造费用占比如图6-8所示。

痛点四:改造实施难

既有线路建设较早,信号系统设备用房空间有限,而传统CBTC系统设备数量较多,改造期间需支持新旧信号系统并行安装及倒切调试,新设备安装难度较大。此外,新旧车载信号系统的安装空间尤为紧张,当前CBTC系统需在车底安装用于列车定位的BTM天线,但其对安装空间、周边环境及安装距离的要求极为严格，给车载改造带来极大实施难度。

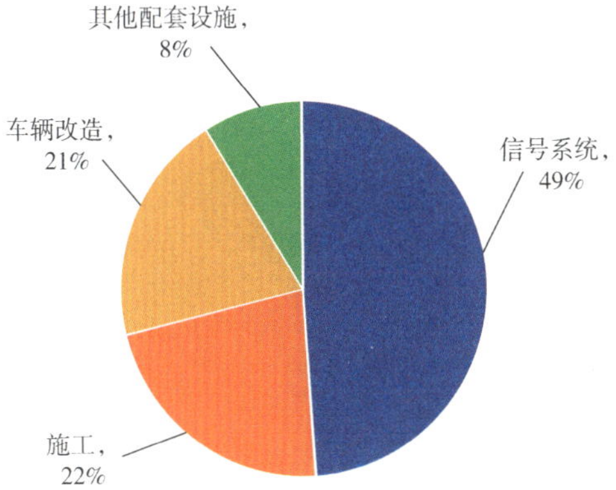

图6-8　改造费用占比

二、技术方案

PB-TACS在设计初期即针对上述改造痛点进行了深入研究与专项产品设计，能够有效解决改造过程中的技术难题，确保既有线改造顺利实施。以下从问题解决的角度，按列车、车站、轨旁三部分阐述PB-TACS采用的关键技术及应对痛点的技术方案。

（一）列车改造技术方案

车载设备的改造与安装需重点解决以下问题：

（1）改造项目中车内电气柜空间紧张。

（2）部分外设设备存在安装困难的情况。

（3）因安装外设、头尾贯通线等设备需对车辆进行架车作业，导致整体改造周期长、成本高。

针对上述问题，PB-TACS改造方案进行了针对性设计，具体设备布置如图6-9所示。

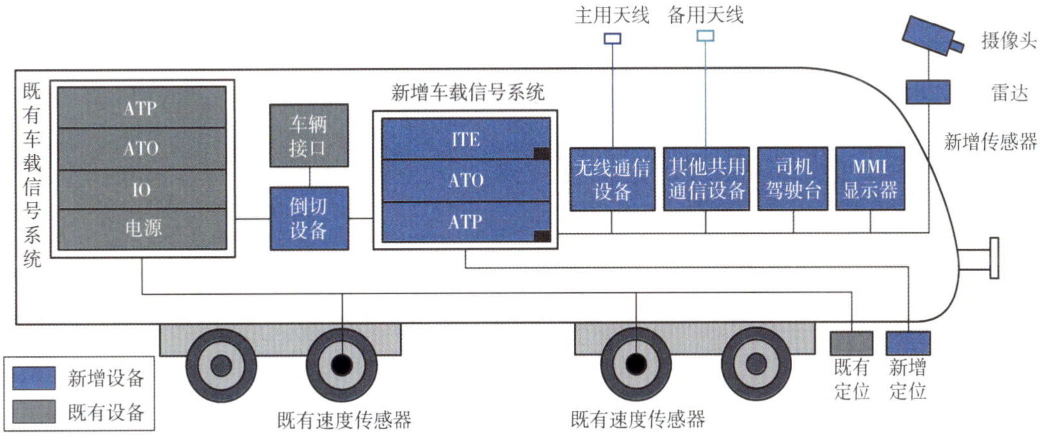

图6-9　车载改造设备示意

PB-TACS车载设备采用小型化独立插箱设计，其分布式架构便于设备灵活安装，显著降低对司机室设备安装空间的要求。设备可部署于司机台下方、客室座椅下方等位置，利于快速完成安装并尽早进入调试阶段。待整体设备调试完成后，彻底拆除既有车载设备，并将新车载设备各插箱移设至既有车辆电气柜内，完成整体设备的组装与恢复。车载改造实物如图6-10所示。

图6-10　车载改造实物

传统信号系统需在车底配置应答器天线实现定位，并依赖雷达、速度传感器等设备完成测速功能。然而，车辆底部安装空间有限，且车外设备的安装要求严苛，易受电磁信号干扰，需确保既有设备在改造期间的正常运营。PB-TACS采用新型智能感知设备实现自主定位与测速功能，其设备安装于驾驶室内，避免了与既有应答器天线、雷达的安装冲突问题。

为进一步提升系统测速精度，PB-TACS支持与既有信号系统或车辆系统的速度传感器共用，也可在车辆空余轮轴上加装新速度传感器，从而降低对既有设备的影响。

为减少对车辆车体及布线的改造影响，PB-TACS车载系统在头尾两端的主机设备间可采用无线通信方式替代传统贯通线缆敷设方式，避免车辆架车、低压配电箱调整、线缆管槽重新敷设及电磁兼容试验等工作，大幅减少架车施工作业环节，进而缩短改造周期并降低配合成本。改造后车载设备配置如图6-11所示。

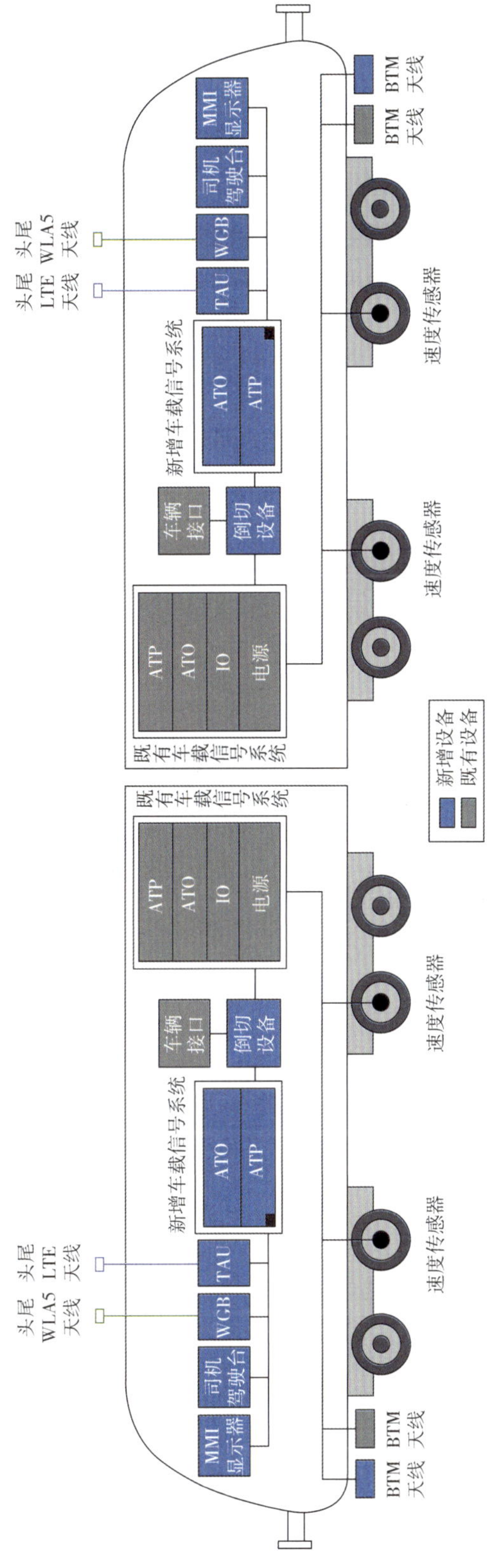

图 6-11 改造后车载设备配置

PB-TACS采用独立倒切开关设计，将车辆输入输出继电器分别连接至新/旧车载系统。通过操作倒切开关可实现新车载系统与旧车载系统的无缝切换：当切换至旧系统时，新车载系统自动进入影子模式，仅采集车辆信息而不对外输出控制指令，确保不影响既有系统运营；切换至新系统后，新系统设备可正常控制列车运行。具体切换流程如图6-12和图6-13所示。

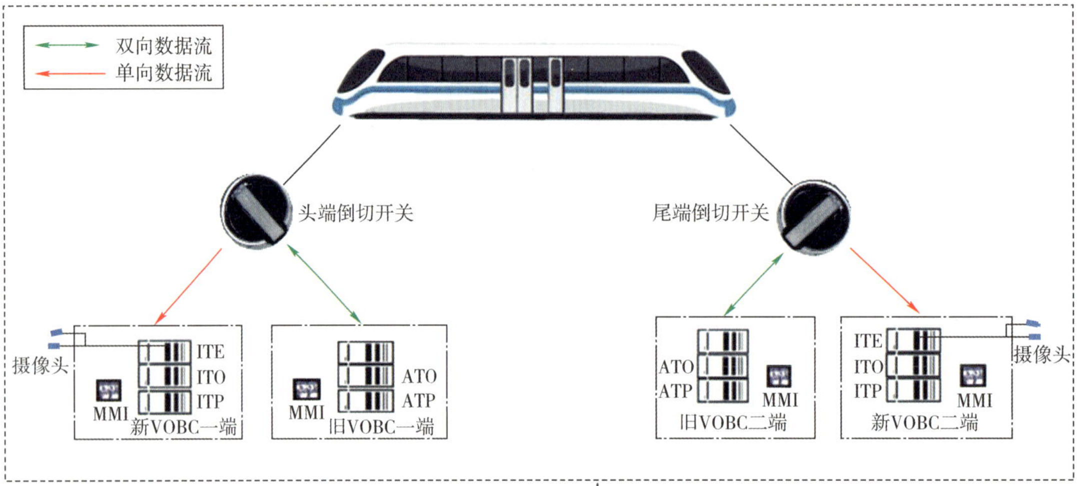

图6-12　倒切至既有车载系统示意图

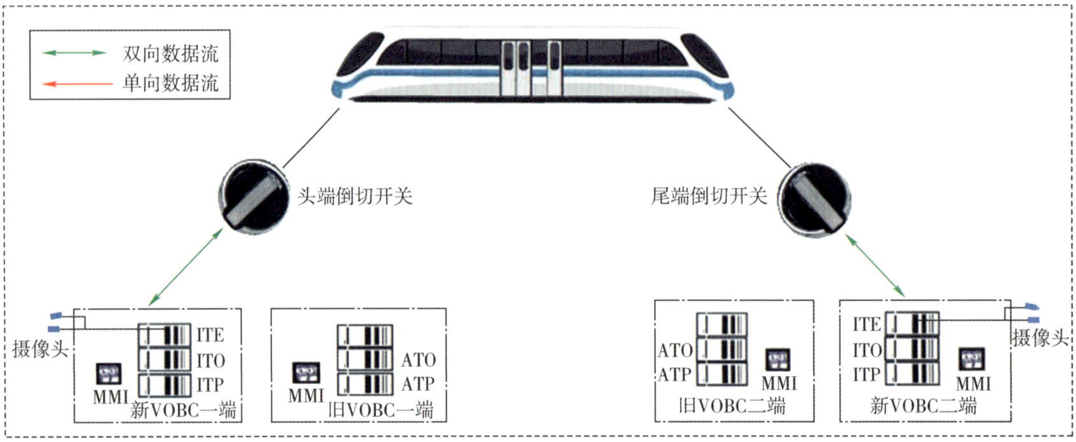

图6-13　倒切至新车载系统示意图

(二)车站改造方案

PB-TACS在车站侧取消了轨旁电子单元(LEU)、ZC及联锁系统设备的设置，仅保留资源控制器(RC)设备用于列车资源管理。RC支持集中化部署模式，在部分站点安装空间受限的情况下，可集中部署于控制中心或其他车站设备室区域。RC采用小型化硬件平台设计，可与DCS设备的交换机、BBU等设备共用机柜，显著提升设备室空间利用率。通过电子执行单元设计，替代传统的组合柜、继电器等设备，所有轨旁设备的驱动采集功能可集中布置于执行机柜内实现。倒切柜设备支持靠墙安装等灵活布置方式，最大限度优化既有车站设备室空间使用效率。待改造工程全部完成后，再统一拆除所有既有设备。具体设备室安装需求分析如图6-14所示。

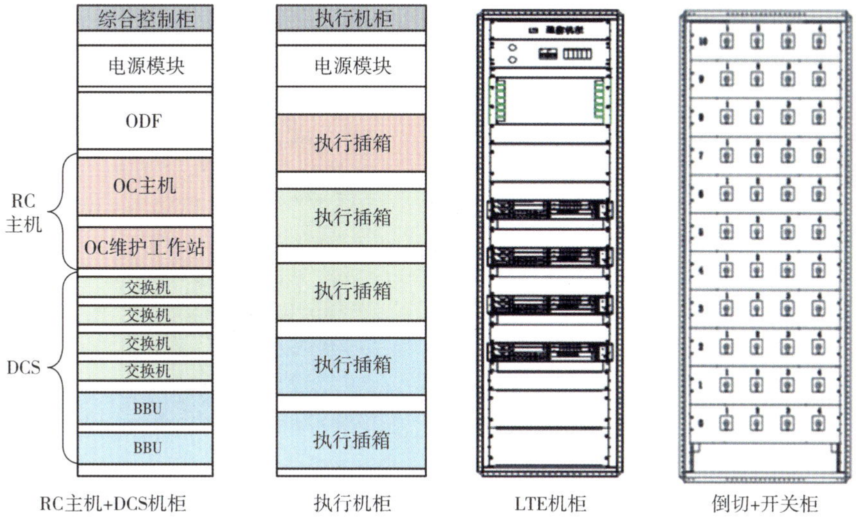

图6-14　典型集中站室内机柜优化

由于既有设备已长期运行，设备及连接电缆存在老化风险，在改造过程中应尽量避免移动或修改既有设备，以降低不可恢复损坏的可能性。基于此，信号设备倒切方案的设计遵循“不影响线路正常运营”的基本原则。方案采用专用倒切设备实现新旧系统切换：在运营时段，倒切开关保持运营位置；在运营结束后，可将倒切开关切换至调试位置进行夜间测试。具体倒切操作流程如图6-15和图6-16所示。

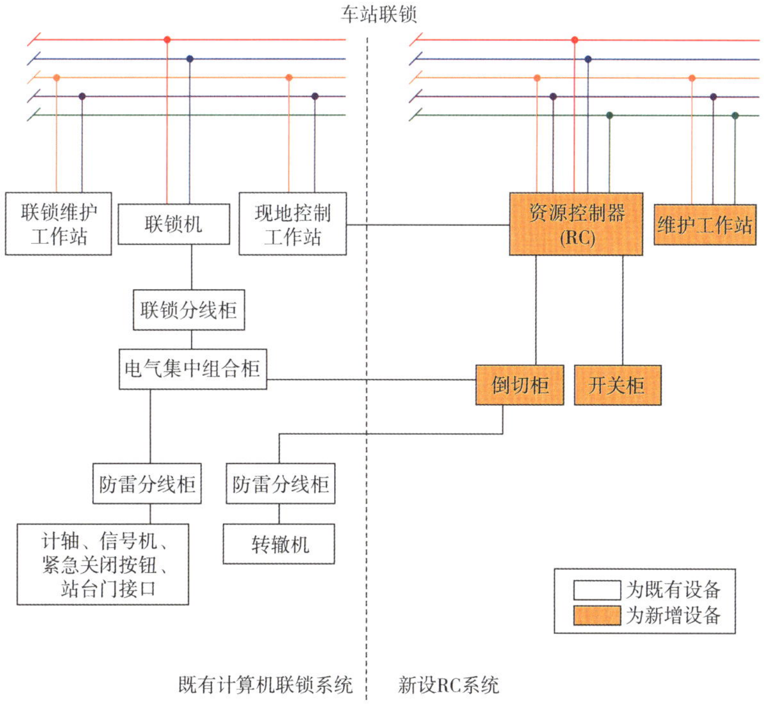

图6-15　集中站新旧设备倒切设备配置示意图

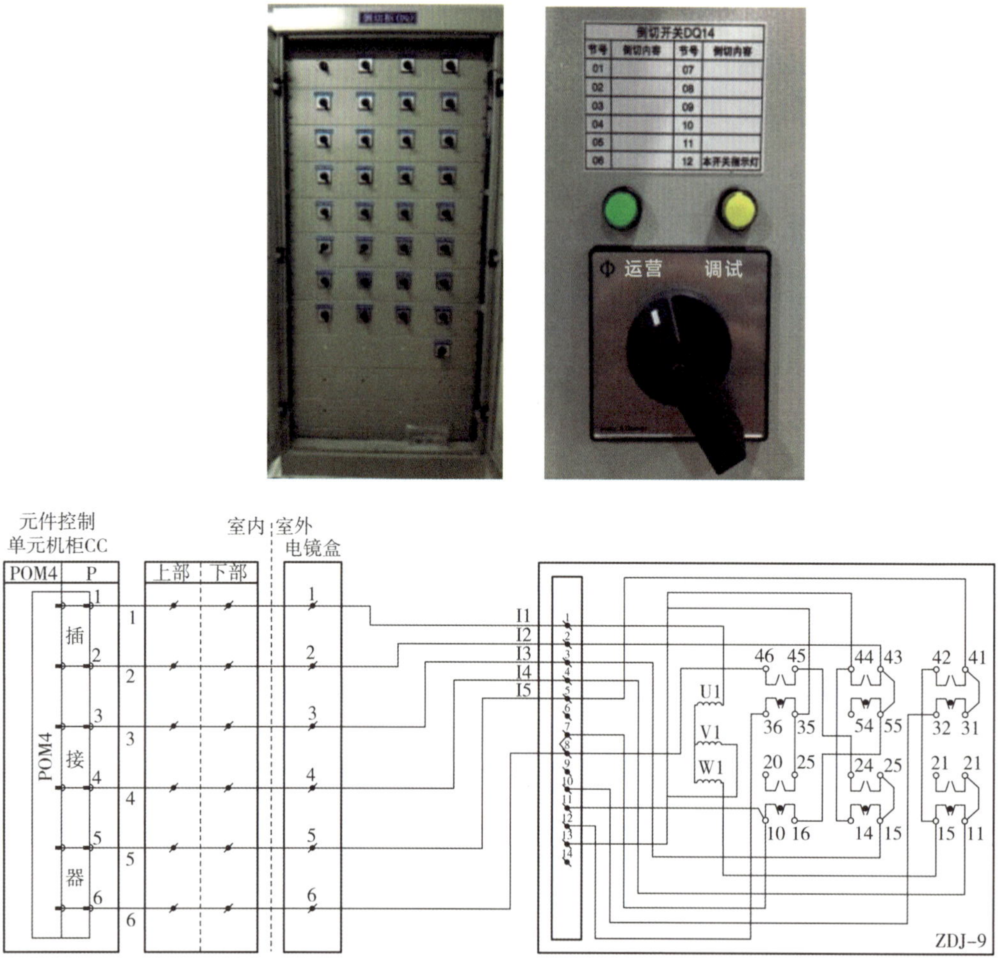

图6-16　倒切设备实物及电路示意图

(三)轨旁改造

PB-TACS综合考虑既有线改造痛点及成本因素,提供多种轨旁改造方案。具体实施包括:在正线出入口设置计轴设备;在道岔区域及出站位置安装计轴设备,其安装位置需避开既有设备,确保不影响既有系统正常运行;正线区段布置轨旁感知设备,为智能感知系统提供精确位置校验;同时复用既有道岔区域及出站信号机,保障降级模式下的运营管理。轨旁计轴及信号机具体配置示意如图6-17所示。

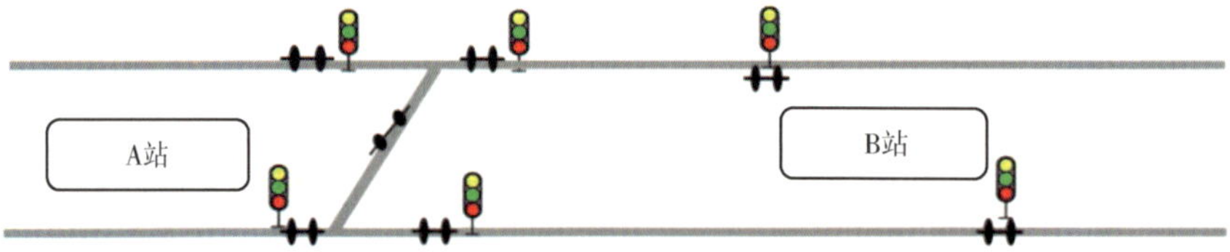

图6-17　轨旁计轴及信号机配置示意图

考虑不同改造项目的需求，轨旁设备可统一划分为新增设备和利旧设备两类。新增设备直接接入新系统且不影响既有系统，不属于改造难点，前文提及的计轴、信号机、轨旁感知设备等均可采用新增方式。而利旧设备因无法一次性改造到位，需通过设置倒切设备逐步实施改造以确保正常运营。本书以较为复杂的转辙机为例，对室内控制设备及轨旁转辙机改造实施方案说明如下：

（1）新系统安装。室内安装新系统、倒切设备并敷设室内线缆（包括新设联锁系统接口电缆、倒切过渡电缆及既有系统接口电缆），同步完成室外电缆敷设。

（2）一致性测试。分批完成既有系统通过新线缆与既有转辙机的一致性测试，以及新系统与转辙机的一致性测试；同步拆除室外旧线缆。

（3）新旧系统更换。新系统开通前拆除旧设备及相关室内配线，连接新设分线柜中的跳接电缆，实现新系统对既有轨旁设备的唯一控制。

（4）转辙机更换。利用运营天窗点时间，逐步完成室外转辙机的更换。

轨旁设备改造过程如图6-18所示。

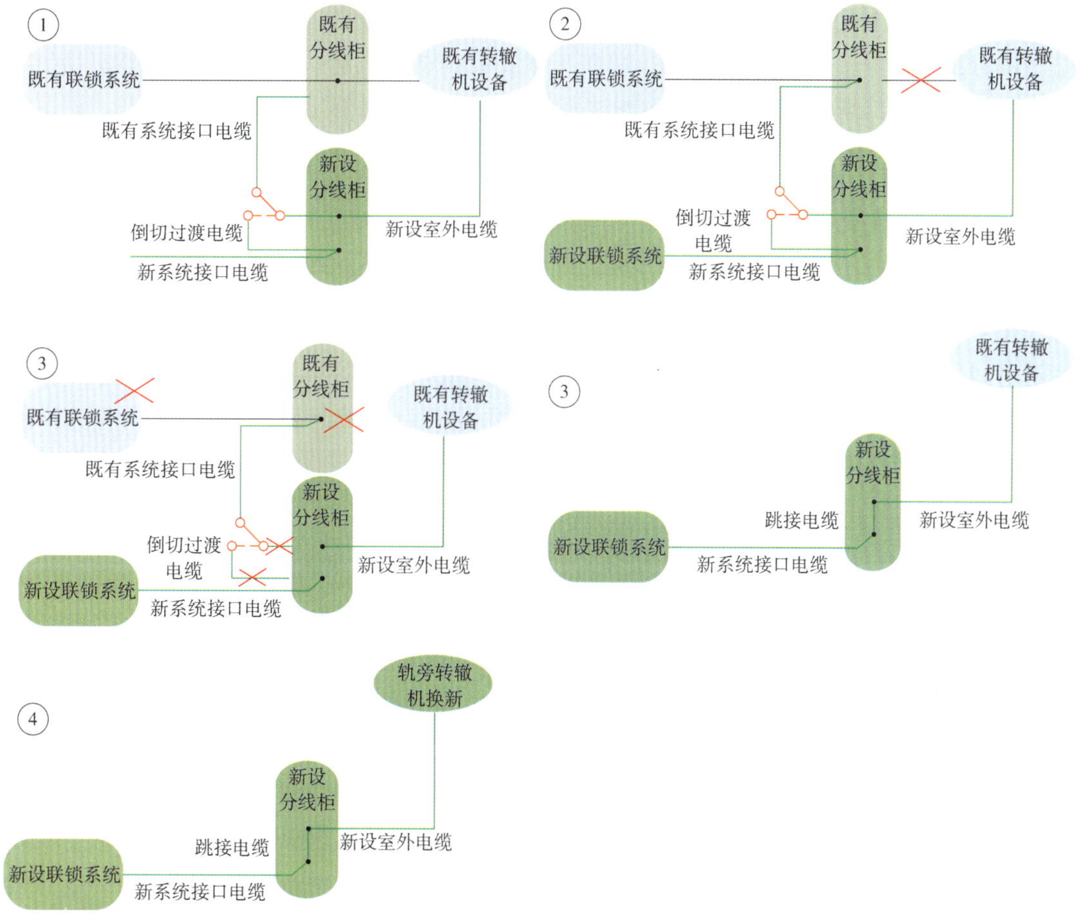

图6-18　轨旁设备改造过程

三、实施方案

信号系统发展至第5代PB-TACS,已在场景、架构、原理、功能、接口等方面实现系统性革新与进步。相应地,新系统的实施规划与测试调试方法也进行了全面的项目管理创新,构建了一套面向改造的PB-TACS项目实施体系。该体系涵盖项目实施阶段的规划,并采用新技术对调试与测试方法进行优化创新,以更好地控制改造实施全过程的风险,缩短整体改造周期,更适用于既有线信号系统改造项目的平稳实施。

(一)改造调试阶段划分

采用PB-TACS进行既有线信号系统改造时,应结合各项安装调试工作的最短关键路径,分阶段、分区域合理安排并行与交叉技术验证工作。具体实施过程可划分为三个阶段,如图6-19所示。

第一个阶段:设备改造+虚实结合调试阶段。

本阶段旨在缩短改造周期并降低倒切风险。在有限的改造时间内,尽可能多地开展并行工作,是有效缩短工期的关键方法之一。因此,本阶段在设备安装改造的同时,通过虚实结合的方式并行开展车载功能调试。即在车载安装调试完成后,即可利用地面半实物仿真系统进行车载功能调试。车载与地面调试互不影响,可分集中区、分系统实施改造。调试过程对既有系统"零影响",可完成95%以上的功能调试,节约倒切时间90%以上,显著缩短改造及调试工期,提高调试效率。

第二个阶段:影子模式调试阶段。

在白天运营期间,系统在影子模式下对列车仅进行监测而不实施控制,通过主动感知数据采集与记录,可完成80%的感知系统测试工作。同时,在运营期间进行系统逻辑交互验证及运营间隔压力测试,解决夜间大数量列车上线测试组织困难的问题。

第三个阶段:全系统联调阶段。

在前两个阶段中,已完成车载功能测试、全系统性能压力测试及RC稳定性压力测试等工作。待全系统倒切完成后,仅需利用少数夜间调试点进行运营场景测试及外专业接口功能验证,即可完成全系统联调,实现线路开通交付。

(二)虚实结合调试

在改造期间,白天运营仍需由既有系统驱动采集轨旁设备;其中,转辙机设备改造必须分批进行设备及配套线缆更换。若采用传统方法,将导致新旧系统频繁倒切,既减少有效调试时间,又增加次日运营风险。为此,在改造实施第一阶段,首先完成现场设备安装,采用虚实结合方式,在降低倒切安全风险的同时,提高夜间作业点利用率,缩短现场调试周期。

虚实结合调试方法主要采用轨旁设备半实物仿真方式对车载功能进行高效调试。新系统不直接控制地面轨旁设备,现场将道岔锁定在预定位置,整个调试过程不进行轨旁设备的控制切换,从而确保既有系统运行不受任何影响。虚实结合下的设备配置如图6-20所示。

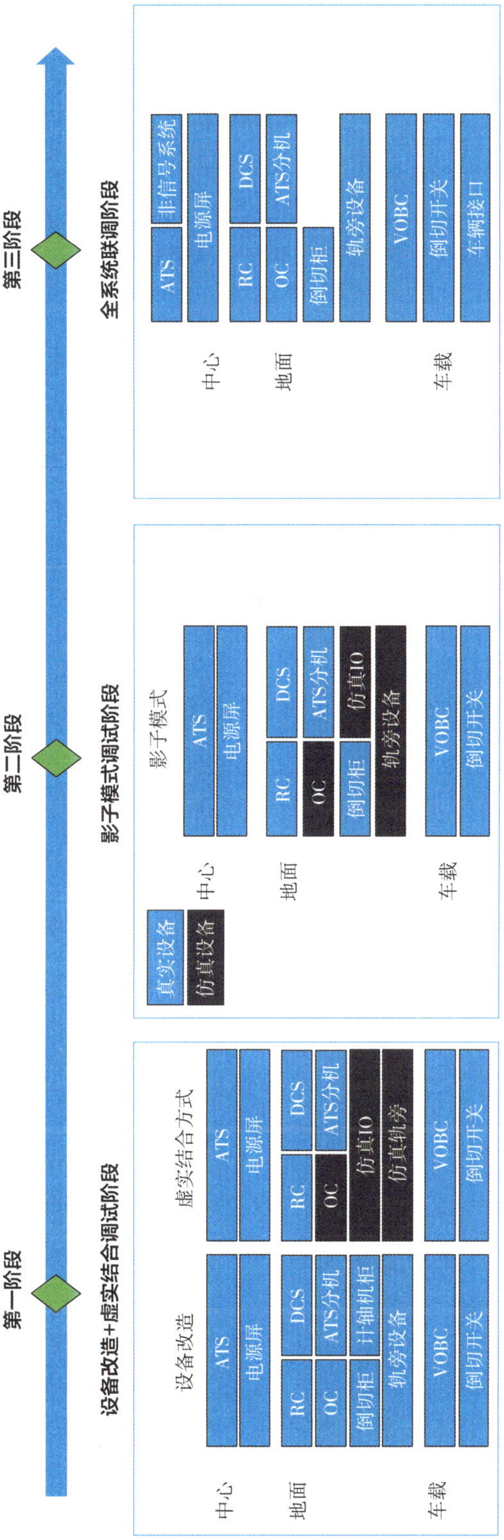

图6-19　改造调试阶段划分

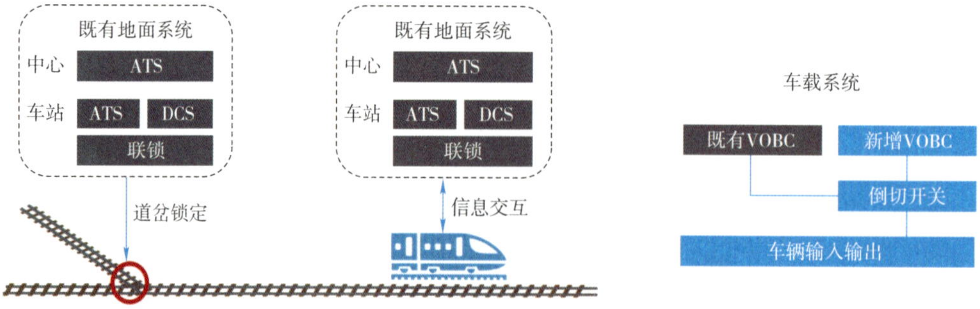

图6-20　虚实结合下的设备配置

虚实结合调试的设备配置通常包括：

(1)车载VOBC系统、车辆接口及倒切设备采用真实设备；

(2)地面ATS子系统、RC系统、DCS采用真实设备；

(3)地面配置仿真IO和仿真轨旁设备。

(三)影子模式测试

既有运营线路改造工程需实现无感化改造，确保改造过程不影响正常运营。因此，改造系统应支持分阶段实施及新旧系统混合运行模式。

通过以下测试验证系统兼容性：

(1)改造列车与既有线路地面系统混合运行测试，验证系统兼容性。

(2)改造列车与既有列车在既有线路的混跑测试。

(3)改造列车在改造后地面系统的运行测试，验证新系统功能实现。

相比新建线路，改造线路现场测试具有验证工作量大、测试时间有限的特点。为提高测试效率，在传统测试方法基础上引入"影子模式"测试方法。

影子模式的核心原理是：在不影响既有系统运营的前提下，新系统通过获取既有系统列车运行信息实现模拟运行。该模式下，新系统仅执行运行监视功能，不向既有系统输出控制指令，实现"只监不控"。

系统改造完成后，新系统与既有系统独立运行。运营期间，当车载设备切换至既有系统时，新系统进入影子模式，仍可采集列车速度等运行信息。此时既有系统保持主控地位，新系统仅通过骨干网采集数据而不驱动设备。在此模式下可进行CBTC级别升级测试，完成CBTC-CM功能数据测试及运营场景验证。影子模式系统原理如图6-21所示。

(1)被测车载及地面主机系统需接入骨干网络：车载设备从运营列车获取列车速度、位置等信息。

(2)仿真测试设备需接入骨干网：仿真驾驶台与仿真TCMS为影子模式下的被测车载设备提供列车运行控制状态及命令；仿真轨旁设备为列车提供占用信息和运行信息。

(3)地面执行单元采用单机版，地面系统通过人工或自动方式为新车载"办理进路"，设备状态均由仿真软件提供。

(4)影子模式下，被测设备的ATS子系统、TMC系统、RC系统需接入骨干网络，为影子模式下列车运行提供PB-TACS运行信息。

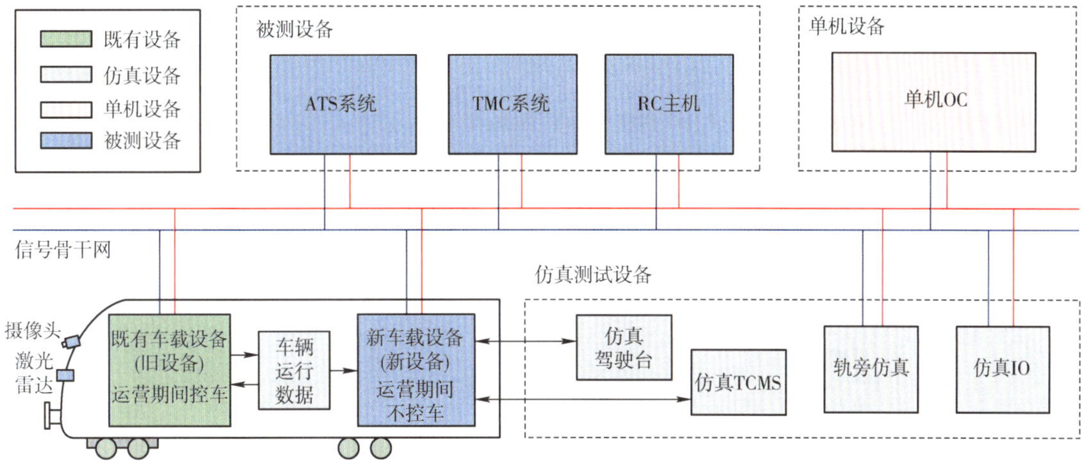

图6-21　影子模式系统原理

采用影子模式进行现场调试，可在地铁运营时段对新系统的CBTC功能及数据进行测试验证。影子模式支持CBTC-CM相关功能测试，包括列车出库、进入正线运营、站台运行、区间运行、折返等运营场景的测试及数据采集分析。

影子模式的优势在于能充分利用地铁白天的运营时段，对改造系统的车载、地面及ATS子系统进行稳定性测试。该模式有效提升了现场测试效率，同时大幅减少了对调试点的占用，使有限的调试资源可优先用于其他测试项的验证。

1.影子模式实验室测试

1)测试目的

既有线路改造实验室测试的主要目的是验证在既有信号系统与PB-TACS并行运行的情况下，确保PB-TACS切换至既有信号系统的功能正常且互不影响，同时验证切换后PB-TACS界面显示正常且不可进行任何操作。

2)测试范围

相比新建PB-TACS线路，既有线路改造测试新增了既有信号系统与改造后信号系统的兼容性测试，以及系统切换相关测试内容。实验室测试除常规PB-TACS测试外，重点增加以下测试内容：

(1)既有信号系统与PB-TACS的切换功能验证。

(2)PB-TACS设备故障情况下的系统切换验证。

(3)使用既有信号系统时PB-TACS站场界面的操作锁定验证。

执行工程确认测试用例中既有线路改造相关测试用例，测试场景和用例包含但不限于表6-1所列内容。

既有旧线路改造测试内容 表6-1

测试场景	测试内容	既有系统主用	改造后系统主用
系统切换	既有系统切换至PB-TACS	√	×
	PB-TACS切换至既有系统	×	√
	VOBC故障时,既有信号系统与PB-TACS切换	√	√
	RC故障时,既有信号系统与PB-TACS切换	√	√
	ATS故障时,既有信号系统与PB-TACS切换	√	√
站场操作	RC上电解封	√	√
	设置扣车	√	√
	设置临时限速	√	√
	道岔单操	√	√
ATS界面显示	道岔状态显示	√	√

3)测试方法

既有线路改造实验室测试在验证PB-TACS基本功能的基础上,需重点验证既有信号系统与改造后信号系统的切换功能及两系统兼容性。改造后系统切换至既有线路系统时,首次引入影子模式概念。由于实验室仅具备改造后信号系统测试环境,因此仅能验证改造后信号系统单方面切换至既有信号系统的功能,同时测试切换至影子模式后的系统界面显示效果,并验证影子模式下站场界面的操作锁定功能。

2.影子模式现场测试

1)测试目的

既有线路改造现场测试旨在确保:PB-TACS与既有信号系统间切换功能正常;系统切换后,非主用系统界面显示正常且处于"只监不控"状态;两系统具备混合运行能力。

2)测试范围

相比新建PB-TACS线路,既有线路改造测试新增两系统兼容性验证、系统间切换功能测试、列车混跑测试内容。

现场测试条件允许既有线路系统与改造后系统并行运行,主要测试内容包括:

(1)既有信号系统与PB-TACS的切换功能验证。

(2)PB-TACS设备故障时的系统切换验证。

(3)使用既有信号系统时PB-TACS站场界面的操作锁定验证。

(4)使用既有信号系统时PB-TACS界面显示验证(包括列车位置、区段占用、道岔状态、站台状态及切换状态显示)。

(5)列车混跑测试。

执行工程确认测试用例中既有线路改造相关测试用例,测试场景和用例包含但不限于表6-2所列内容。

既有旧线路改造测试场景和测试用例　　表6-2

测试场景	测试内容	既有系统主用	改造后系统主用
区间运行	既有信号系统主用时，既有信号系统的列车在区间运行，改造后系统的站场界面可正常显示列车占压信息	√	√
系统切换	既有系统切换至PB-TACS	√	×
	PB-TACS切换至既有系统	×	√
	VOBC故障时，既有信号系统与PB-TACS切换	√	√
	RC故障时，既有信号系统与PB-TACS切换	√	√
	ATS故障时，既有信号系统与PB-TACS切换	√	√
站场操作	RC上电解封	√	√
	设置扣车	√	√
	设置临时限速	√	√
	道岔单操	√	√
ATS界面显示	道岔状态显示	√	√

线路改造完成之后，应支持既有信号系统与PB-TACS信号系统混合运行，主要包括以下运行场景。

场景一：改造列车在既有地面运行，如图6-22所示。

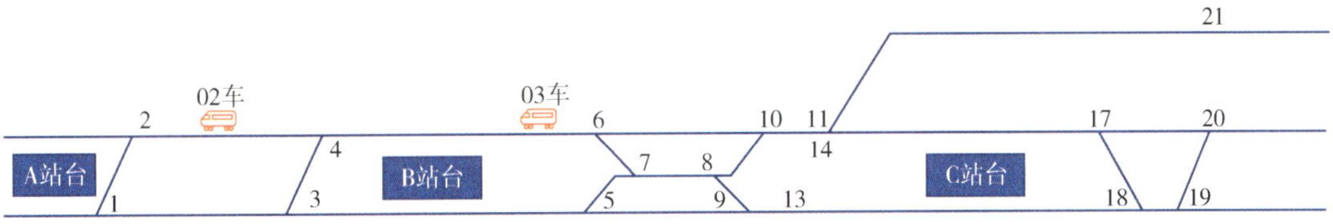

图6-22　既有信号系统与PB-TACS信号系统混合运行场景(一)

场景二：改造列车和既有列车在既有地面混合运行，如图6-23所示。

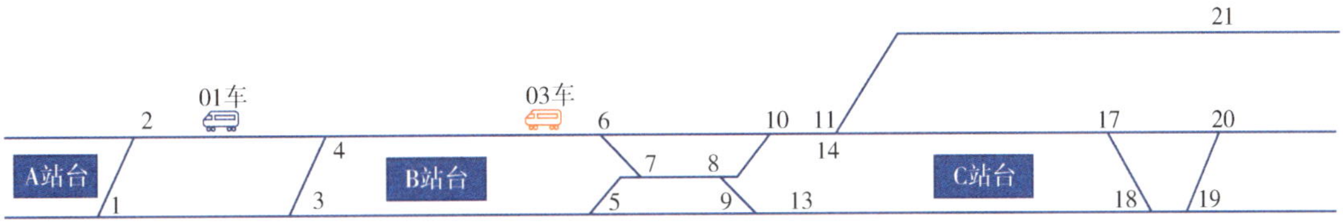

图6-23　既有信号系统与PB-TACS信号系统混合运行场景(二)

场景三：改造列车在改造地面运行，如图6-24所示。

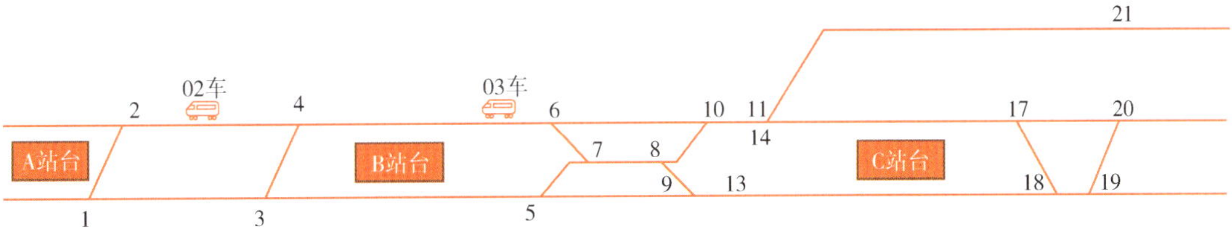

图6-24　既有信号系统与PB-TACS信号系统混合运行场景(三)

3)测试方法

既有旧线路改造测试包含新建线路的所有测试方法，在此基础上增加了针对既有旧线路系统与改造后系统切换、兼容性及混合运行的专项测试内容。

针对系统切换功能，需验证在两系统设备均正常的情况下能够顺利完成切换，且切换后主用系统可正常运行，备用系统仅实现监视功能而无控制权限；同时需验证在任一系统设备故障时，系统切换无法执行。通过上述测试确保切换功能的可靠性。

系统切换成功后，需通过检查确认备用系统界面显示正常且站场界面操作权限被禁用，以验证备用系统的"只监不控"功能，从而保证两系统的兼容性。

既有旧线路改造为无感改造，须确保改造过程不影响正常运营。因此在系统应用阶段，应支持新旧系统混合运行：

(1)测试改造列车与既有旧线路地面设备混合运行，验证改造列车与既有地面的兼容性。

(2)测试改造列车与既有旧线路列车在既有地面协同追踪运行，验证新旧列车混合运行能力。

(3)测试改造列车与改造地面系统集成运行，验证改造后系统功能完整性。

通过全类型列车混跑测试，确保系统升级改造的成功实施。

(四)全系统联调

在新系统通过虚实结合及影子模式充分验证后，需完成将所有设备切换至真实设备的倒切操作，随后开展运营综合场景测试及外专业接口功能验证。全系统联调通过后，新系统方可交付运营。改造后信号系统架构如图6-25所示。

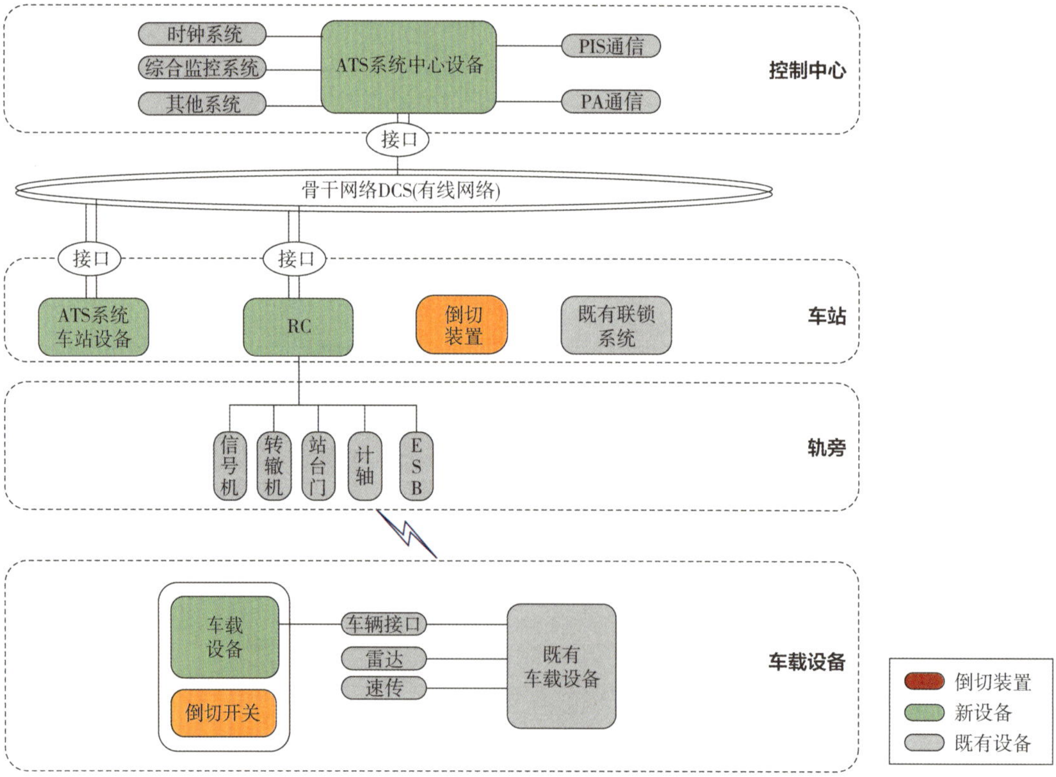

图6-25　改造后信号系统架构图

全系统联调相关测试工作应包含表6-3所列内容。

全系统系统联调测试表　　表6-3

测试类型	详细测试内容	测试类型	详细测试内容
外专业接口类	站台门联动	外专业接口类	车辆接口相关内容
	对位隔离	场景类	真实设备全系统运行
	PIS、PA接口调试	倒切类	真实设备，全线联动倒切
	RC相关接口调试		

基于上述测试内容，地面改造全部完成后，全系统开展倒切测试，仅需十余个夜间调试点即可完成运营场景测试及外专业接口功能验证。

1.PB-TACS测试方法

1）静态测试方法

静态测试（static testing）是指不执行被测代码，而通过专用测试工具评审软件文档或程序，度量静态复杂度，分析源程序的语法、结构及接口等以检查正确性。该方法通过对需求规格说明书、设计文档及源代码进行结构分析、流程图分析和符号执行来发现缺陷。静态分析可识别参数不匹配、循环/分支嵌套不当、非法递归、未使用变量、空指针引用及可疑计算等问题。测试结果可用于指导后续查错、优化测试用例选取，并为软件质量保证提供依据，最终提升系统可靠性和可维护性。

在PB-TACS中，静态测试不实际运行软件，仅通过静态检查识别数据潜在错误。数据自动化静态测试在测试阶段应用数据逻辑检查规则验证数据正确性，测试对象包括各类文档、源代码及输入数据等。静态测试可人工执行，也可借助工具自动化完成。

产品层面静态分析旨在监控代码标准与质量，提升代码可靠性，确保系统设计符合模块化、结构化和面向对象要求。例如前文所述的代码走查即静态测试过程，重点验证代码是否符合相关标准规范。通过源代码扫描或检查发现缺陷，可显著降低后期维护成本，有效保障软件质量。

工程层面静态分析需评估配置数据对系统功能的影响。数据测试主要验证数据准备说明书中各配置文件的字段定义，包括：字段级验证测试用例设计；检查字段最小/最大长度、列表值及错误消息等。

通过数据自动化测试全面检查应用设计，并采用文档审核清单，确保测试覆盖完整性。

2）动态测试方法

动态测试是通过实际运行程序，使被测代码在相对真实环境下运行，观察程序运行时的功能、逻辑、行为等，通过检查、分析程序的执行状态和外部表现来定位错误。

动态测试方法主要在集成测试、确认测试阶段使用，通过运行被测程序，执行测试用例，比对实际结果与预期结果的差异，并分析运行效率和健壮性等指标，验证系统功能及数据的正确性。该方法由三部分组成：构造测试用例、运行被测程序并执行测试用例、分析输出结果。

产品层面动态测试包括单元测试、集成测试和子系统测试。单元测试用于检查每个单元能否正确实现设计说明中的功能、性能、接口和其他设计约束要求,发现单元内可能存在的缺陷。集成测试重点验证集成单元间接口的正确性,旨在测试单元间的所有调用,达到100%覆盖率。子系统测试需搭建真实硬件环境和全套仿真软件环境,对各子系统进行100%覆盖测试。

工程层面实验室动态测试包括接口测试、确认测试和场景测试。接口测试依据接口文件对各系统间的协议与接口功能进行全覆盖测试。确认测试按照《系统需求说明书》规定的全部功能和性能要求执行测试。场景测试则完全模拟运营场景,验证系统是否满足线路运营要求的运行间隔、故障率等指标,确保项目顺利开通运营。

工程层面现场动态测试覆盖现场所有测试阶段,根据各阶段测试内容执行相应测试。

3)测试阶段

为验证整体系统功能的正确性,需对系统进行测试验证,测试阶段划分为实验室测试和现场测试两大阶段。实验室测试阶段包括集成测试和确认测试两部分,现场测试阶段主要包括现场设备安装检查、子系统调试及现场确认测试等内容。

2.面向PB-TACS测试验证最小系统

1)最小系统的原理及架构

PB-TACS运行试验平台整体遵循“硬件最小化,功能最大化”的最小系统设计理念,选取城市轨道交通PB-TACS中的核心设备和典型设备构成最小系统基础,采用功能和接口全覆盖的最小子集作为首选模型。系统采用功能接口全部预留的增量式架构,按照车载设备层、轨旁设备区、车站设备层和中心层构建仿真测试平台,模拟PB-TACS各类运营场景,满足PB-TACS测试大纲的验证要求。PB-TACS测试平台架构如图6-26所示。

中心层主要由ATS子系统中心设备构成,负责向列车下发运行计划、设置临时限速等功能,同时实时显示全线列车运行状态及线路情况。

车站设备层主要包括RC设备及ATS子系统车站设备,实现对道岔、站台门等设备的控制。

轨旁设备区包含轨旁仿真设备,为列车提供位置信息,实现列车定位功能。

车载设备层由车载控制器VOBC和感知设备组成,具备自主感知前方障碍物能力,并通过ITE子系统实现高精度定位。

2)测试验证平台

PB-TACS运行试验平台主要包括以下部分:

(1)最小系统。由车载VOBC、RC、ATS、相机、雷达等实物设备构成。

(2)车辆仿真系统。由仿真驾驶台、仿真ITE、仿真TCMS、仿真动力学、多车仿真VOBC、轨旁仿真器和信号外围仿真构成。

(3)地面仿真系统。由轨旁仿真器等构成。

PB-TACS仿真平台结构如图6-27所示。

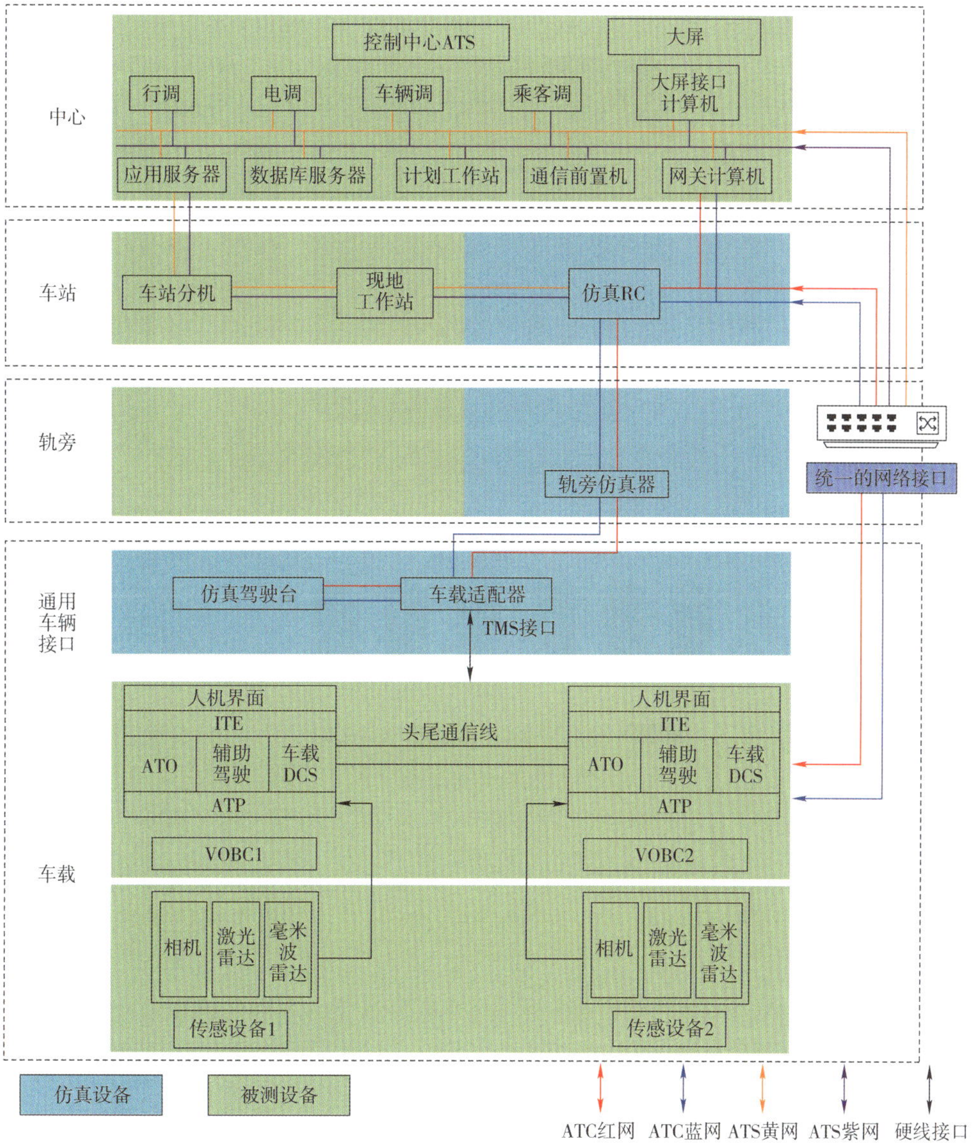

图6-26　PB-TACS测试平台架构

平台由最小系统、车辆仿真、地面仿真和信号外围仿真组成。该系统包含一个集中区的真实信号设备，结合地面仿真、车辆仿真和信号外围仿真，构建完整的测试环境，可实现室内完备的软件测试、硬件测试及软硬件集成测试等系统验证工作。测试环境主要包括：

（1）待测设备。

ATS子系统由应用服务器、车站分机、调度工作站、网关计算机、数据库服务器、通信前置机和计划工作站等组成。ATS子系统部署在云平台上，通过冗余的ATS网络获取VOBC和RC子系统提供的列车运行状态信息、信号设备状态信息及列车位置信息等。ATS软件采用层次化、模块化设计，主要分为界面层和逻辑处理层。界面层提供各类操作界面并实时显示操作提示信息,逻辑处理层通过网络接收外部数据并进行相应逻辑处理。

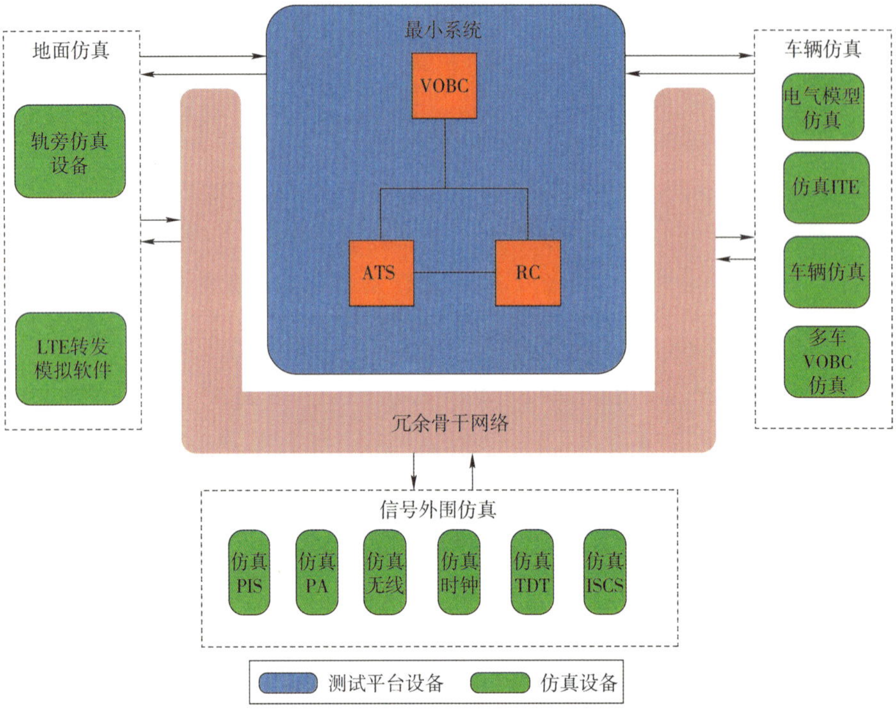

图6-27　PB-TACS仿真平台结构

RC子系统作为PB-TACS的核心地面设备,负责采集道岔、信号机、轨道电路、紧急停车按钮和站台门等室外设备状态,并控制室外执行机构。RC机柜包含电源插箱、主机插箱和IO插箱,通过DCS骨干网与VOBC、ATS进行实时双向通信,为其提供采集到的线路资源状态信息。

VOBC子系统是PB-TACS的核心控制设备,其机柜主要由主机插箱和两台IO插箱组成。车载机柜内部各模块通过POWERLINK实时以太网通信,并采用绿网和紫网两条冗余总线确保数据通信可靠性。对外通过DCS骨干网与RC、ATS进行通信和数据交互。

(2)仿真设备。

仿真ITE用于为VOBC提供速度、定位及障碍物信息模拟功能。当发生BTM故障或VOBC与RC通信中断时,仿真ITE可作为ATP后备模式,实现安全速度计算、安全位置确定、移动授权管理、EBI速度曲线生成等功能,具备超速防护和车门防护能力,确保列车在可视距离范围内保持安全运行。

轨旁仿真软件采用层次化、模块化设计架构,包含界面层和逻辑处理层。该软件主要用于线路及轨旁设备仿真,支持轨旁信号机、道岔、轨道区段、站台门等设备的故障设置与恢复操作,并提供完整的操作界面和线路状态显示功能。

车辆TCMS仿真模块负责模拟并显示列车运行信息,包括列车基本信息、综合运行数据和状态提示等内容。

驾驶台仿真器用于模拟真实列车驾驶台操作，实现对VOBC的控制功能。其控制方式包括：IO开关量控制（牵引/制动状态、车门控制、ATO激活、紧急制动等）和ATO模拟量控制。

仿真驾驶台通过测试工装插箱与VOBC连接，实现IO量和ATO模拟量的传输；同时通过网络连接车辆动力学模型，输出牵引制动状态，使车辆动力学模型能够计算列车实时速度和位置信息。

车辆动力学仿真软件通过处理来自仿真驾驶台的牵引制动数据，实时计算生成列车速度和位置信息并发送至轨旁仿真软件。该软件能够实时响应司机操作，动态调整列车运行状态，确保系统对速度和位置变化的敏感性要求。

多车VOBC仿真模型适用于线路多列车运行场景的模拟测试，为真实VOBC设备提供辅助测试支持。

3）实验室验证大纲

基于主动感知的车车通信运行系统实验室主要测试功能如下：

（1）实现基于雷达仿真、视觉仿真、速度仿真的虚拟仿真测试，通过ITE设备发送点云数据、视频流、速度信息，完成主动感知功能验证。

（2）实现车车通信测试。通过ITE获取高精定位，结合速度传感器、加速度计自主测速定位，接收RC分配的资源，综合线路信息和ITE视距自主计算列车移动授权。

（3）验证列车降级运行功能。基于车载雷达、相机等障碍物识别能力，为列车提供推荐速度及障碍物警示等降级场景下的功能测试。

通过上述测试，可动态展示轨道交通PB-TACS的创新技术。

为验证系统功能的正确性，需开展以下测试验证工作，主要包括：集成测试用例、确认测试用例、综合联调大纲及现场测试验证大纲。

（1）集成测试用例。

主要验证信号系统之间及信号系统与非信号系统的接口协议与功能。基于接口文件（如ATS-TDT接口协议、ATS-PA接口协议等）分析，形成需逐字节遍历验证的测试需求，具体内容见表6-4。

集成测试用例 表6-4

序号	集成测试用例	被测对象
1	VOBC-TCMS接口协议测试用例	VOBC与TCMS的数据发送与接收
2	ATS-PIS接口协议测试用例	ATS与PIS的数据发送与接收
3	ATS-PA接口协议测试用例	ATS与PA的数据发送与接收
4	ATS-综合监控接口协议测试用例	ATS与综合监控的数据发送与接收
5	ATS-通信时钟接口协议测试用例	ATS与通信时钟的数据发送与接收
6	车辆调-TCMS接口协议测试用例	车辆调与TCMS的数据发送与接收
7	VOBC-OEUHT接口协议测试用例	VOBC与OEUHT的数据发送与接收
8	RC-站台门接口协议测试用例	RC与站台门的数据发送与接收

(2)确认测试用例。

针对PB-TACS的功能完整性测试,确保各级别功能项和数据项的正确性,支撑CBTC阶段单车/多车调试及授权工作。测试用例涵盖正常与异常场景,通过明确操作步骤和预期结果,验证全自动运行中信号系统的可靠性。主要内容见表6-5。

工程确认测试 表6-5

序号	工程确认测试用例	序号	工程确认测试用例
1	UR级别下列车运行功能测试	5	站场界面显示及操作测试
2	ABL级别下各个模式列车运行功能测试	6	故障测试
3	CBTC级别下各个模式列车运行功能测试	7	冗余测试
4	CBTC级别列车与不同级别列车混跑	8	性能测试

(3)综合联调测试用例。

在全自动联调平台上测试多专业协同功能。以场景文件为输入,通过分析流程逻辑、信号系统与外专业联动需求,详细描述测试内容、步骤及预期结果,验证全自动运行场景下多系统联动的正确性。测试场景包括正常、故障及应急三类,具体见表6-6。

综合联调场景 表6-6

序号	综合联调测试用例		功能点描述
1	正常场景测试	运营前准备	人工上电
2		自动开站	按照当日计划自动开启车站
3		列车唤醒	远程自动唤醒,调度观察是否唤醒成功,自动静态测试、动态测试、主动感知传感器等设备的自检,司机手动设置空调电热参数,司机手动打开照明
4		出库	列车根据计划信息和线路信息,完成自主MA计算
5		进入正线服务	边界设置入口检测区,检测到非通信车闯入,通知RC
6		轨道车运行	ATS下发计划,列车按计划运行
7		列车区间运行	列车按照既定模式在区间运行
8		运营调整	按照计划运行图以及运营需要进行自动调整
9		进站停车	列车自动驾驶进站停车,控制车门和站台门一一对应打开和关闭。 未停车对标时跳跃模式对标
10		站台发车	ATS发送进站倒计时、列车根据倒计时向前申请资源并通过主动感知计算移动授权,根据ATS进站倒计时发车
11		折返换端	列车在折返换端区域自动完成换端
12		跳停	中心可针对某个站台跳停
13		临时限速运行	通过中心设置临时限速按照限速运行
14		扣车	ATS对某一站台设置扣车命令,扣车命令给到RC,RC将扣车命令发给列车,列车根据RC的扣车信息在扣车站台不再开放信号;在列车驶入该站台时,ATS向列车发送扣车指令,列车执行扣车处理

续上表

序号	综合联调测试用例		功能点描述
15	正常场景测试	清客	列车在清客站台打开车门不关闭，远程或站台人员确认清客完成后关闭车门和站台门后自动发车。 远程可取消固定清客，设置或取消临时清客
16		末班车运行	按照当日计划运行图末班车到站后进行末班车提醒
17		停止正线服务	列车回库方向，中心发送停止正线服务后，自动关闭照明、空调或电热
18		回库	车辆自动根据工况和通信状态断开，自动鸣笛，车辆自动根据工况执行
19		休眠	远程自动或人工休眠，中心车辆调度显示休眠成功失败状态，电调人工判断该供电分区内所有列车休眠完毕后，选择该供电分区是否断电，对于正线存车库线休眠列车，中心不进行供电区断电提示
20		自动关站	按照当日计划自动关闭车站
21		段内转线	列车根据计划运行
22		洗车	人工为列车设定头码，自动进入洗车库，自动按照洗车流程洗车
23		清扫	列车回到停车列检库后，可进行清扫作业
24		日检与维修	在全自动运行区停车列检库内对列车进行日常检查、维修及维护
25		库门控制	进行库门的自动开启和关闭
26		SPKS防护	探测到人员位置后，给RC发送防护区域信息
27		工作状态检测	车载VOBC系统和车辆TCMS通过增加与综合监控、IMS的接口，将列车状态、诊断信息汇总到控制中心（车辆调度和设备管理系统），强化远程监测功能
28		运行工况管理	对列车运行工况进行管理
29	故障场景测试	车门/站台门对位隔离	当列车车门故障隔离（仅对人工切除车门适用）后，本列车停站时对应的站台门应能保持锁闭不参与停站的开门作业。 当车站站台门故障被人工锁闭隔离后，列车在该站台时，该侧站台的所有列车相对应的车门也保持锁闭
30		站台门状态丢失	站台门关闭且锁紧信号无效。 站台门状态丢失处置方式： （1）车载VOBC可监督站台门的状态，如果站台门打开或失去状态表示，不允许列车进入或离开站台；对于已经位于站台内的列车，禁止其离开站台或在站台内移动； （2）当由于站台门故障打开或失去状态表示而列车无法运行时，可通过人工操作PED“互锁解除”开关来切除系统对站台门状态的监督，使列车继续运行
31		车门状态丢失	FAM/CAM模式时，车辆和信号均不自动切除列车牵引，继续运行至站台，根据中心派遣司机或站台人员处理
32		信号故障	信号系统故障后的处理
33		轨旁故障	轨旁设备故障后的处理，车载设备依赖自主感知运行
34		蠕动模式运行	车载VOBC自动向中心行调申请进入蠕动模式运行，蠕动模式时限速25km/h，运行至下一个站台停车后打开车门不关闭，等待司机上车处理

续上表

序号	综合联调测试用例		功能点描述
35	故障场景测试	FAM/CAM 模式转换	全自动驾驶模式(FAM)下实现列车的全自动驾驶功能。该模式为全自动驾驶线路的主要驾驶模式,仅当列车处于全自动驾驶区域中才能使用。 蠕动模式(CAM)为全自动驾驶模式下,车辆网络出现故障,或车辆TCMS与车载VOBC通信故障时,列车限速运行的一种模式
36		远程RRM	进入远程RM模式
37		紧急制动缓解	自动缓解:导致紧急制动的条件自动恢复后,不需要人工或远程参与,即可缓解。 远程人工缓解:需由中心综合监控,远程将导致紧急制动的条件恢复,远程缓解;或导致紧急制动的条件无法恢复,需由中心综合监控,远程人工旁路该条件,远程旁路指令车辆自动缓解。 本地人工缓解:需司机上车人工操作
38		车辆制动系统故障	在车辆制动系统故障车辆制动力损失的情况下,车载VOBC应能以一定的策略对列车进行控制
39		车上设备复位	车上设备复位处理
40		车上设备旁路	车上设备旁路处理
41		列车远程控制功能	列车远程控制功能
42		再关门控制	列车切除牵引,等待人工处理后,再发车
43		远程重启	远程对设备进行重启操作
44	应急场景测试	恶劣天气模式	中心设置转雨雪模式自动运行控制
45		工程车运行	工程车的运行
46		障碍物脱轨检测	列车依靠主动感知到障碍物、脱轨信息后,输出紧急制动
47		车辆火灾	车辆烟火报警上报中心行调和车辆调度,由中心车辆调度通过车载VMS推送的指定画面进行查看,并确认是否发生火灾,进行火灾确认或FAS复位
48		站台火灾	车站发生火灾时,综合监控、列车按照一定的规则完成相应处理的功能。 当该火灾站台存在停站列车时:停站列车应关闭车门;行调人员应立即发车。 当该火灾站台前方区间有待进站列车时:待进站列车接收到综合监控发送的车站火灾应急指令后,若出站信号开放,满足跳停条件,则实施跳停,否则,停在站外,若实施紧急制动停在站外已进入站台区域则立即最大常用制动停车。 车站火灾情况下,如果列车紧急制动刚好停在站台停车窗内,车载VOBC不自动打开车门

续上表

序号	综合联调测试用例		功能点描述
49	应急场景测试	区间火灾	区间发生火灾时，信号、综合监控等系统按照一定的规则完成相应处理。当FAS检测到区间发生火灾时，综合监控进行火灾报警，并将火灾报警信息传送给ATS子系统；当人员发现火灾信息，并先向中心报警，综合监控将火灾报警信息传送给ATS子系统。 综合监控系统应在环调工作站上自动弹出火灾应急指令确认窗，待行调确认后联动相邻车站扣车等处理；综合监控联动区间火灾应急模式
50		远程紧急制动	单列车：中心综合监控应具备对线路上运行的单列全自动驾驶列车(FAM或CAM模式)实施紧急制动和取消紧急制动功能。 全线列车：中心综合监控应具备对全线全自动驾驶列车（FAM或CAM模式）实施紧急制动和取消紧急制动功能。全线列车紧急功能应有相应的权限管理
51		紧急手柄	对紧急手柄的响应
52		紧急呼叫	客室内设置紧急呼叫按钮，当乘客触发客室内的紧急呼叫按钮后，可与中心调度台通话。 中心不需要通过紧急对讲对车上乘客进行呼叫
53		救援	列车因严重故障无法行驶时，人工驾驶救援列车救援故障列车，使故障列车行驶到维修区域。当车体外指示灯故障时，无法表示列车是否即将动车的状态，需中心远程施加紧急制动，确保列车不会移动后，人员上车
54		区间积水	发现区间有积水的处理
55		区间疏散	列车停在区间，需要疏散乘客时，需远程引导乘客疏散
56		乘客远程服务	乘客远程呼叫
57		站台紧急关闭	站台按下紧急停车按钮的处理
58		重大危害	发生重大危害的情况下的处理
59		区间阻塞	区间发生列车阻塞对后续列车的调整
60		重大活动	有重大活动是对列车的运营调整
61		车上状况异常	车上状况异常时的处理
62		控制中心失效	控制中心失效后的处理

(4)PB-TACS现场测试验证。

现场测试内容主要包含设备安装检查、子系统调试和现场确认测试三部分，具体测试内容详见表6-7。

现场测试内容　　表6-7

序号	现场测试阶段	测试内容	现场测试用例
1	安装检查	对完成安装的设备进行安装完备性及正确性检查	安装督导用例
2	子系统调试	RC室内外一致性测试	RC室内外一致性测试用例
		车载静态调试	静调大纲

续上表

<table>
<tr><th>序号</th><th>现场测试阶段</th><th colspan="2">测试内容</th><th>现场测试用例</th></tr>
<tr><td>2</td><td>子系统调试</td><td colspan="2">车载动态调试</td><td>动调大纲</td></tr>
<tr><td rowspan="11">3</td><td rowspan="11">现场确认测试</td><td rowspan="6">接口功能测试</td><td>VOBC-TCMS接口功能测试</td><td rowspan="6">接口功能测试用例</td></tr>
<tr><td>ATS-PIS接口功能测试</td></tr>
<tr><td>ATS-PA接口功能测试</td></tr>
<tr><td>ATS-综合监控接口功能测试</td></tr>
<tr><td>ATS-通信时钟接口功能测试</td></tr>
<tr><td>ATS-TDT接口功能测试</td></tr>
<tr><td>单车测试</td><td>单车功能调试,包含各个模式下单列车运行、障碍物检测、系统故障</td><td rowspan="5">现场确认测试用例</td></tr>
<tr><td>多车测试</td><td>多车功能调试,包含多车追踪、ITE故障下列车追踪及障碍物检测</td></tr>
<tr><td>故障测试</td><td>测试设备故障之后系统的反应</td></tr>
<tr><td>冗余测试</td><td>测试设备冗余功能</td></tr>
<tr><td>性能测试</td><td>进行合同中要求达到的系统性能测试,包括出入段能力、最小间隔、折返能力等</td></tr>
</table>

4)测试序列

测试序列是为提高现场测试效率,将所有的测试用例按照交路运行的方式串联起来形成的一个有测试顺序的用例集。

在编制测试序列时需考虑以下几个因素:

(1)测试涉及的作业面以及作业面之间的协作,如中心、车、车站、轨旁。

(2)测试用例颗粒度,是否能够连续执行,无冲突,如限速、坡度和单条进路运行。

(3)测试用例的预期结果的可同时观测性,如站台PSD和EMP对列车的影响。

目前针对PB-TACS的测试序列类型主要有以下几种,见表6-8。

测试序列类型 表6-8

序号	测试序列类型	测试序列说明
1	RC测试	有关于RC办理降级车路径的测试用例集
2	ATS一致性测试	ATS界面显示一致性的测试用例集
3	UR级别	在UR级别下的测试用例集
4	ABL-CM-低速	单车测试时在ABL-CM模式下必须低速进行测试的测试用例集
5	ABL-CM-高速	单车测试时在ABL-CM模式下可以高速进行测试的测试用例集
6	ABL-AM-高速	单车测试时在ABL-AM模式下高速进行测试的测试用例集
7	CBTC-CM-低速	单车测试时在CBTC-CM模式下必须低速进行测试的测试用例集
8	CBTC-CM-高速	单车测试时在CBTC-CM模式下可以高速进行测试的测试用例集

续上表

序号	测试序列类型	测试序列说明
9	CBTC-AM-高速	单车测试时在CBTC-AM模式下高速进行测试的测试用例集
10	多车-ABL-CM-低速	有多辆车在ABL-CM模式下追踪运行时必须低速进行测试的测试用例集
11	多车-ABL-CM-高速	有多辆车在ABL-CM模式下追踪运行时可以高速进行测试的测试用例集
12	多车-ABL-AM-高速	有多辆车在ABL-AM模式下追踪运行时高速进行测试的测试用例集
13	多车-CBTC-CM-高速	有多辆车在CBTC-CM模式下追踪运行时可以高速进行测试的测试用例集
14	多车-CBTC-AM-高速	有多辆车在CBTC-AM模式下追踪运行时高速进行测试的测试用例集

5)总结

工程测试对PB-TACS的验证采用静态测试(如文档测试)与动态测试(如集成测试、确认测试)相结合的方法,并划分为实验室测试和现场测试两大阶段。

在实验室测试阶段,针对最小系统执行实验室集成测试与确认测试,实现需求100%覆盖率的测试目标。

在现场测试阶段,通过安装督导确保设备安装准确性,并开展静动调测试、接口功能测试及现场确认测试,以验证PB-TACS功能的完备性,最终保障工程项目的稳定交付。

第三节　小　　结

本章详细阐述了PB-TACS的系统配置原则、设备组成、轨旁改造方案及实施方案,为系统建设提供参考。

系统支持多样化的轨旁改造方案以满足不同项目需求。在实施过程中,计轴设备安装需避开既有设备,确保不影响现有系统正常运营。正线布置的轨旁感知设备可为智能感知系统提供精确位置校验。改造设备分为新增设备和利旧设备两类,其中新增设备直接接入新系统,利旧设备则通过倒切设备实现渐进式改造。

PB-TACS在改造实施规划和测试调试方法上实现了多项创新,构建了完整的项目实施体系。该体系涵盖项目规划、调试测试方法优化等环节,有效控制了改造风险并缩短了工期。具体实施分为三个阶段:设备改造与虚实结合调试阶段、影子模式调试阶段和全系统联调阶段。通过轨旁设备半实物仿真技术,实现了车载功能的高效调试,且新系统运行不影响既有系统。在前两个阶段,系统采用“只监不控”模式获取列车运行信息,最终通过全系统倒切完成运营场景测试及外专业接口验证。

第七章

发展趋势与展望

第一节　未来发展趋势

习近平总书记在2023年全球可持续交通高峰论坛中提出“建设安全、便捷、高效、绿色、经济、包容、韧性的可持续交通体系”，为城市轨道交通持续高质量发展指明了方向。为指导我国城市轨道交通高质量、健康发展，中国城市轨道交通协会以“交通强国，城轨担当”为使命，以推进城市轨道交通信息化、发展智能系统、建设智慧城市轨道交通为载体，先后发布《中国城市轨道交通智慧城轨发展纲要》和《中国城市轨道交通绿色城轨发展行动方案》两个重要指导文件（以下简称“两个文件”）。两个文件同步实施，均要求在实现低碳排放的同时追求更高效率效益，提供更高质量乘客服务，共同指导构建既智慧化又绿色化的新时代中国特色城市轨道交通体系。

与此同时，随着信息技术迈入智能化时代，在移动互联网、大数据、云计算等新理论新技术及经济社会发展强烈需求驱动的背景下，人工智能理论和技术加速发展，呈现出深度学习、人机协同、群智开放、自主操控、跨界融合等新特征。为抢抓人工智能发展的重大战略机遇，构筑我国人工智能发展的先发优势，国务院印发《新一代人工智能发展规划》，旨在指导人工智能领域的研究与发展。将人工智能等使能技术应用于城市轨道交通领域，催生出智能动态调度、虚拟编组控制、运行环境智能感知等变革性技术，推动轨道交通装备技术持续进步，促进列车运行控制系统向全面智能化方向发展。

特别地，虚拟编组技术不依赖物理车钩连接，而是通过无线通信实现多组列车单元的信息联结，形成统一响应外部指令的列车群组。由于无须车钩联挂，虚拟编组对编组调整的速度、地点等参数无限制且能全自动完成调整过程，为运力配置和运行组织方式的灵活调整提供有效手段，显著提升车辆、能源、人员等资源利用效率。

自主虚拟编组运行系统充分运用智能化技术优势，通过提升列车运行净空障碍物的智能感知能力保障全自动运行安全；借助跨专业信息共享和动态优化决策实现全局最优调度策略及快速应急调整；运用灵活编组技术强化运力调节能力；依托大数据分析实现系统状态智能诊断。在确保乘客服务质量的前提下，该系统全方位提升城市轨道交通安全性、运营效率及轨道、车辆、能源、人员等资源利用率，推动实现城市轨道交通降本增效与绿色可持续发展，成为行业未来发展的重要方向。

在此背景下，中国城市轨道交通协会支持设立“新一代网络化智能调度和智能列车运控系统示范工程”项目，重点突破虚拟灵活编组等关键技术，构建综合测试验证平台，并已在北京地铁11号线和19号线开展示范验证，为行业发展奠定坚实基础。

第二节　虚拟灵活编组

一、发展背景

近年来,我国轨道交通发展迅速,且未来较长一段时期内仍将保持较快增长态势。与此同时,运营过程中客流时空分布不均衡的问题逐渐显现。一方面,城市轨道交通新建线路常出现近期客流小、中远期客流大的情况,对运营组织提出了更高灵活性要求;另一方面,部分线路高峰客流需求大,需提升运力,而平低峰期运力过剩,存在列车满载率过低甚至空驶现象,造成车辆、人员、基础设施和能源等资源浪费,也影响"双碳"战略目标的实现。现有技术装备和运输组织模式已难以适应这一需求,亟须加强提升运输组织灵活性的技术体系研究。

2020年3月,中国城市轨道交通协会发布《智慧城轨发展纲要》,提出建设智慧城市轨道交通,实现城市轨道交通由高速发展向高质量发展的跨越。纲要将"采用灵活编组和协同编队技术,提升运行效率和运营灵活度"作为智慧城市轨道交通建设重点及解决客流-车流匹配问题的重要手段。

2022年8月,中国城市轨道交通协会发布《绿色城轨行动方案》,推进新一代绿色智能技术装备研发与应用。方案将研究城市轨道交通乘客出行规律、实施网络化运力运量精准匹配、采用灵活编组等方式提高列车满载率及乘客舒适度等列为节能降碳增效行动的重点内容。

列车灵活编组控制技术可根据客流情况在线调整编组方式,实现车辆等资源高效利用及客流-车流精确匹配,是城市轨道交通节能降碳增效的重要手段,能够提供更优质运输服务,并为提升城市轨道交通出行占比提供支撑。

21世纪以来,国内外逐渐将智能汽车编队运行概念引入轨道交通领域,开展列车编队运行控制技术与装备研发。近10年,随着无线通信和先进控制技术的发展,虚拟编组技术逐渐受到广泛关注。例如,欧盟Shift2Rail研究计划持续开展虚拟编组列车的车辆装备制造与列控系统研究。

虚拟编组在编组和解编时对地点、列车速度无限制,仅通过无线信息交互实现连接,无须机械、气路及电气连接,编组和解编效率显著提升,可支持在线灵活动态调整,进一步提高列车运行调整的灵活性与效率,已成为轨道交通新一代列控技术发展方向。

二、定义与关键特征

虚拟编组是指通过无线通信的信息交互与自动控制等技术,将多列(含两列)运行列车联结并实现一体化运行的列车运行方式。

虚拟灵活编组列车是指不依赖机械连接装置,而是基于无线通信的信息交互与自动控制等技术,将多列(含两列)列车联挂后一体化运行,并共同承担同一输送任务的列车。为便于区分,将构成虚拟灵活编组列车且具备独立运行能力的"列车"称为列车单元,并按列车运行方向,将位于最前方的列车单元称为领头列车单元(简称领头车),其余列车单元称为跟随列车单元(简称跟随车)。虚拟灵活编组列车的基本概念及其构成如图7-1所示。

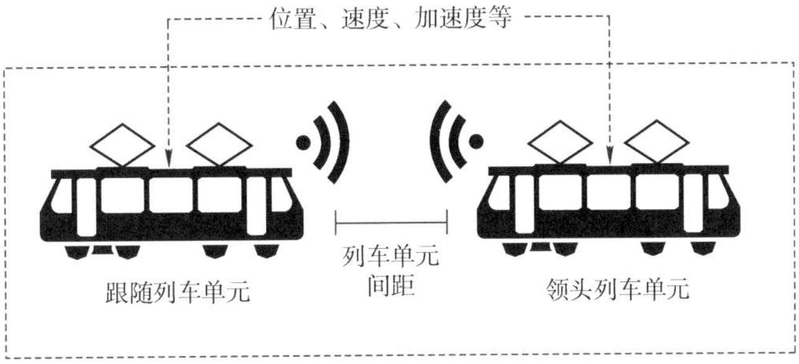

图7-1　虚拟编组示意图

由于缺乏机械装置(如车钩)提供的物理约束,为防止列车单元间发生追尾事故,在列车单元避撞控制中引入列控系统的列车安全隔离与防护理念及方法(以下简称列车安全防护方法)成为必然选择。然而,"虚拟灵活编组列车单元追踪间距"远小于"列车间追踪间距",传统列车安全防护方法难以同时满足虚拟灵活编组列车单元间的安全要求和小间距追踪的效率需求。例如,当前列控系统中最为先进的移动闭塞(基于绝对制动距离的方法)虽已成熟应用,但需保持较大追踪间距,无法满足虚拟灵活编组列车单元的小间距追踪效率要求;而基于相对制动距离的列车安全防护方法尚处研究阶段,需进一步改进提升,方能满足列车单元小间距安全追踪的防护控制需求。

虚拟灵活编组列车的列车单元间缺乏机械连接装置(如车钩)提供的物理作用力及电气、空气、信息等连接,这一特性既使其能够根据运营需求,不受时间地点和速度限制地进行重联/摘解,灵活调整编组和运力;又要求对列车单元间的状态和行为实施整体管控,方能确保虚拟灵活编组列车的正常运行。

虚拟灵活编组列车作为一种特殊类型的列车,其运行具有轨道交通列车运行的全部特征,需遵从所有列车管控要求和运营规则。因此,虚拟灵活编组列车在正常运行时应当与固定编组列车(含机械编组列车)一样,被视为一列车进行处理。其基本特征主要包括:

(1)在编制列车运行图时,虚拟灵活编组列车整体按一列车处理,例如仅配置一个车次号。

(2)在执行进路控制(分配运行路径)时,虚拟灵活编组列车按一列车处理。系统根据列车整体的运行计划和状态执行进路锁闭与解锁(或运行路径的预定与释放)作业,而非对各列车单元分别处理。列车单元出清进路(运行路径)时不单独进行进路解锁和重新锁闭(释放和重新预定)。

(3)在执行列车安全隔离控制时,虚拟灵活编组列车仅按一列车处理。例如,其与前车的间隔控制方式(无论前车是固定编组列车还是其他虚拟灵活编组列车)与既有列控系统对两列固定编组列车的处理方式相同(可采用固定闭塞或"撞硬墙"/"撞软墙"移动闭塞原则)。同理,后车与虚拟灵活编组列车之间的间隔控制也采用相同方式。

(4)虚拟灵活编组列车站台作业时按一列车处理。列车进出站、车站停车作业(包括进/出站过程和站台开/关车门等)及折返作业时,各列车单元的操作应保持同步。

(5)虚拟灵活编组列车的对外接口按一列车处理，各列车单元的PIS、广播、CCTV、通风和照明等系统应统一控制。

(6)虚拟灵活编组列车的完整性检查按一列车处理。在正常运行过程中，列车应保持整体完整性(包括各列车单元及其间的信息连接和位置相对关系)。

三、技术特点

(一)基于时空间隔的协同安全防护

实现列车单元在小间距(远小于列车绝对制动距离)条件下安全稳定追踪运行是虚拟灵活编组列车的基本要求。因此，既能保证列车单元追踪安全又能缩短列车单元的追踪间距的基于时空间隔的协同安全防护方法成为重要的关键技术。该方法由基于时空间隔的安全防护和虚拟灵活编组列车单元协同安全防护两部分构成，前者的主要作用是在缩小间距时保证列车单元追踪安全，后者则在安全前提下通过进一步精细化感知和控制缩短列车单元追踪间距。

虚拟灵活编组列车单元协同安全防护方法包含两部分：一是基于状态协同实时感知的安全防护，其原理是通过动态感知和信息交互获取各列车单元实时运行状态，突破保守的静态安全假设，更精确地计算和预测各列车单元未来运行轨迹，从而缩短安全追踪间距；二是基于制动率协同配置的安全防护，其原理是：利用列车单元间实时信息交互和车辆可控特性，结合各单元在编组中的位置和角色，协同配置制动率以缩短追踪间距。综合这两部分方法，可实现虚拟灵活编组列车安全、稳定、高效地运行。协同安全防护原理如图7-2所示。

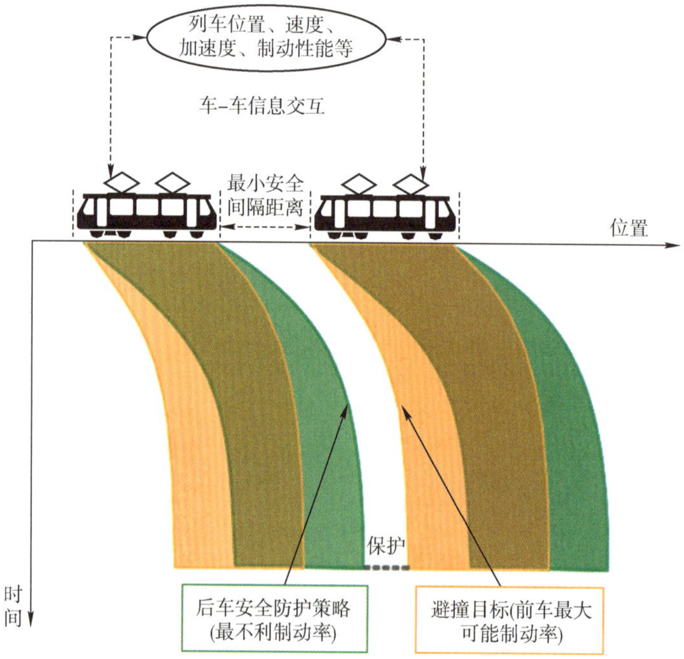

图7-2　协同安全防护原理

群体智能中的公理可为虚拟灵活编组列车单元安全防护提供参考。例如，可在采用非集中式控制的所有列车单元间预先定义规则，当发生失效或特殊事件时，各单元能预判其他单元的反应并采取合理控制行为。具体操作中，可根据列车单元在编组中的相对位置及牵引/制动系统性能，协同配置紧急制动率：通过增大跟随车制动率和/或减小领头车制动率，使领头车紧急制动率略小于跟随车，从而从根本上确保安全（避免追尾事故）。

通过基于时空间隔的协同安全防护技术，虚拟灵活编组列车能够在保证安全的前提下，缩短列车单元之间的追踪间距，提高轨道交通线路的运行效率，为实现更灵活、高效的列车编组调整提供了安全保障，满足了轨道交通系统对运力–运量动态匹配的需求。

（二）协同自动驾驶和运行控制

虚拟灵活编组列车中的各列车单元需要保持小间隔平稳追踪运行，并实现站台作业和停车/发车的同步控制，以确保列车运行的高效性和乘客服务质量。与常规列车自动驾驶不同，虚拟灵活编组列车需要各列车单元采用协同控制方法。站间运行过程中，各列车单元需具有合理分配的移动授权，且在虚拟灵活编组列车整体移动授权的基础上，各列车单元具有存在部分重叠区域的移动授权范围，为小间距安全追踪运行提供基础。在运行过程中，各列车单元需充分考虑所有列车单元的状态及虚拟灵活编组列车整体的运行目标，协同规划各列车单元的驾驶控制行为，生成整体最优的驾驶策略，并根据该策略调整各自的控制行为。站台及折返作业过程的协同控制则通过领头车作为虚拟灵活编组列车的列车层实现整体控制，各列车单元作为单元控制层根据列车层的命令执行实际控制行为，并反馈执行结果。

由于各列车单元缺乏统一的时钟系统，需采用分布式控制系统任务同步方式，实现站台作业同步控制。为避免多源信息与多任务冲突，由领头车作为列车层实施整体控制，根据编组列车总体状态确定关键站台作业的触发时机；各列车单元作为单元控制层，执行列车层命令并反馈执行结果（注：领头车兼具列车层和单元层双重角色）；列车层根据与各单元层的通信延迟差异，调整命令发送时机，通过补偿不同传输延迟，实现开关门、同步出站发车等站台作业的同步控制。协同控制原理如图7-3所示。

协同自动驾驶和运行控制技术能够实现虚拟灵活编组列车各单元的同步运行和协同作业，有效提高了列车运行的效率和安全性，确保了乘客服务质量。同时，该技术为实现列车在不同运行场景下的灵活编组和动态调整提供了技术支持，有助于优化轨道交通系统的运营组织，提升系统的整体性能。

（三）动态接近和重联控制

虚拟灵活编组能够通过重联和摘解改变列车的编组方式，从而为根据客流时空变化调整投放运力提供了更充分有效的手段。而且，与机械灵活编组方式相比，其优势还包括对重联和摘解的地点、速度、车型等限制更少，重联/摘解过程时间更短，对正常运营的影响更小等。因此，虚拟重联和摘解过程更高效，可减少对列车正常运行计划的影响。

以列车“接近和重联”场景为例，当已经通过调度调整等手段使待编组列车的初始距离满足基本要求后，可下达重联命令并进入动态重联过程。在动态重联过程中，跟随单元列车可在运行过程中与前行单元列车建立无线通信连接,并按照虚拟灵活编组列车运行要求交互相关状态和参数信息并切换安全防护模型,由于不需要进行机械重联且提前切换了安全防护模型,从而可在不影响前行单元列车按计划正常运行的前提下,提高跟随单元列车进站停车过程中的速度。当前行单元列车在站台停稳后,可正常开门作业,并通过PIS、PA等提示乘客动态重联的相关信息,在前行单元列车正常进行站台作业的过程中,跟随单元列车可进站停车并打开车门和对应的站台门,提供乘客服务。在正常停站作业过程中,可通过无线信息交互实现两车状态交互,进而完成角色转换后进入到编组运行场景,之后两车可按照虚拟灵活编组列车运行方式从站台同步发车。通过以上过程,可实现列车动态虚拟重联过程对于乘客几乎无感,并提高重联效率。

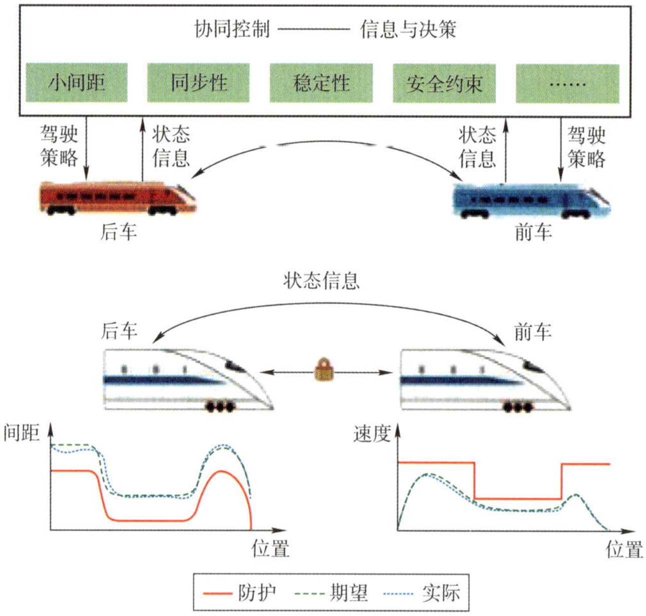

图7-3　协同控制原理示意图

动态接近和重联控制技术使得虚拟灵活编组列车能够在不影响正常运营的前提下,快速、高效地完成重联和摘解操作,实现了列车编组的动态调整。这不仅提高了列车的灵活性和适应性,还能够更好地匹配客流的变化,优化运力投放,提升轨道交通系统的运营效率和服务水平,增强了轨道交通系统在应对不同客流需求时的灵活性和可靠性。

四、应用场景

灵活编组可实现车辆和线路等资源利用方式的在线灵活调整和高效应用,从而可在客流动态变化等场景下促进运力–运量精准匹配,达到降本增效运营和"双碳"等战略目标。作为灵活编组的一种实现方式,虚拟灵活编组在运力调整方面具有更大的灵活性,调整效率更高、限制条件更少,而且还可实现跨类型列车重联运行。因此,在互联互通网络化运行等各种需要使用灵活编组来调整线路运力的场景下,适合采用虚拟灵活编组方式。具体来讲,在客流空间和/或时间分布不均衡时,或者存在客货列车混运等异质列车共线高密度运行需求时，适合采用虚拟灵活编组方式。根据上述特征，结合城市轨道交通线路布置和运营组织的实际情况，本文提出几种适宜应用虚拟灵活编组的典型场景，包括多交路运行、跨线运行、潮汐客流下的运行、高平峰转换运行、局地突发大客流，以及客货混运等。

（一）多交路灵活编组运行

近年来，随着城市轨道交通网络化规模和客流的持续增长，客流出行分布呈现出显著的时空不均衡特性。一方面，高峰时段客流密集，需提升运力；另一方面，平低峰期运力过剩，导致列车满载率偏低甚至空驶，造成车辆、人员、基础设施及能源等资源的浪费。目前，常见的缓解措施是降低平峰时段的列车旅行速度或减少发车频次，但会导致乘客旅行时间延长和服务质量下降。

目前城市轨道交通使用固定编组列车运行方式。对于这样的线路，只能分别分配一定比例的列车按照大交路或小交路运行，以平衡客流需求和运营成本之间的关系。通常，大交路运行的列车数量会相对较少、服务频次较低，致使部分旅客的等候时间过长，乘客满意度较低；然而，即便按照乘客可接受的最大间隔安排列车运行，郊区线路区段上的列车满载率通常依然较低，存在较大的资源浪费问题。因此，既有列车运行方式面临两难的决策问题。

针对此类问题，采用虚拟灵活编组是比较合适的列车运行组织方式。在站台1至站台2之间的小交路内，可通过重联形成大编组的虚拟灵活编组列车并运行，以满足该区域较大的客流需求；当虚拟灵活编组列车到达站台2后，可根据需要通过摘解形成两个独立运行的小编组列车，其中一个小编组列车继续向站台3运行，另一个小编组列车则在站台2折返。自站台2折返后的小编组列车可与站台3运行至站台2的其他小编组列车再次重联，重新形成一列大编组的虚拟灵活编组列车，在站台2至站台1范围内运行和折返。如此往复可满足不同线路区段的客流需求。具体如图7-4所示。

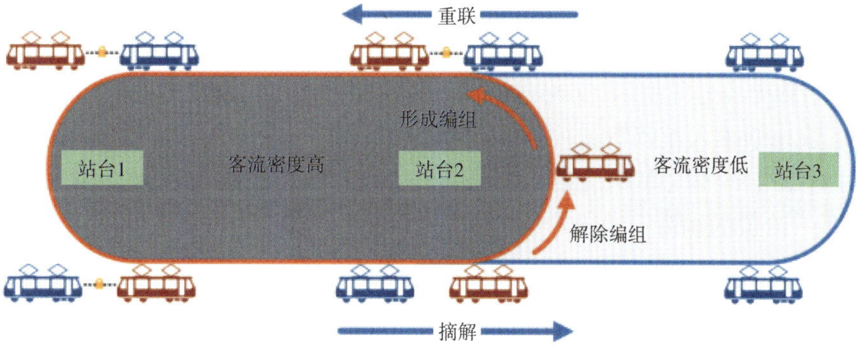

图7-4 基于虚拟灵活编组的大小交路混合运行示意图

虚拟灵活编组方式下，列车重联与解编时间短，且不受线路位置和列车速度限制，相比机械编组能更高效地适应高平峰转换需求，使运力调整过程更平滑、更灵活。

（二）跨线灵活编组运行

跨线运行线路可能存在客流空间分布不均衡的情况，如Y型或H型线路，干线汇总线路区段客流密度大,支线区段客流密度相对较小。此外,跨线运行时不同线路上的列车类型可能不同,导致机械灵活编组方式难以适用。

在干线汇总线路区段采用大编组的虚拟灵活编组列车运行,当列车行驶至岔口时,根据客流需求和线路条件,摘解为两列小编组列车,分别驶向不同的支线站台。而来自不同支线站台的小编组列车在经过岔口后,重联形成大编组列车,以满足干线汇总线路的大客流需求。

在干线汇总线路区段,虚拟灵活编组列车通过高精度的列车控制和通信系统,实现多个列车单元的紧密协同运行,确保大编组列车在高密度客流下的高效输送能力。当列车接近岔口时,列车控制系统根据预先设定的运行计划和实时客流数据,启动摘解程序。列车单元间的无线通信链接保持稳定,确保在摘解过程中各单元的运行状态信息能够实时交互,实现安全、平稳的分离。分离后的小编组列车在驶向支线站台的过程中,根据支线线路的特定运行条件和客流需求,调整列车的运行参数和控制策略,如速度、加速度等,以适应支线运行的特殊要求。

(三)潮汐客流下的灵活编组运行

在一定时间段内,上下行线路存在潮汐客流现象,如早高峰上行客流量大而下行客流量小,晚高峰则相反。这种客流的时空分布不均衡对轨道交通的运力配置提出了特殊要求。

在客流量较大的方向上使用虚拟灵活编组列车运行,当列车运行至线路终端站时,摘解为两个小编组列车,其中一个小编组列车驶入车辆段或停车场,另一个则在终端站折返。同时,可在车辆段或停车场内,将待发列车与折返后的列车重联,形成虚拟灵活编组列车,以满足下一时间段的客流需求。

在潮汐客流方向上,虚拟灵活编组列车通过优化的列车编组和运行控制策略,实现运力与客流的精准匹配。列车在运行过程中,根据实时客流数据和调度指令,动态调整列车的牵引和制动控制,确保列车在高密度客流下的高效运行。当列车到达线路终端站后,通过预设的摘解程序和无线通信技术,实现列车单元的快速分离。分离后的小编组列车,一个根据时刻表和运营计划驶入车辆段或停车场进行休整和维护,另一个则在终端站完成折返操作。折返后的小编组列车与车辆段或停车场出发的列车通过重联操作,形成新的虚拟灵活编组列车,为下一阶段的客流输送做好准备。

(四)高平峰灵活编组运行

城市轨道交通线路客流时间分布不均衡,高峰期和平峰期的客流量差异较大,高平峰转换过程需要一段较长的时间完成。在高峰期间需要大运力的列车来满足高客流量的需求,而在平峰期间则需要适当减少运力以降低运营成本。

在高峰期采用大编组列车、小间隔运行,平峰期采用小编组列车、相对大间隔运行。在高平峰转换过程中,根据客流需求实时调整列车编组,通过动态重联/摘解实现运力的灵活调配。例如,在平峰转高峰过程中,逐步增加列车单元,实现编组的扩大;在高峰转平峰过程中,逐步减少列车单元,实现编组的缩小。

在高峰期，虚拟灵活编组列车通过多个列车单元的协同运行，提供大运力的输送能力。列车控制系统根据不同列车单元的性能参数和客流需求，优化牵引和制动控制策略，确保列车在高密度运行下的稳定性和安全性。随着客流的逐渐增加或减少，列车控制系统根据调度指令和实时客流数据，动态调整列车编组。在重联过程中，列车单元间的无线通信连接建立，实现信息的实时交互和控制指令的同步执行，确保列车单元的平稳连接和协同运行。在摘解过程中，同样通过无线通信和精确的控制技术，实现列车单元的安全分离和独立运行。

(五)局地突发大客流

当某个时间段内，在线路的部分位置突然涌现大量客流时，可能会超出该线路上原计划行车方式的运输能力，不仅扰乱本线路的正常列车运营秩序，严重时还可能蔓延至其他线路甚至其他交通方式。在已经形成网络化的城市轨道交通系统中，该问题的影响面更广、程度更严重。

由于突发大客流通常发生在局部地段，及时、快速地提升相应线路区段的运力是关键。因此，可通过及时调整列车运行计划，将正在驶向相关区段的列车在动态运行过程中重联形成虚拟灵活编组列车，达到快速提升局部地区运力投放的目的。此外，如果突发大客流区段有车辆段、存车线以及其他类型的联络线并存储有备用列车时，也可以通过临时增车的方式快速提升局部地段运力，从而能够有效应对突发大客流的影响，保持客流-车流匹配。当突发大客流疏散后，则可以通过在线高效摘解快速方便地恢复至常规运营方式。值得注意的是，突发大客流意味着需要进行列车运行方式的动态调整，而且通常对本线路以及轨道交通网络中的其他线路均有影响。因此，需要与智能调度相结合，综合考虑城轨网络拓扑以及列车互联互通运行的实际情况，才能在该场景下将虚拟灵活编组的优势真正发挥出来。换言之，虚拟灵活编组的运用需要与智能调度等技术相结合，才能更好地体现出其优势。

(六)客货混运

目前，北京、南宁、深圳等城市已开始探索利用城市轨道交通富余运能提供物流服务，异质列车共线运行需求日益凸显。

虚拟灵活编组方式下，列车编组与解编时间短，且不受线路位置和速度限制，可快速实现货运列车与客运列车的动态编组，最大限度减少对运营间隔的影响，支持客货混运以提高线路资源利用率。

例如，在小交路折返站(A站)设置货运站台，货运列车可在A站与客运列车快速编组。由于编组时间短，对线路间隔影响较小。编组完成后，货运列车随客运列车运行，提供物流服务，提升轨道资源利用率。应用场景-客货虚拟编组运行如图7-5所示。

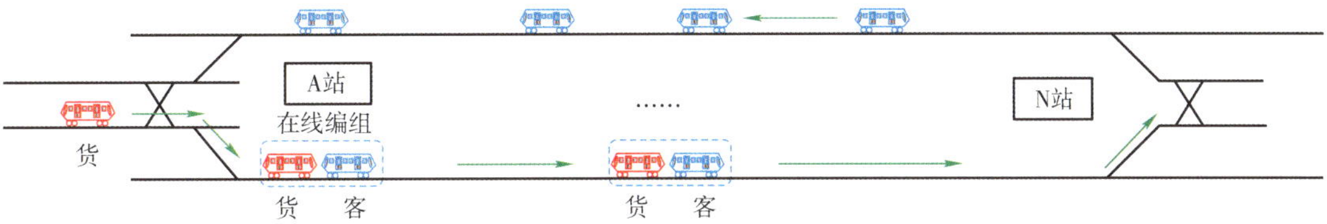

图7-5　应用场景-客货虚拟编组运行

第三节　小　　结

本章系统阐述了城市轨道交通列控系统的演进历程,从固定闭塞、准移动闭塞,到CBTC、I-CBTC、FAO、PB-TACS直至最新的虚拟灵活编组技术。第1代固定闭塞系统采用空间间隔法,通过划分闭塞分区保障列车运行安全,但运行效率较低。第2代准移动闭塞系统通过轨道电路实现连续的速度控制,提高了列车运行效率。第3代CBTC系统利用车-地双向通信,实现了移动闭塞,进一步缩短了列车追踪间隔。第3.5代I-CBTC系统则在CBTC基础上,实现了不同厂商设备的互联互通,大幅提高了运营灵活性。第4代FAO系统通过多专业协同联动,实现了列车全自动运行,将自动化水平提升至新高度。第5代PB-TACS通过功能重新分配,增强了列车自主性。第6代虚拟灵活编组通过虚拟灵活编组列车单元协同安全防护、协同自动驾驶,实现客流-车流精确匹配和线路运力的灵活调整。最新一代虚拟灵活编组在自主化、智能化程度上进一步提升。

参 考 文 献

[1] 林瑜筠.城市轨道交通信号[M].北京:中国铁道出版社,2011.

[2] 唐涛.列车运行控制系统[M].北京:中国铁道出版社,2012.

[3] 中华人民共和国住房和城乡建设部城市轨道交通标准化技术委员会.城市轨道交通基于通信的列车自动控制系统技术要求:CJ/T 407—2012[S].北京:中国标准出版社,2013.

[4] 周达天.基于多传感器信息融合的列车定位方法研究[J].北京交通大学学报,2007,23:14-17.

[5] 牛道恒,刘岭,崔俊锋,等.高速列车测速测距系统滤波模型与融合策略研究[J].铁路通信信号工程技术,2011,4:8-10.

[6] 中国城市轨道交通协会.2015年我国城轨交通线路概况[J].现代城市轨道交通,2016(1):82.

[7] 郜春海.基于通信的轨道交通列车运行控制系统[J].现代城市轨道交通,2007(2):7-10.

[8] 唐涛,郜春海,李开成,等.基于通信的列车运行控制技术发展战略探讨[J].都市快轨交通,2005,18(6):25-29.

[9] 吴书学.阿尔斯通精简CBTC技术在法国城市Lille第一次投入商业运营[J].铁路通信信号工程技术,2013,10(5):107-108.

[10] 徐纪康.基于车-车通信的新型CBTC系统分析[J].铁道通信信号,2014,50(6):78-80.

[11] 杜恒,孙军国,张强,等.基于地面无联锁及区域控制器的新一代CBTC系统方案[J].都市快轨交通,2017(4):91-95.

[12] 代继龙,李晓刚,李兆龄.新一代CBTC系统方案研究与关键技术探索[J].铁路通信信号工程技术,2016(6):41-44.

[13] 黄文彦.浅谈CBTC系统中的车-地通信技术[J].铁路通信信号工程技术,2009(2):38-40.

[14] 温杜仲.基于车-车通信技术的新型城市轨道交通信号系统研究[J].中国新通信,2016(24):122-123.

[15] 郜春海.自主创新CBTC系统的核心技术研究[J].都市快轨交通,2011(4):1-4.

[16] 宗明,郜春海,何燕.基于CBTC控制的全自动驾驶系统[J].都市快轨交通,2006(3):34-36.

[17] 金华.城市轨道交通全自动无人驾驶信号系统功能分析[J].铁路计算机应用,2014,23(1):61-64.

[18] 刘名元.地铁车辆段计算机联锁系统与洗车机的接口[J].城市轨道交通研究,2013,16(9):129-131.

[19] 张雄,李剑虹.论地铁车辆段洗车线布置型式及能力分析[J].铁道工程学报,2007,24

(6):75-79.

[20] 杨莉.地铁车辆段停车列检库工艺设计探讨[J].铁道标准设计,2006(4):83-85.

[21] 孙爽.从韩国大邱市地铁火灾谈地铁的防火安全[J].消防科学与技术,2004(1):109-110.

[22] 刘浩江.地铁火灾的成因、预防和处置[J].现代城市轨道交通,2006(5):48-50.

[23] 全国城市轨道交通标准化技术委员会.城市轨道交通信号系统通用技术条件:GB/T 12758—2023[S].北京:中国标准出版社,2023.

[24] 交通运输部办公厅.地铁车辆运营技术规范(试行):交办运〔2022〕84号[Z].2022-12-30.

[25] 交通运输部办公厅.城市轨道交通通信系统运营技术规范(试行):交办运〔2023〕67号[Z].2023-12-07.

[26] 全国城市客运标准化技术委员会.城市轨道交通运营安全评估规范　第1部分:地铁和轻轨:GB/T 42334.1—2023[S].北京:中国标准出版社,2023.

[27] 郜春海,燕飞,唐涛.轨道交通信号系统安全评估方法研究[J].中国安全科学学报,2005,15(8):50-55.

[28] 宁滨,郜春海,李开成,等.中国城市轨道交通全自动运行系统技术及应用[J].北京交通大学学报,2019,43(4):1-10.

[29] 杜恒,郜春海,黄勍,等.城市轨道交通全自动运行系统仿真研究及应用[J].系统仿真学报,2020,32(12):2389-2396.

[30] 郜春海.城市轨道交通自主化全自动运行系统技术研究[J].铁道通信信号,2019,55(12):1-6.